Next 教科書シリーズ

刑事訴訟法

[第2版]

関 正晴 編

弘文堂

第2版はじめに

　本書の刊行から7年が経過した。この間に、わが国の刑事司法制度に実質的に重要な変化をもたらす平成28（2016）年の刑事訴訟法等の改正がなされた。それらの改正は、弁護人の援助の充実化（被疑者国選弁護制度の対象事件の拡大等）、被疑者取調べの録音・録画制度の導入、協議・合意制度の導入、刑事免責制度の導入、公判前整理手続等における証拠開示制度の拡充などの多岐の項目に及んでいる。また、判例や学説にも、新たな注目すべき展開があった。そこで、概説書としての使命を全うさせるために、改正内容等を反映させて本書を改訂し、第2版を発行することとした。なお、第2版でも、概説書としての役割を果たし、より詳細な専門書による学習をするための基礎を固めるという本書の基本的内容は維持されている。

　今回の改訂では、①平成28年の改正にともなって、関係する条文の文言等が修正された箇所は、その条文の説明を現時点での表記に改める。②初版における難解な表現等を見直して平易な文章に改めるとともに内容の補充に努める。③初版後に新たに出された重要判例を追加し、判例や学説で議論されている重要な問題点を説明する。④各章の「コラム」欄については、必要に応じてその内容を現時点に対応したものに改めるなどの点に留意した。今後も初学者に対する概説書としての利用に資するものとするために、適宜、本書の内容の補充に努めたい。

　この第2版の刊行は、忙しい中で改訂のための原稿を執筆して下さった執筆者各位と、編集等に格別の配慮をいただいた弘文堂編集部の世古宏氏のご尽力の賜である。記して、厚く御礼を申し上げたい。

2019年1月

関　正晴

初版はじめに

　刑事訴訟手続は、近年の裁判員制度、犯罪被害者の保護制度などの多岐にわたる新制度の導入によって複雑さが増しており、その運用にも新たな展開がみられる。そのため、初学者にとっては、全体像を理解した効率的な学習が難しくなっている。他方で、法科大学院における法学教育の開始にともなって、法律を学ぶ学生のニーズも多様化している。

　本書は、この状況を前提として、初学者に対する概説書としての役割を果たし、より詳細な専門書による学習をするための基礎を固めることを目的として編まれたもので、執筆にあたって以下の点に留意している。

　第1に、学習に際して情報過多に陥ることがないように適切な分量の記述を心がけた。その上で、手続のアウトラインと各手続を支える基本原理を明確に説明し、そこで示された流れに沿って、細かな学説にわたることなく通説・判例を基本とする平易な説明をし、最新の判例をとり上げている。

　第2に、本文の理解を促すために、各章ごとに簡略な図表を掲載している。

　第3に、各章の「コラム」欄では、個別の制度の由来や現実に社会で問題となっている事例をとり上げて、読者の学習意欲の持続を意図している。

　このようにして編まれた本書が、刑事訴訟法の基礎的な学習に役立ち、ひいてはより詳しい専門書による学習の際のいささかでも助けとなれば、執筆者一同にとって幸いである。

　本書の出版は、多忙の中で執筆してくださった各先生と編集等に格別の配慮をしていただいた弘文堂編集部の世古宏氏のご尽力の賜である。記して、厚く御礼を申し上げたい。

2012年2月

関　正晴

目　次 ▎Next教科書シリーズ『刑事訴訟法』[第2版]

第2版はじめに…ⅲ

初版はじめに…ⅳ

略語表…ⅹ

第1章　刑事訴訟制度の意義と刑事訴訟法…1

1　刑事訴訟法を学ぶにあたって…2
   A. 刑事訴訟制度の意義と歴史…2　　B. 刑事訴訟法の意義…4
   C. 憲法との関係…6　　D. 刑法との関係…6

2　刑事訴訟の特色…7
   A. 刑事手続の概要…7　　B. 刑事裁判の基礎原理と各手続を支える原則…10
   C. 司法制度改革と刑事訴訟法の改正…12
   D. 平成28年刑事訴訟法等改正…14

3　刑事手続の参加者―裁判所…16
   A. 裁判所と裁判権…16　　B. 裁判所の種類と組織…16　　C. 裁判官…18
   D. 公平な裁判所…19　　E. 裁判管轄…20　　F. 裁判所の職員…21
   G. 裁判員裁判…22
   コラム　刑事裁判への国民参加制度…23

4　刑事手続の参加者―検察官…27
   A. 検察官制度の意義…27　　B. 検察官と検察庁…28
   C. 検察の組織原理…29　　D. 検察官の職務権限…30

5　刑事手続の参加者―司法警察職員…32
   A. 司法警察職員の意義…32　　B. 検察官と司法警察職員との関係…33

6　刑事手続の参加者―被告人…34
   A. 被告人の意義…34　　B. 被告人の確定…35
   C. 当事者能力と訴訟能力…36
   D. 訴訟当事者としての被告人の基本的権利…36

7　刑事手続の参加者―弁護人…38
   A. 刑事弁護人制度の意義…38　　B. 弁護人の選任…38
   C. 弁護人の任務と権限…43　　D. 弁護人の弁護義務と真実義務…43

8　刑事手続の参加者―犯罪の被害者…44
   A. はじめに…44　　B. 従来の被害者の刑事手続における取扱い…45
   C. 被害者の保護立法の動向と法改正…46

●知識を確認しよう…52

第2章　捜査…53

1　捜査の意義と捜査の開始（端緒）…54
A. 捜査の意義…54　　B. 捜査の端緒…54

2　任意捜査…59
A. 任意捜査の原則とその規則…59　　B. 鑑定の嘱託照会…60
C. 実況見分…60　　D. 任意同行…61

3　強制捜査…61
A. 強制捜査とその規則――強制処分法定主義・令状主義…61
B. 逮捕…62　　C. 勾留…68　　D. 逮捕・勾留をめぐる問題…71
E. 捜索、押収、検証、鑑定、証人尋問…73

4　特殊な捜査の方法…89
A. おとり捜査（コントロールド・デリバリー）…89
B. 写真撮影・ビデオカメラ撮影…91　　C. GPS捜査…92
D. 通信傍受…94
コラム　通信傍受の合理化・効率化…96

5　捜査に対する被疑者の地位…97
A. 捜査の理論的構造…97　　B. 捜査と被疑者側の防御活動…99
C. 被疑者取調べと黙秘権…100
コラム　取調べの録音・録画と証拠利用…102
D. 被疑者と弁護人との接見交通権…105
E. 違法・不当な捜査からの救済…109

6　捜査の終結…110
A. 警察官の処分による終結…110　　B. 検察官への送致…110
C. 検察官の終結処分――起訴、不起訴、起訴猶予…111
D. 起訴後の捜査…111

●知識を確認しよう…112

第3章　公訴…113

1　公訴の基本原則…114
A. 捜査から公訴へ…114
B. 国家訴追主義・起訴独占主義・起訴便宜主義…115
C. 検察官の訴追裁量に対する抑制方法…116

2　公訴提起の手続…120
A. 公訴提起の方式…120　　B. 起訴状…122　　C. 起訴状一本主義…123

3　公訴提起の効果…126

A. 公訴提起の効果…126　　B. 訴訟条件…127

4　訴因と公訴事実…132

A. 訴因制度…132　　B. 訴因変更の必要性…141
C. 訴因変更の可能性――「公訴事実の同一性」論…148
D. 訴因変更に関する裁判所の役割…153
コラム　「ディバージョン」…157

● 知識を確認しよう…159

第4章　公判手続…161

1　公判の諸原則…162

A 口頭主義・弁論主義と直接主義…162　　B. 公開主義…163
C. 迅速な裁判…165　　D. 裁判所の訴訟指揮権と法廷警察権…168

2　公判準備…170

A. 起訴状の受理および起訴状謄本の送達…170　　B. 弁護人の選任…170
C. 被告人の出頭確保…172　　D. 事前準備手続と公判前整理手続…174
コラム　証拠開示の重要性…182

3　冒頭手続…183

4　証拠調手続…184

A. 冒頭陳述と請求・決定の手続…184　　B. 証拠調の実施…186

5　手続の分離・併合・停止と更新…191

A. 公判の分離・併合…191　　B. 公判の停止・更新…191

6　最終弁論…192

7　判決の宣告…192

8　公判調書…193

A. 公判調書の作成…193　　B. 公判調書の証明力…194

9　簡易手続…194

A. 簡易公判手続…194　　B. 即決裁判手続…195　　C. 略式手続…198
D. 交通事件即決裁判手続…199

● 知識を確認しよう…200

第5章　証拠法…201

1　刑事訴訟法における証拠の運用原則…202

A. 証拠の意義と種類…202　　B. 証拠裁判主義…206
C. 挙証責任…209　　D. 自由心証主義…211　　E. 関連性…212
F. 量刑の証拠…214

2　自白…215

A. 自白の意義…215　　B. 自白の証拠能力（自白法則）…215
C. 自白の証明力（補強法則）…217
コラム　2つの補強法則…218　　D. 公判廷の自白…220
E. 共犯者の自白と補強法則…220

3　伝聞証拠…221

A. 伝聞法則…221
コラム　要証事実について…225　　B. 伝聞法則の例外…227
C. 伝聞法則の運用上の問題点…236

4　違法収集証拠の排除法則…238

A. 違法収集証拠の排除法則の意義…238　　B. 排除法則の根拠と基準…238
C. 毒樹の果実の理論…240

●知識を確認しよう…242

第6章　裁判…243

1　裁判の意義と種類…244

A. 裁判の意義…244　　B. 裁判の種類…244

2　裁判の成立と内容…246

A. 裁判の成立…246　　B. 第一審の終局裁判…247

3　裁判の確定と効力…252

A. 意義…252　　B. 既判力の本質…255　　C. 既判力の効果…257
D. 一事不再理の効力と二重の危険…259　　E. 免訴判決の効力…262

4　裁判の執行…263

A. 総説…263　　B. 刑の執行…264　　C. 救済手続…266
コラム　裁判員裁判と死刑制度…268

●知識を確認しよう…269

第7章　上訴…271

1　総説…272

A. 上訴の意義および種類…272　　B. 上訴権…273
C. 上訴の申立て…275　　D. 上訴の効果…277

2　控訴…279

A. 意義・性格…279　　B. 控訴審の構造…279
C. 控訴理由…281　　D. 控訴審の手続…283

3　上告…286

A. 上告の意義と機能…286　　B. 上告理由…287　　C. 上告審の裁判…289

　　　　コラム　情況証拠からの事実認定…290
　4　抗告…291
　　　　A. 抗告の意義および種類…291　　B. 通常抗告…292
　　　　C. 即時抗告…293　　　D. 抗告に代わる異議の申立て…293
　　　　E. 準抗告…294　　　F. 特別抗告…294

　　　●知識を確認しよう…296

第8章　非常救済手続…297

　1　再審…298
　　　　A. 再審の意義…298　　B. 再審の理由…298　　C. 証拠の新規性と明白性…298
　　　　D. 再審の手続き…301　　E. 近年の再審事件の動向…302
　2　非常上告…303
　　　　A. 非常上告の意義…303　　B. 非常上告の理由…303
　　　　C. 非常上告の手続および判決…303
　　　　コラム　冤罪と再審…304

　　　●知識を確認しよう…306

参考文献…307

事項索引…311

判例索引…317

略語表

法令名（五十音順）

（表記なし）	刑事訴訟法
あへん	あへん法
医師	医師法
関税	関税法
規	刑事訴訟規則
議員証言	議院における証人の宣誓及び証言等に関する法律
教育中立	義務教育諸学校における教育の政治的中立の確保に関する臨時措置法
刑	刑法
警	警察法
刑事収容	刑事収容施設及び被収容者等の処遇に関する法律
刑事補償	刑事補償法
警職	警察官職務執行法
刑訴記録	刑事確定訴訟記録法
刑訴施	刑事訴訟法施行法
刑訴費	刑事訴訟費用等に関する法律
憲	日本国憲法
検察	検察庁法
検審	検察審査会法
更生	更生保護法
公選	公職選挙法
交通裁判	交通事件即決裁判手続法
国公	国家公務員法
裁	裁判所法
最事規	最高裁判所裁判事務処理規則
裁判員	裁判員の参加する刑事裁判に関する法律
裁判迅速化	裁判の迅速化に関する法律
裁判傍聴規	裁判所傍聴規則
銃刀所持	銃砲刀剣類所持等取締法
少	少年法
精神	精神保健及び精神障害者福祉に関する法律
地公	地方公務員法
通信傍受	犯罪捜査のための通信傍受に関する法律
道交	道路交通法
独禁	私的独占の禁止及び公正取引の確保に関する法律
入管	出入国管理及び難民認定法
陪審	陪審法
犯規	犯罪捜査規範
犯罪被害保護	犯罪被害者等の権利利益の保護を図るための刑事手続に付随する措置に関する法律

被疑者	被疑者補償規程
弁護	弁護士法
法廷秩序	法廷等の秩序維持に関する法律
暴力	暴力行為等処罰ニ関スル法律
麻薬	麻薬及び向精神薬取締法
麻薬特	国際的な協力の下に規制薬物に係る不正行為を助長する行為等の防止を図るための麻薬及び向精神薬取締法の特例等に関する法律
民	民法
労調	労働関係調整法

判例

最判（決）	最高裁判所判決（決定）
高判（決）	高等裁判所判決（決定）
地判（決）	地方裁判所判決（決定）

判例集

刑録	大審院刑事判決録
刑集	大審院刑事判例集、最高裁判所刑事判例集
判時	判例時報
判タ	判例タイムズ
高刑	高等裁判所刑事判例集
東高時報	東京高等裁判所判決時報
東高刑時報	東京高等裁判所判決時報（刑事）
刑月	刑事裁判月報
訟月	訟務月報
裁判集刑	最高裁判所裁判集（刑事）
裁判集民	最高裁判所裁判集（民事）
判特	高等裁判所刑事判決特報
民集	大審院民事判例集、最高裁判所民事判例集
刑雑	刑法雑誌
法時	法律時報
法教	法学教室
法協	法学協会雑誌

百選	井上正仁・大澤裕・川出敏裕編『刑事訴訟法判例百選（第10版）』（有斐閣、別冊ジュリスト232号、2017）

第1章 刑事訴訟制度の意義と刑事訴訟法

本章のポイント

1. 刑事手続は、証拠の発見・収集によって真実を発見し、犯罪事実の有無を認定して刑罰を言い渡すために定められた一連の手続である。それは、憲法の人権規定を基本的枠組みとして、適正手続の保障の観点から厳格に法定されている。
2. 刑事手続は、捜査、公訴の提起、公判、刑の執行という順で進行する。そこでは、捜査手続における強制処分法定主義、令状主義、公訴の提起における検察官起訴独占主義、起訴便宜主義、公判における当事者主義訴訟構造などの各手続段階を支える原則や制度がある。
3. 刑事訴訟の主体は、裁判所と、当事者としての検察官と被告人（公訴提起前は被疑者）であるが、各々の活動に裁判所書記官、検察事務官、刑事弁護人などが関与する。そのほかに、捜査手続では、司法警察職員、参考人、被害者などが、刑の執行段階では、行刑機関が手続に関与する。

1 刑事訴訟法を学ぶにあたって

A 刑事訴訟制度の意義と歴史
[1] 刑事訴訟の本質

　刑事訴訟は、罪を犯したという疑いによって訴追された者について、適正に判断して犯罪事実の有無を認定し、刑罰を言い渡すための手続である。民事訴訟では、私人間の紛争を解決する機能が重視され、和解や調停などの訴訟外の解決が認められるのに対し、刑事訴訟では、刑事訴訟法所定の厳格な手続による犯罪事実の認定が必要となる。それは、後者の対象が、国家刑罰権の行使という私的処分になじまない性質のもので、その実現の過程で関係者の人権を制約するからである。そこで、憲法は、刑事訴訟に対して、「何人も、法律の定める手続によらなければ、その生命若しくは自由を奪われ、又はその他の刑罰を科せられない」（31条）と規定して適正な手続の法定を厳格に要求している。

[2] 刑事訴訟制度の歴史
(1) 刑事訴訟制度の歴史

　わが国では、明治初期に新律綱領（1870年）、改定律例（1873年）などを基本に証拠裁判主義を採用し（1876年）、拷問の禁止（1879年）を行うことなどによって法制度の近代化を試みていた。しかし、当時のわが国には、時代の要請に応えられる裁判制度が存在しなかったため、結局、西欧諸国の法制度の継受によって近代化が進められることになった。そこで、わが国の制度の理解にとっては、以下の時代区分で発展した西欧諸国の訴訟制度の歴史を知ることが有益である。

①神判の時代

　ここでは、ゲルマン時代までの古い宗教と結びついた神の啓示を絶対視する裁判が行われていた。例えば、小川などに身を投げさせその浮き沈み具合で有罪・無罪を決する水審などが行われており、そこでは、神は科人を罰するという素朴な宗教感情に基づいて裁判が行われていた。しかし、文化や科学の発達により、このような裁判に疑念がもたれると、神判は廃

止されることになった。
②糾問主義の時代

その後に登場したのは、ドイツのカロリーナ刑事法典（1532年）の手続に代表される糾問主義に基づく制度である。ここでは、審判者である裁判官が職権で訴追を開始し、一定の証拠があれば必ず事実を認定するとする法定証拠主義を前提として、有罪判決には証人2人の一致した供述か、被告人の自白が必要とされ、自白の採取のために拷問を許容していた。この裁判は、神判と比べた限度では合理性をもっていたが、苛酷な拷問を許す人権を無視した制度となっており、それに対する批判が高まっていった。

③近代的刑事裁判の時代

糾問主義に基づく裁判制度は、フランス革命によって廃止された。この革命を基礎付けた人権主義思想は、拷問・自白裁判を改める決定的要因となったからである。その後、フランスでは、弾劾主義、公開主義、口頭主義の採用に加えて、自白偏重を防止する自由心証主義が採用されるなど厳格に証拠を規制する制度がとられた。ここで確立された近代的な制度は、他の近隣諸国の刑事裁判の改革を促した。

(2) わが国の刑事訴訟制度

わが国では、明治13（1880）年に、「フランス治罪法」を継受して治罪法という名称の近代的な刑事訴訟法典が制定されたが、明治23（1890）年には明治刑事訴訟法（旧々刑事訴訟法）が制定され、さらに、これがドイツ法制の強い影響下で全面改正されて、大正11（1922）年に大正刑事訴訟法（旧刑事訴訟法）が制定された。戦前までのわが国は、西欧諸国の影響を受けて法制度を整備したが、その内容は、全体的にみて職権主義的色彩が強く随所に改革課題をもつものであった。

その後、わが国は、昭和21（1946）年の日本国憲法の制定を契機に、英米法制の影響の下で刑事手続の人権主義化の方向を定着させ、昭和23（1948）年に現行刑事訴訟法を制定した。ここでは、当事者主義訴訟構造の導入だけでなく、弁護権保障の拡充、強制処分に対する令状主義、黙秘権の保障、伝聞法則などの諸制度が採用されている。

(3) 刑事訴訟法の目的

刑事訴訟法1条は、「公共の福祉の維持と個人の基本的人権の保障とを

全うしつつ、事案の真相を明らかにし、刑罰法令を適正且つ迅速に適用実現する」ことを目的として規定している。ここでは、事案の真相を明らかにする実体的真実主義と適正手続（デュー・プロセス）主義という2つの目的が調和することを予定しているが、現実には衝突する場合もある。また、両者のいずれに重きを置くかは訴訟構造の選択に影響を与える。そこで、以下では、その内容を明らかにする。

① 実体的真実主義

実体的真実主義は、裁判所による事実認定が客観的真実に合致し事案の真相を明らかにすることを要求するが、以下の政策的意図に基づいている。それは、自白追及のための拷問を許していた古い時代の糺問主義手続からも伺えるように、刑事裁判における正義の実現のためには、客観的真実を追及し犯人を必ず罰するという峻厳性をもつ必罰主義の価値観に立つことが要求され、刑事手続の関心は犯人の発見と処罰に集中し、これがすべての価値基準とされるというものである。その意味で、同主義は歴史的に刑法に優位性を置いた刑罰制度重視の原理であり、必罰主義の婉曲名辞（ユーフェミズム）にほかならないと理解されており[1]、訴訟構造についての職権主義と結びつくとされている。

② 適正手続主義

適正手続（デュー・プロセス）主義は、憲法31条～40条が詳細に規定する、令状主義、証人審問権、弁護人依頼権、黙秘権の保障や、自白法則、補強法則などの被告人・被疑者の人権保障の重要な部分を構成する[2]もので、人権主義化された刑事手続を要請する。この人権保障という価値基準によるとき、刑事訴訟においては実体的真実の発見のみを強調することはできず、むしろ無実の者が誤って処罰されることを防止することが重視され、手続自体の正義・適正という観点から真実の発見も一定の限度で制限されることになる。この適正手続主義は、訴訟構造についての被告人側の防御権を厚く保障する当事者主義と結びつくとされている。

B 刑事訴訟法の意義

[1] 刑事訴訟法の法源

国家の刑罰権を実現する手続を定める包括的な法典は刑事訴訟法（昭和

23法131)であるが、これを「形式的意義の刑事訴訟法」という。そこには、刑罰法令を適用するための具体的な手続が定められている。これに対し、他の法規中に定められている刑事手続の規定も合わせた法体系の総体を「実質的意義における刑事訴訟法」という。このうち最も基本的な法源としては憲法があり、刑事訴訟法の運用は、全法規範の上位規範として被告人などの人権を厚く保障する憲法によって規律されている(第1章1節C)。次に、刑事手続の具体的細則を定め、その運用に重要な意味をもつものとして刑事訴訟規則(昭和23最高裁規32)がある。同様の観点からは、裁判員の参加する刑事裁判に関する規則(平成19最高裁規7)なども重要である。そのほかに、刑事手続に関連する機関の組織法としての裁判所法(昭和22法59)、検察庁法(昭和22法61)、検察審査会法(昭和23法147)、弁護士法(昭和24法205)などがある。また、特別手続を定めるものとして、裁判員の参加する刑事裁判に関する法律(平成16法63)、少年法(昭和23法168)、交通事件即決裁判手続法(昭和29法113)、犯罪捜査のための通信傍受に関する法律(平成11法137)、犯罪被害者等の権利利益の保護を図るための刑事手続に付随する措置に関する法律(平成12法75)などがある。

[2] 刑事訴訟法の適用範囲
(1) 場所的適用範囲
　刑事訴訟法は、わが国の刑罰法令が適用され、裁判所で取り扱われるすべての刑事事件について、犯罪地が国内か国外かを問わず、国内に現在する者に適用される。ただし、外国の国家機関が適法に身柄拘束している者には、その身柄の引渡しを受けなければ刑事訴訟法を適用して刑罰権を行使することはできない。
(2) 時間的適用範囲
　刑事訴訟法も、他の法令と同じく原則として施行の時から適用される。そこで、問題になるのは、新法の施行前に刑事手続が開始され、その施行後も手続が完了していない事件である。この点、現行刑事訴訟法の施行法(昭和23法249)は、公訴提起時を基準として、施行前に公訴提起のあった事件については旧法を適用するとし、施行時に公訴提起のなされていない事件については、すべて新法を適用するとしている(刑訴施2条・4条)。

C　憲法との関係

　憲法は、人権を厚く保障する英米法制の影響を受けて、31条から40条に被告人などの人権を保障する詳細な規定を設けている。そこでは、憲法31条に、刑事訴訟に関する基本的規定を置き、「何人も、法律に定める手続によらなければ、……刑罰を科せられない」と定め、手続の法定とその内容の適正さを要求している。その上で、強制処分における令状主義（憲33条・34条・35条）、公平な裁判所の迅速な裁判を受ける権利（憲37条1項）、証人喚問権（憲37条2項）、黙秘権（憲38条1項）、自白法則（憲38条2項）、補強法則（憲38条3項）、二重の危険の禁止（憲39条）などの保障を定めている。上述した適正手続の保障は、これらの人権の保障の重要な部分を構成するものであり[3]、人権主義化された刑事手続を要請している。そこで、憲法が最高法規である（憲98条1項）ことから、刑事訴訟法は、これらの人権規定によって基礎を固められ、その枠組みの中で運用され、その解釈は憲法と適合することが要求される。そこで、憲法を応用して刑事訴訟法の解釈・運用がなされることになる。その具体例としては、刑事訴訟法には、憲法が保障する迅速な裁判を受ける権利（憲37条1項）が侵害された場合の救済規定はないが、著しく遅延した長期裁判から被告人を救済するために、憲法の規定自体に基づいて免訴判決により訴訟を打ち切るという手続的救済を認めた高田事件判決（最大判昭和47・12・20刑集26-10-631〔百選A31事件〕）などがある。

D　刑法との関係

　刑法は、罪刑法定主義に基づきあらかじめいかなる行為が犯罪とされ、それにいかなる刑罰が科せられるかを定める法律であるが、これと刑罰権の実現手続を定める刑事訴訟法は、国家の刑事司法制度を支える2つの大きな柱となっている。つまり、刑法が定める国家の刑罰権と犯人の刑罰受忍義務は観念的なものにすぎず、その具体化には、刑事訴訟法の定める証拠に基づく事実認定などの厳格な手続の履践が必要である（憲31条）。この関係から刑法は実体法に、刑事訴訟法は手続法に属するとされ、従来は、刑事訴訟法は刑法の補助的機能を有するにすぎないとする見解が支配していた。しかし、現在では、既に憲法との関係の箇所で触れたように、刑事

訴訟法の犯罪者を含めた市民の人権保護を図る役割・機能が重視されており、そのことから刑事訴訟法は刑法とは独立した存在意義をもつ法体系と理解されている。

2 刑事訴訟の特色

A 刑事手続の概要

刑事手続は、犯罪発生の疑いにより開始され、捜査、公訴提起、公判および刑の執行という基本的な流れで進行する。なお、職務質問などの行政警察活動は、刑事手続と密接な関係にあるが性質の異なる手続である。

[1] 捜査

捜査は、犯人・証拠を発見・確保し公判を維持・遂行するために行う準備活動である。それは、被害届の受理や職務質問の実施などによって、捜査機関が、「犯罪があると思料する」に至ったとき（189条2項・191条1項参照）開始され、その後に、聞き込み、尾行などの任意捜査や逮捕・勾留、捜索、差押えなどの強制捜査が実施される。

事件の解明のためには、初期捜査が重要とされるが、犯行状況が現認されている場合には比較的容易に捜査は進むのに対し、人通りの少ない路上で死体が見つかったなどの通報によって捜査が開始された場合には、その現場を緊急に保全した上で、死体や現場の状況の確認、凶器、犯人の遺留品、被害者の所持品などを発見し、通報者などからの事情聴取などの証拠の保全と犯人を特定するための活動を慎重に行う必要がある。それらにより証拠を伴って被疑者が特定されたときは、逮捕（199条以下）や勾留という身柄拘束が実施され（207条1項・60条）、その状態を事実上利用して、被疑者取調べが実施される（198条1項ただし書）。その際、被疑者には、黙秘権（198条2項）、弁護人との接見交通権（39条1項）などが保障されている。この捜査活動と併行して、参考人取調べ（223条）や、捜索・差押えなどの強制処分（218条など）が実施される。

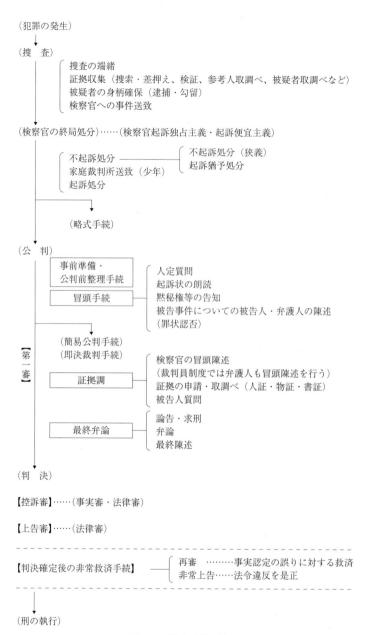

図 1-1　刑事手続の流れ

捜査が進み事件を処理できる段階に達すると司法警察員は、事件と証拠を検察官に送致し（246条）、検察官は、それを検討して起訴決定などの捜査の終局的処分を行う（247条・248条）。

[2] 公訴提起

検察官は、起訴・不起訴などの決定をする（247条）が、事件の具体的事情を考慮して起訴猶予処分を選択できる（248条）。なお、その際、検察官は、軽微な罰金・科料に処する事件については非公開の簡易・迅速な手続である略式命令を請求できる（461条）。この公訴権の行使が適正に行われるように、検察審査会制度（検察審査会法）、付審判請求・準起訴手続（262条以下）が設けられており、公訴権濫用論（最決昭和55・12・17刑集34-7-672〔百選38番事件〕参照）が議論されている。

[3] 公判

公訴提起から裁判所の審理が終結するまでの手続である公判手続では、以下の4つの手続を柱にして、裁判所が当事者の訴訟活動の結果を判断する構造の下で手続が進められる。

(1) 冒頭手続

公判審理の冒頭で行われるまとまりをもった手続を冒頭手続という。ここでは、起訴状に表示された者と被告人との同一性を確認する人定質問（規196条）、起訴状の朗読（291条1項）、黙秘権の告知（291条3項、規則197条）、起訴事実についての被告人・弁護人の意見陳述（291条3項）が行われ、その陳述を通しておおよその事件の争点が明らかにされる。なお、裁判所は、被告人が有罪である旨を陳述したときには、軽微事件については簡易公判手続で審理することを決定できる（291条の2）。

(2) 証拠調手続

検察官は証拠により証明する事実を明らかにするため冒頭陳述（296条）を行う。その後、両当事者が証拠調請求をし（298条1項）、裁判所がその採否を決定する（規190条）。証拠調は、人証、書証、物証などの証拠の種類に応じて、尋問、朗読、展示が実施され（305条～307条）、通常、最終段階では、被告人質問（311条2項）が実施される。

(3) 最終弁論

検察官は、事実・法律の適用についての意見陳述である論告と求刑を行う（293条1項）。弁護人も最終弁論を、被告人も最終的な陳述を行った（293条2項）後に、弁論が終結する。

(4) 判決

裁判所は、当事者の訴訟活動の結果を判断して、有罪判決あるいは無罪判決を言い渡す（335条・336条）。なお、第一審判決に対する不服申立制度として控訴があり（372条以下）、控訴審の判断に不服があるときは、最高裁判所に上告できる（405条以下）。さらに、判決確定後の非常救済手続として再審（435条以下）と非常上告（454条以下）がある。

[4] 刑の執行

有罪判決の確定後、検察官の指揮によって刑が執行される（472条）。

B 刑事裁判の基礎原理と各手続を支える原則
[1] 刑事裁判の基礎原理

刑事裁判は、歴史的に糾問主義から弾劾主義の手続へと変遷している。その後、多くの国では、誰が訴訟の主導的役割を担うかの制度選択について、職権主義と当事者主義のいずれかの訴訟構造を採用している。

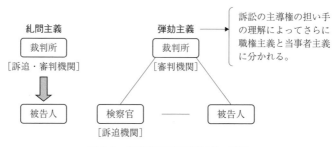

図1-2　刑事訴訟の基礎原理・構造

(1) 糾問主義と弾劾主義

糾問主義とは、審判機関が職権で自ら訴追をして裁判を開始する手続で、

訴追・審判の機関が分化していない手続をいう。しかし、現在では、このような手続は、国家権力の集中防止と審判機関の公平性を要求する近代市民社会の成立によって改められている。

　弾劾主義とは、審判機関と区別された訴追機関の訴追によって訴訟が開始され、審判機関と原告官、被告人の三面関係によって構成される手続をいう。ここでは、裁判の公正を制度的に確保している点に特色がある。現行刑事訴訟法は、公訴官としての検察官の訴追によって訴訟が開始すると定めており弾劾主義を採用している（247条）。

(2) 職権主義と当事者主義

　弾劾主義に立つ場合でも、誰が訴訟の主導的役割を担うかについての訴訟構造の選択と関係して、さらに職権主義と当事者主義の手続に分かれる。前者は大陸法系の国が採用するものであるが、実体的真実の発見を重視して、裁判所が真実を発見する役割を担い訴訟遂行の主導権をもつべきとする。後者は英米法系の国が採用するものであるが、真実の発見は、誤判を防ぐためのものとし、そのために当事者が訴訟の主導権を担い、その活動の結果を裁判所が中立な立場で判断するとするものである。

　現行法は、憲法が被告人などの人権を厚く保障し、「公平な裁判所」による裁判を受ける権利を保障し（憲37条1項）、また、訴訟開始時の裁判官の中立・公平性を担保する起訴状一本主義などを定めて（256条6項）、当事者主義に基づく手続を採用している。

[2] 各手続段階を支える制度と原則

　捜査手続では、原則として人権の制約度が小さい任意捜査が実施される。それに対する規制としては、捜査目的に見合う相当な手段であることを要求する捜査比例の原則がある。他方、例外とされる強制捜査に対する規制には、強制処分は刑事訴訟法に根拠があることを必要とする強制処分法定主義（179条1項ただし書）と裁判官の事前の令状審査を必要とする令状主義（憲33条・35条、199条・218条1項など）がある。

　次に、公訴提起では、検察庁という全国的組織の一員である検察官が、統一的な起訴基準で訴追するメリットに基づいて検察官起訴独占主義が採用され（247条）、事件の具体的事情に応じた処理を可能にする起訴便宜主

義が採用されている (248条)。

　公判手続では、当事者主義訴訟構造を前提に、公開、直接、口頭主義などの運用原則を採用している。公開主義とは、刑事裁判の適正・公平性を担保するために国民的監視のもとに置き、広く一般国民に審判の傍聴を許す裁判形式をいう (憲82条)。また、公判廷での訴訟活動を口頭で行うことを要求する口頭主義 (43条1項) や、裁判所が自ら取り調べた証拠のみを判決の基礎とするとする直接主義 (315条参照) がとられ、それによって証人尋問を中心に心証形成するとする公判中心主義の実現を図っている (256条6項・320条1項参照)。

　なお、刑事訴訟法は、証拠の第一審集中という政策に基づき新証拠の取調べを限定して控訴審の性格を事後審と位置付けている。

C　司法制度改革と刑事訴訟法の改正
[1] 司法制度改革の概要

　平成13 (2001) 年6月提出の司法制度改革審議会の意見書 (以下、審議会意見書という) は、憲法の基本理念である「法の支配」と結びつけて国民に利用しやすい司法制度を目指した提言を行った。刑事司法制度については、刑事裁判の充実・迅速化、被疑者・被告人の公的弁護制度の整備、公訴提起のあり方の検討、刑事訴訟手続に国民が参加する制度の導入などの提言が行われた。その背景には、長期の刑事裁判が刑事司法に対して国民の信頼を損なう一因となっていること等への対策の必要などのさまざまな要因が指摘されている[4]。この動きを受けて、新たに、裁判員制度、公判前整理手続、即決裁判手続、被害者保護制度などが導入された。

[2] 裁判員制度

　平成16 (2004) 年5月21日に成立した、「裁判員の参加する刑事裁判に関する法律」(以下、裁判員法という) によって、刑事裁判に国民の参加を認める裁判員制度が導入された。この制度は、裁判員と裁判官が協働して裁判を行うことにより、国民の良識を反映させ、それを通して刑事裁判に対する国民の理解を増進させ、その信頼を向上させる (裁判員1条参照) という趣旨で導入されたものである。裁判員法では、国民の中から選ばれた裁判員が、

一定の重大な事件について、裁判官と同一の権限で協働して裁判を行うとし、対象事件、裁判員の権限、その選任手続、評議・評決の手続などについて具体的規定を定めている（第1章2節G）。

[3] 公判前整理手続

この手続は、審議会意見書による刑事裁判に国民参加の制度の導入を提言したことからの関連制度の見直しや、刑事裁判の充実・迅速化の必要の指摘に対応して、平成16（2004）年に導入されたものである。これは、第1回公判期日前に受訴裁判所の裁判官が主宰して、事件の争点や証拠を整理して公判の準備を行う手続で（316条の2）、そこでは、手続の早期の段階で争点を整理し審理計画を立てることにより、集中審理を実現し、特に裁判員制度との関係では、裁判員の時間的負担を軽減し、直接・口頭主義に則した方法の下で、争点中心の審理を計画的に行い、わかりやすい裁判の実現を目指すものである。この目的のために、刑事訴訟法は、争点の形成過程と組み合わせた3段階の証拠開示制度（316条の13・316条の14・316条の15・316条の20）を採用し関連規定を整備している（第4章2節D）。

[4] 即決裁判手続

この手続は、「争いのある事件とない事件を区別し、捜査、公判手続の合理化・効率化を図ることは、公判の充実・迅速化……の点で意義が認められる。その具体的方策として……現行制度（略式請求手続、簡易公判手続）の見直しをも視野に入れつつ検討すべきである」との審議会意見書の提言に基づき、平成16（2004）年に導入されたものである。

この手続では、死刑または無期もしくは短期1年以上の懲役もしくは禁錮に当たる事件を除く、罰金または執行猶予判決が見込まれる軽微な事件について、被疑者の同意を条件に、原則として検察官が起訴時の即決裁判を申し立てて簡易迅速な手続によって審理し、即日に判決を言い渡すとされている（350条の2以下）。これは、被告人の権利の保障にとっては、精密な手続によるべき事件とそうでない事件を区別することが必要であり、そのことが刑事手続の全体としての効率的な処理につながるとの理解によるものである。

[5] 被害者保護制度

わが国の刑事訴訟法では、これまで被害者に関する規定は僅かしか設けられておらず、その保護が等閑視されていた。しかし、1970年代以降の被害者の権利を保護する諸外国の立法の影響を受けて、わが国でも近年では、被害者を保護する規定が整備されつつある。それは、犯罪被害者の保護の必要性が一般的に意識されるとともに、刑事手続における情報提供とそれへの参加を認めることが被害者を個人として尊重することになることや、被害者保護には簡易迅速な損害回復を実現する必要があることなどを理由としている[5]。この立法の動きに基づき、犯罪被害者が被告事件の手続に参加することを許す、「犯罪被害者等の権利利益の保護を図るための刑事訴訟法等の一部を改正する法律」などによって新たな制度が導入されている（第1章8節）。

D 平成28年刑事訴訟法等改正

平成28（2016）年刑事訴訟法等改正の経緯と主な内容は、以下のとおりである[6]。

[1] 平成28年改正の経緯

平成28年に成立した「刑事訴訟法等の一部を改正する法律」（平成28年法律第54号、以下「平成28年改正」という）は、検察官が担当事件に関する証拠を隠滅した厚労省元局長無罪事件等の一連の事態を受けて検察の信頼回復を図るため設けられた「検察の在り方検討会議」の検討を経て、平成23（2011）年6月に設けられた法制審議会「新時代の刑事司法制度特別部会」の調査審議の後、その答申に基づき制定されたものである。そこでは、刑事司法制度の改正の在り方について、①被疑者取調べへの録音・録画制度の導入をはじめ、取調べへの過度の依存を改めて適正な手続のもとで供述証拠および客観的証拠をより広範囲に収集することができるようにするため、証拠収集手段を適正化・多様化する、②供述調書への過度の依存を改め、被害者および事件関係者を含む国民への負担にも配慮しつつ、真正な証拠が顕出され、被告人側においても、必要かつ十分な防御活動ができる活発で充実した公判審理を実現する、という2つの方向性が示された。これに基づき平成28（2016）年5月に上記の改正がなされて、現在施行されている。

[2] 平成28年改正の内容

平成28年改正では、次の9項目の改正がなされた。
(1) 取調べの録音・録画制度の導入（第2章5節）
(2) 証拠収集等への協力及び訴追に関する合意制度及び刑事免責制度の導入（第4章4節）
(3) 通信傍受の合理化・効率化（第2章4節）
  ①通信傍受の対象犯罪の拡大
  ②通信傍受の手続の合理化・効率化
(4) 裁量保釈の判断に当たっての考慮事情の明確化（第4章2節）
(5) 弁護人による援助の充実化（第1章7節、第4章2節）
  ①被疑者国選弁護制度の対象事件の拡大
  ②弁護人の選任に係る事項の教示の拡充
(6) 証拠開示制度の拡充（第4章2節）
  ①証拠の一覧表の交付手続の導入
  ②公判前整理手続等の請求権の付与
  ③類型証拠開示の対象の拡大
(7) 犯罪被害者等及び証人を保護するための措置の導入（第1章8節、第4章4節）
  ①証人等の氏名及び住居の開示に係る措置の導入
  ②公開の法廷における証人等の氏名等の秘匿措置の導入
  ③ビデオリンク方式による証人尋問の拡充
(8) 証拠隠滅等の罪等の法定刑の引上げ等（第4章4節）
  ①証拠隠滅等の罪等の法定刑の引上げ
  ②証人の勾引要件の緩和等
(9) 自白事件の簡易迅速な処理のための措置の導入（第4章9節）

なお、改正法附則第9条3項は、今後の改正検討項目として、再審請求審における証拠の開示、起訴状等における被害者の氏名の秘匿に係る措置、証人等の刑事手続外における保護に係る措置等を挙げている。

3 刑事手続の参加者―裁判所

A 裁判所と裁判権

　裁判所は、司法権を行使する国家機関である（憲76条1項）。裁判所には、法律上の争訟を審理し最終的な解決をする権限である司法権が付与されていることから、その一部である刑事事件につき審判する権限である刑事裁判権は、裁判所のみが有している。

　刑事裁判権とは、刑事事件を具体的に審理し、犯罪事実を認定して刑を定める権限をいう。その存在は訴訟条件の一種とされ、これを欠くと訴訟は公訴棄却の判決によって打ち切られる。刑事裁判権は、原則として、日本国民・外国人であるかに関係なく、わが国の領土内のすべての者に及ぶ。この裁判権の存否と刑法の適用範囲は異なる問題なので、刑法が国民の国外犯の処罰を定めている場合であっても（刑3条）、その者が日本にいない限り裁判権は及ばないことになる。

　以上の刑事裁判権行使の原則には、例外がある。まず、刑事裁判権は、いわゆる治外法権を有する外国の元首および外交使節には及ばず（外交関係に関するウィーン条約31条参照）、また、日米地位協定（日米相互協力および安全保障条約6条に基づく行政協定）17条によりわが国に駐留する合衆国の軍隊の構成員・軍属にも及ばない。次に、憲法の解釈上、天皇および摂政には刑事裁判権が及ばないとするのが通説である。なお、外国の裁判所による判決は、わが国の刑事裁判権の行使に影響を及ぼさないが、刑法5条は、外国で裁判の執行がなされた場合に、わが国での刑の執行に際しては刑を減軽または免除することを定めている。

B 裁判所の種類と組織

　裁判所の種類には、最高裁判所と下級裁判所としての高等裁判所・地方裁判所・家庭裁判所・簡易裁判所がある（憲76条1項、裁1条・2条1項）。最高裁判所は東京に、高等裁判所は全国に8か所、地方裁判所と家庭裁判所は原則として各都道府県県庁所在地に1庁、簡易裁判所は全国に438庁（平成23年現在）設置されている。最高裁判所は、最高裁判所長官と14名の最

高裁判所判事によって（憲79条1項、裁5条1項3項）、高等裁判所は、高等裁判所長官と相応な員数の判事で（裁15条）、地方裁判所・家庭裁判所は相応な員数の判事および判事補で（裁23条・31条の2）、簡易裁判所は相応な員数の簡易裁判所判事によって構成されている（裁32条）。ところで、一般に裁判所というとき、次の国法上の意味における裁判所と訴訟法上の意味における裁判所という2つの意味がある。

[1] 国法上の意味における裁判所

この意味の裁判所は、さらに、①裁判官だけでなく職員全部を含めた官署（役所）としての裁判所と、②裁判所法の定める裁判機関（裁判官）の集合体としての裁判所という意味で使われる。前者は、司法行政の単位として、管轄制度による刑事裁判権分配の単位となっており、後者は司法行政権の主体を意味し、具体的な訴訟事件との関わりはない。

[2] 訴訟上の意味における裁判所

この意味の裁判所は、具体的事件について裁判権を行使する裁判機関としての裁判所をいい、受訴裁判所という言葉が使われるときもある。裁判機関としての裁判所には、1名の裁判官による単独制と複数の裁判官によって構成される合議制がある。最高裁判所と高等裁判所の構成はすべて合議体である（裁9条・18条）。また、第一審の管轄権をもつ地方裁判所、家庭裁判所、簡易裁判所では、原則として単独体で処理されているが、そのうち、裁判所法は、地方裁判所に係属する刑事事件で合議体において審理されるべき事件を法定合議事件（裁26条2項2号・2項4号）と裁定合議事件（裁26条2項1号）に分けて規定している。これらは、合議体の長所を発揮させて、法定刑の重い事件や複雑な事件を慎重に審理し誤った裁判を防ぐためのものである。

[3] 補充裁判官・受命裁判官・受託裁判官

裁判の長期化が予想されるとき、裁判官に故障が生じた場合に時間が費やされる公判手続の更新を行わずに円滑に審理が進められるように、合議体の員数を超えない限度で他の裁判官を審理に立ち会わせて参加させるこ

とができ（裁78条）、これを補充裁判官という。また、検証や公判廷外の証人尋問などを合議体の構成員である裁判官に行わせることができ、これを受命裁判官という（12条2項・43条4項・125条・142条など）。また、同様の行為を他の裁判所の裁判官に嘱託し実施させることができ、その場合の裁判官を受託裁判官という（43条4項・125条・142条・163条など）。

C 裁判官

　裁判官は、最高裁判所長官などの官名の総称である。それには、最高裁判所長官、最高裁判所判事、高等裁判所長官、判事、判事補、簡易裁判所判事の6種類があり（裁5条）、それぞれ司法権の公正・厳正な行使を担保するため厳格な任命資格が定められている（裁41条～46条）。このうち、刑事裁判で中心的役割を担う判事は、10年以上の法曹としての経験が原則として要求されている（裁42条）。これらの者の任命手続は、最高裁判所長官は内閣の指名に基づいて天皇が任命し（憲6条、裁39条1項）、最高裁判所判事は、内閣が任命し天皇が認証する（憲79条1項・7条5号、裁39条2項・3項）。また、下級裁判所の裁判官は、最高裁判所の指名した者の名簿によって内閣が任命し（憲80条1項、裁40条1項）、そのうち、高等裁判所長官の任免は、天皇が認証する（憲7条5号、裁40条2項）。その上で、憲法は、「すべて裁判官は、その良心に従ひ独立してその職権を行ひ、この憲法及び法律にのみ拘束される」と規定し（憲76条3項）、司法権と裁判官の職権の独立を保障している。その結果、裁判官は、他の国家機関から干渉されずに独立して（対外的独立）、また司法部内の司法行政上の上司などの指図を受けることなく独立して（対内的独立）職権を行使する。さらに、この独立性を担保するために強力な身分保障があり、次の例外的な場合を除き、その意に反して免官・転官・転所・職務停止・報酬の減額をされない（憲78条、裁48条）。それは、①国会内の訴追委員会が訴追を行い弾劾裁判所が裁判する公の弾劾（憲64条・78条、国会125条、裁判官弾劾法）、②最高裁判所の裁判官に対する国民審査による罷免（憲79条2項～4項）、および、③心神の故障のために職務をとることができないと判断された分限裁判による罷免の場合である（憲78条、裁判官分限法）。

D 公平な裁判所

憲法は、被告人に公平な裁判所の裁判を受ける権利を保障している（憲37条1項）。裁判の公平性は、本来的に司法権の行使に要請されるが、具体的な裁判の場で機能して、被告の権利として保障されなければならない。ここに公平な裁判所とは「その組織や構成からみて偏頗な裁判をするおそれのない裁判所」をいう（最大判昭和23・5・5刑集2-5-447）。この保障の理念を確保するために、刑事訴訟法は、起訴状一本主義（256条6項）や当事者主義訴訟構造などを手続面で採用している。これに加えて、特に事件を具体的に審理する裁判所の構成自体が公平であることが重視される。この観点から、刑事訴訟法は、除斥、忌避、回避の制度を設けている。

[1] 除斥

除斥とは、裁判官が不公平な裁判をするおそれが著しい場合を類型化し、その事由があるとき、当然に職務の執行から除外する制度である（20条）。それは、①裁判官がその事件の被害者であるなどの事件に特別の利害をもつ類型（20条1号〜3号）と、②事件について、職務として関与しあるいは既に一定の判断をしている類型（20条4号〜7号）に大別される。このうち、実務で特に問題となるのは7号であるが、通説・判例は、その「前審の裁判に関与した」とは、上級審の手続の際に、下級審の裁判の形成に実質的に関与した場合を指し、単に言渡しのみに関与した場合は当たらないとし、また「裁判の基礎となった取調」とは、当該裁判官のなした証拠取調べの結果が採証されたときのみを指し、採証されなかった場合は含まれない、としている（最大判昭和41・7・20刑集20-6-677）。

[2] 忌避

裁判官に除斥事由がある場合もしくは不公平な裁判をするおそれがある場合に、当事者の申立てにより、その裁判官を職務の執行から除外する制度を忌避という（21条）。忌避事由の申立ては、理由を具体的に示す必要があり、後者についても単に「不公平な裁判をするおそれ」があるといった抽象的なものは許されない。この点に関連して判例は、「訴訟手続内における審理の方法・態度などは、それだけでは直ちに忌避の理由となしえない。

これらに対しては、異議は上訴などの申立てによって救済を求めるべきである」(最決昭和48・10・8刑集27-9-1415〔百選A25事件〕)としている。しかし、多くの学説は、その判断は忌避理由を狭く解しすぎていると批判している。忌避の申立てがあると、原則として訴訟手続は停止される(規11条)。しかし、その濫用を防ぐために、申立てに対しては、忌避された裁判官自身が判断して却下決定できる(24条)。

[3] 回避

回避とは、裁判官自ら忌避されるべき事由があると判断するとき、その所属裁判所に申し立て、その決定により職務の執行から退く制度をいう(規13条)。忌避申立てについて決定すべき裁判所が、この申立てについて決定する(規13条3項)。

E 裁判管轄

法律によって各裁判所に分配された裁判権行使の限界を管轄権という。管轄には被告事件に関する「事件の管轄」と特殊な手続に関する「職務管轄」がある。以下では、手続の主な流れで問題となる前者について説明する。裁判所法および刑事訴訟法は、事件の軽重、審判の難易、審判の便宜、被告人の便宜などを考慮し、一定の基準により管轄権が定まる仕組みである管轄についての規定を設けている。この管轄には、第一審の事物管轄・土地管轄と上級審の審級管轄がある。

[1] 事物管轄

事物管轄とは、事件の性質・軽重などを基準とする管轄の分配をいうが、法は以下の定めをしている。①簡易裁判所は、罰金以下の刑に当たる罪、選択刑として罰金が定められている罪、および常習賭博、賭博場開張等図利・窃盗(同未遂)・横領・盗品譲受けなどの罪などについて管轄権をもつ(裁33条1項2号)。ただし、簡易裁判所は原則として禁錮以上の刑を科することはできず、例外的に窃盗など一定の罪について3年以下の懲役の限度で刑を科する権限を有している(裁33条2項)。②地方裁判所は、罰金以下の刑に当たる罪と高等裁判所の特別管轄に属する罪を除いた事件に管轄権

をもつ（裁24条）。そこで、簡易裁判所と管轄が競合する場合がある。③高等裁判所は、内乱罪について第一審として管轄権を有し、また、東京高等裁判所は独禁法違反の罪について第一審の管轄権を有している（裁16条4号・17条、独禁85条）。

[2] 土地管轄

　土地管轄とは、事件の土地的関係による管轄権の分配をいう。下級裁判所の設立及管轄区域に関する法律により管轄区域が定められている（裁2条2項）が、その管轄区域内に、犯罪地、被告人の住所、居所もしくは現在地がある事件について当該裁判所は管轄権を有する（2条1項）。このうち、住所および居所は、民法の定めるところによる。また、現在地とは、被告人が、公訴提起の当時に任意または適法な強制処分によって現在する場所をいう。

[3] 審級管轄

　審級管轄とは、三審制度の採用に伴う上訴との関係での管轄をいう。刑事事件では、第一審を管轄するのは、簡易裁判所、家庭裁判所および地方裁判所である。それらの第一審裁判所のなした判決に対する控訴は高等裁判所が管轄する（裁16条1号）。また、控訴審の判決に対する上告は最高裁判所が管轄する（裁7条1号）。

　以上によって、具体的事件の管轄は定められるが、その場合でも、審理過程での特殊事情や被告人側の訴訟遂行上の利害などの個別的な要因を考慮して一定限度の修正をすることが必要となる場合がある。そこで、数個の事件が関連性をもつ関連事件（9条）についての管轄の修正（3条〜8条）、管轄不明もしくは不存在の場合の指定（15条・16条）、管轄裁判所が審判を行うことができずまたは行うことが妥当でない特殊事情がある場合の管轄移転（17条・18条）の制度が設けられている。

F　裁判所の職員

　裁判所には、裁判官を補助する者として、裁判所事務官（裁58条）、裁判所書記官（裁60条）、裁判所調査官（裁57条）などの職員が置かれている。

G 裁判員裁判
[1] 裁判員制度の導入の意義

　平成13(2001)年6月の司法制度改革審議会の意見書は、刑事裁判への国民の参加について、「刑事訴訟手続において、広く一般の国民が、裁判官とともに責任を分担しつつ、協働し、裁判内容の決定に主体的、実質的に関与することができる新たな制度を導入すべきである」との提言を行った。これに基づいて平成16(2004)年5月に「裁判員の参加する刑事裁判に関する法律」(以下、裁判員法)が成立し、平成21(2009)年5月21日より施行されている。この、いわゆる「裁判員制度」の導入の意義について、裁判員法1条は、「国民の中から選任された裁判員が裁判官と共に刑事訴訟手続に関与することが司法に対する国民の理解の増進とその信頼の向上に資する」ことを挙げている。つまり、国民が裁判過程に参加することによって、国民の司法に対する理解を深め司法の国民的基盤を強固にすることを目的としている。また、副次的には、国民の裁判参加によって、裁判官が国民の理解を得ることに努めるので、わかりやすい裁判の実現が可能になるという目的もある。裁判員裁判の特徴は、裁判員法の規定によって決定されるが、そこでは、裁判員は、①事実の認定、②法令の適用、③刑の量定について合議する(裁判員6条1項)とされ、また評決について、裁判員と裁判官は同等の評決権をもち、裁判員および裁判官双方の意見を含む合議体の員数の過半数を意見によって決せられる(同67条1項)とされている。この裁判員に与えられている権限の内容から同裁判は、基本的に裁判員と裁判官が同一の権限をもち協働する参審制度の性格をもつと理解されている。ただし、裁判員法には、後に触れるように、事件ごとに裁判員を選任する手続などが規定されており陪審制度の要素も含まれている。

　裁判員制度については、その実施後に制度の合憲性が争われていたが、最高裁平成23(2011)年11月16日大法廷判決(最大判平成23・11・16判時2136-3〔百選49番事件〕)は、刑事裁判に国民が参加して民主的基盤の強化を図ることと刑事裁判の使命を果たすことは決して相容れないものではなく、国民の司法参加と適正な刑事裁判を実現するための諸原則とは、十分調和させることが可能であり、憲法上国民の司法参加が禁じられていると解すべき理由はないと判断した。その上で、同判決は、①裁判を受ける権利(憲

31条・32条・37条1項・76条1項・80条1項）の侵害、②裁判官の職権の独立（憲76条3項）の侵害、③意に反する苦役に服させることの禁止（憲18条）に違反するという被告人側の主張について、概ね以下の実質的な判断を行った。それは、①裁判員の権限は評議において、事実認定、法令の適用および刑の量定について意見を述べ、評決を行うことにあり、これらの判断は、法律的な知識、経験があることが不可欠とはいえず、裁判員がさまざまな視点や感覚を反映させつつ、裁判官との協議を通じて良識ある結論に達することは、十分に期待できる。また、②評議に当たって裁判長が十分な説明を行う旨が定められ、評決では多数意見の中に少なくとも1人の裁判官が加わる必要があるとされていることも考えると、被告人の権利保護の観点からの配慮もされている。さらに、③裁判員の職務等は、司法権の行使に対する国民の参加という点で参政権と同様の権限を付与するもので、裁判員法が辞退に関し柔軟な制度を設けていることも考慮すれば、「苦役」に当たらないというものである。

コラム　刑事裁判への国民参加制度

　わが国でも、大正12（1923）年に陪審法が制定され、昭和18（1943）年に停止されるまで、国民の参加を認める刑事裁判が実施されていました。その導入には、①「裁判手続にも、一定の範囲で、国民の参加を認めるのが立憲政治の本旨に副う」、②「この制度の実施によって国民は自然裁判に親しみ、……裁判に関する理解もでき、従来稀にあった誤解や疑惑も一掃され、益々裁判の威信を高められる。」という理由が挙げられています。当時の国家体制は天皇主権で異なりますが、現在とほぼ同一の導入理由である国民の理解の増進と信頼の向上が挙げられており興味深いものがあります。ただ、この制度では、陪審の答申が不当と認めるとき、裁判所は、それに拘束されず、裁判長は、陪審を更新して決定で他の陪審の評議に付することができるとされていました（陪審95条）。そのため、この制度は、陪審の評議の結果に裁判所が拘束される英米法の陪審制度とは異質のものでした。その影響もあったのでしょうか、あまり活用されなくなり停止されたのです。

ところで、最近、わが国では裁判員制度が導入されました。この制度は、諸外国の制度を参考にしていますが、わが国独自の制度として内容が定められ導入されたものです。諸外国には、ドイツなどでみられる参審員と職業裁判官が平等の評決権をもち合議で協働する参審制度と、アメリカなどの陪審員が職業裁判官から独立して事実認定を行い、その結果に職業裁判官が拘束される陪審制度があります。裁判員制度は、裁判員が裁判官と協働して事実認定、法律の適用、量刑を行う（裁判員6条1項・67条1項）ので参審制度の性格を基本にしていますが、他方で、裁判員の選任手続に無理由の拒否権（裁判員36条）を認めており陪審制度に特有の手続も含まれています。その意味でも、裁判員制度は、わが国特有の制度といえるのです。この制度では裁判員の参加の下で出された結果は、旧陪審と異なり、当然に裁判所の判断となりますので、国民が参加する裁判制度としては一貫した内容となっています。ただ、新しい制度ですので、今後は、よりよい制度に育てていく努力が必要でしょう。

もっと知りたい方へ
- 『我が国で行われた陪審裁判—昭和初期における陪審法の運用について』（最高裁判所事務総局、1995）
- 丸田隆『陪審裁判を考える—法廷にみる日米文化比較〔第8版〕』（中央公論新社、2007）
- 丸田隆『裁判員制度』（平凡社、2004）

[2] 裁判員制度の概要
(1) 対象事件

裁判員制度の対象事件は、①法定刑が死刑または無期の懲役もしくは禁錮に当たる罪に係る事件と②裁判所法26条2項2号のいわゆる法定合議事件のうち、故意の犯罪行為により被害者を死亡させた罪に係る事件である（裁判員2条1項）。これは、制度導入の目的が、司法に対する国民の理解の増進と信頼の向上にあることから、国民の関心が高く社会的にも影響の大きい重大事件を対象としたものである。ただし、該当事件であっても、裁判員やその親族などの生命・身体・財産に危害が加えられるおそれが具

体的にある場合には、裁判員の過大な負担を避けるため対象事件から除外されている（同3条）。

(2) 裁判員裁判の構成

裁判員が加わる合議体（裁判体）は原則として裁判官3名、裁判員6名で構成される（同2条2項本文）。これは、通常手続の法定合議事件で裁判官3人が合議体を構成していることとの均衡、裁判員が意見を述べやすく、かつ、充実した合議を維持するという観点を考慮するものである。ただし、公判前整理手続において公訴事実に争いがなく、事件の内容その他の事情を考慮して適当と認められ、当事者に異議がない事件では、例外的に、裁判官1人、裁判員4人で構成される合議体で取り扱うことができる（同2条2項ただし書）。

(3) 裁判員および裁判官の権限と評決

裁判員裁判の対象事件では、裁判官と裁判員が同一の権限をもって、①事実の認定、②法令の適用、③刑の量定を合議によって行う（同6条1項3項）。この場合の評決は、裁判官および裁判員の双方の意見を含む合議体の過半数により決せられ（同67条1項）、裁判官または裁判員のみによる多数によって被告人に不利益な判断をすることができない。これは、裁判員が事実認定だけでなく、法令の適用や刑の量定についても裁判官と同じ権限をもつ点で、また、審理・判決を協働して行うとしている点で、裁判員制度に参審制度としての性格を含ませるものである。これに対して、法律的・専門的な判断を含み迅速な決定を要する、①法令解釈、②訴訟手続に関する判断、③その他裁判員の関与する判断以外の判断については、裁判官のみの合議による（同6条2項3項・7条）とされている。ただし、その場合でも裁判官は、裁判員に傍聴を許すことができる（同68条3項）。

(4) 裁判員の選任

裁判員は、衆議院議員の選挙権を有する者から無作為抽出により選ばれた候補者の中から選任される（同13条）。この候補者のうち、①欠格事由のある者（同14条）：義務教育の未終了者、禁錮以上の刑に処せられた者、心身の故障のため職務遂行に著しい支障がある者、②就職禁止事由のある者（同15条）：立法権または行政権の行使に関わる者、法律の専門家、自衛官など、③事件に関連する不適格事由のある者（同17条）：裁判の公正を害す

るおそれのある客観的類型化で、被告人または被害者の親族または親族であった者など、④その他の不適格事由がある者（同18条）：③以外の非類型的事情によって裁判所が不公平な裁判をすると認めた者は、除外される。また、国民の負担をできるだけ軽減する必要があることから、年齢70歳以上の者などの辞退事由に該当する者は裁判員となることを辞退する申立てを行える（同16条）。

　裁判員の選任は、以下の手続で行われる（同20条～39条）。①地方裁判所は、次年度に必要な裁判員候補者の員数を選挙管理委員会に通知する（同20条）。これを受けて同委員会は、選挙人名簿からくじで選定して作成した名簿を調製して地方裁判所に送付する（同21条・22条）。この名簿に基づいて、地方裁判所は裁判員候補者名簿を調製し（同23条）、その旨を名簿記載者に通知する（同25条）。②地方裁判所は、第1回公判期日が定まったとき、呼び出すべき裁判員候補者を決め、その員数の裁判員候補者をくじで選定し（同26条）、裁判員選任手続が行われる期日に呼び出す（同27条）。③裁判所は、裁判員の資格を判断するに必要な質問をするための質問表を事前に送付できる（同30条）。④選任手続は裁判官および裁判所書記官が列席し、検察官および弁護人が出席して行い、必要と認めるときは被告人も出席できる（同32条）。この手続は、非公開で行われる（同33条1項）。⑤裁判長等は、候補者の選任資格の有無を判断するため必要な質問をすることができる（同34条）。⑥この選任手続において、検察官および被告人は各々4人の裁判員候補者について、理由を示さずに不選任を請求でき、裁判官は不選任の決定をすることができる（同36条）。これは英米法の陪審制度における専断的忌避の制度に倣ったものである。

(5) 裁判員の任務の終了

　裁判員の任務は、①終局裁判を告知したとき、または、②事件を裁判官のみによる裁判で取り扱うことになったときに終了する（同48条）。

(6) 裁判員の保護と罰則

　裁判員を保護するための措置として、①労働者が裁判員の職務を行うために休暇を取得した場合において、解雇その他不利益な取扱いをすることは禁止し（同100条）、②裁判員や補充裁判員のみならず、裁判員候補者などの氏名、住所その他の個人を特定するに足りる情報を公にしてはならず（同

101条1項)、これら裁判員などであった者の情報についてもその同意している場合を除き同様とされる (同条1項後段)、③何人も、当該事件に関して裁判員、補充裁判員と接触してはならず (同102条1項)、裁判終了後も、裁判員が職務上知りえた秘密を知る目的でこれらの職にあった者に接触してはならない (同102条2項) という規定が設けられている。他方、裁判員などに対しては、一定の規律を維持し、あるいはその保護のために、裁判員等に対する請託罪 (同106条)、威迫罪 (同107条) のほか、裁判員等による秘密漏示罪 (同108条) や裁判員の氏名等漏示罪 (同109条) などの罰則が定められている。

4 刑事手続の参加者―検察官

A 検察官制度の意義

　検察官は、検察権を行使する権限の主体である。その職務は広範で、刑事手続の全段階に及んでいる。すなわち、検察庁法は、検察官の職務としての検察事務について「刑事について、公訴を行い、裁判所に法の正当な適用を請求し、且つ、裁判の執行を監督し」(検察4条)、「いかなる犯罪についても捜査をすることができる」(検察6条1項) と規定している。そこでは、①犯罪を捜査し、②公訴権を行使して捜査の終結段階で起訴・不起訴などの事件処理を行い、③公判を維持・遂行し、④裁判の執行を監督することを定めている。

　検察官制度は、戦後の司法制度改革によって、その内容を大きく変えている。検察官は、戦前までは裁判所に附置された検事局に所属し (旧裁判所構成法)、裁判官とともに司法大臣の監督下にあったが、昭和22 (1947) 年の司法制度改革により、検事局が裁判所から分離して検察庁として法務省の下で統括されることになった。検察官は、かつては司法官とされていたのとは異なり、現在では行政官としてその法的性格が理解されている。しかし、その権限に属する検察権は、刑事司法の運用と直接に関連することから、その適正・公平な行使を確保するために司法権の独立の精神を及ぼす

べきである。そのため検察官の性格は、通常の行政官の場合に、行政の長が権限の主体となり、その名義で権限が行使されるのとは異なっている。つまり、検察権行使の主体は、個々の検察官であり、検察官は独任制の官庁として、上官の指揮命令には服するがその補助機関ではないという特色がある。その根拠は、検察権の行使を適正・公平に行うための検察官の自律性と強力な身分保障に求められる。このような観点から検察庁法は、検察官に、その職務行使に際して法律上のものであるが裁判官とほぼ同様の身分保障を定めている（検察25条）。ただし、このような独任制の官庁としての検察官の検察権の行使も、後述する検察官同一体の原則の中で位置付けられるものである（第1章4節C）。

B 検察官と検察庁

　検察官は官名としての検事総長、次長検事、検事長、検事、副検事の総称である（検察3条）。検察官の行う事務を統括する官署を検察庁という（検察1条1項）。検察庁法は、その種類と構成を定めているが、裁判所に対応して、最高検察庁、高等検察庁、地方検察庁、区検察庁が置かれており（検察1条2項・2条1項2項）、支部を設けることもできる（検察2条4項）。検察官は、検察権の行使が刑事司法に重大な影響を及ぼすことから、裁判官に準じた任命資格が定められている。裁判官には、判事と判事補の区別があるが、検事には1級と2級の種別が置かれ、2級の検事は司法修習を終えた者および一定の要件を満たす者の中から任命される（検察18条）。1級の検事は、8年以上2級の検事・判事補・簡易裁判所判事・弁護士の職にあった者などの要件を満たす者の中から任命される（検察19条）。

　検察官には、裁判官に準じた身分保障があるが、それは、憲法上ではなく検察庁法上の保障にとどまっている（検察25条）。そこでは、検察官は、検察官適格審査会の議決を経て免官される場合（検察23条）、定年退官（検察22条）、剰員による減給（検察24条）、懲戒処分（検察25条ただし書）などの場合を除き、その意思に反して官を失い、職務を停止され、または俸給を減額されないとされている（検察25条）。

　検察庁には、検察官以外に、検察事務官（検察27条）、検察技官（検察28条）などが置かれている。このうち検察事務官は、検察官を補佐し、その指揮

を受けて捜査を行う（検察27条、191条2項）。また、検察官不足に対処し、必要があるときは、区検察庁では、検察事務官に区検察官の事務を取り扱わせることができる（検察36条）。これを検察官事務取扱検察事務官という。

C 検察の組織原理

　検察官は、検察権を行使する独任制の官庁であるが、犯罪の捜査・公訴の提起などの検察事務は本来的に行政に属することから、その行使は全国的な組織体としての一体性・統一性のとれたものでなければならない。そこで、検察官は、検事総長を頂点とする全国的な組織体を構成する検察の一員として組織的統制の中にあり、上命下服の関係の中で（検察7条～10条参照）活動する。これを検察官同一体の原則という。これは、検察官に職権の独立を認めて具体的事件の事情や特色に応じた処理がなされることを期待しつつ、捜査、公訴権の行使、科刑の基準を統一して、検察権行使の統一性と公平性を維持することを目的とする原則である。また、この原則によって、検察官には除斥・忌避などの制度は設けられておらず、また、捜査や公判の過程で検察官が交替したとしても、手続の更新は不要とされている。この原則は、検事総長、検事長などは、その指揮監督する検察官の事務を自ら取り扱い、または、その他の検察官に取り扱わせるとする事務引取権、事務移転の権（検察12条）や検察官が一定の場合に所属上司の職務を代わって行うことができるとする職務代行制（検察13条）などにも現れている。

　もっとも、検察権の行使は、刑事司法に重大な影響を及ぼすものであり、その適正な行使が要請される。そこで、法務大臣が政治的影響力を及ぼして、党派的見地から担当検察官の事件処理、活動を制約する弊害を防ぐために、検察庁法は、「法務大臣は、第4条及び第6条に規定する検察官の事務に関し、検察官を一般に指揮監督することができる。但し、個々の事件の取調又は処分については、検事総長のみを指揮することができる」と規定している（検察14条）。これは、法務大臣に一般的な指揮権を認めて検察官の独善的な事件処理を防止するが、担当検察官を個々の事件について指揮できないとして事件処理が政治的圧力によって歪められることを防ぐことを目的とする。以上のように、検察庁法は、検察官を独任制の官庁とし

て位置付け、それと検察官同一体の原則との微妙なバランスによって、検察官による適正な検察権行使の維持を期待している。

D　検察官の職務権限

検察官は、その権限に属する検察事務として、①犯罪捜査、②公訴提起、③公判の維持・遂行、④裁判の執行の監督という職務を担っている（検察4条・6条1項）。

[1] 捜査機関としての検察官

刑事訴訟法は、「検察官は、必要と認めるときは、自ら犯罪を捜査することができる」（検察6条、191条1項）とし、検察官を捜査機関としているが、その一方で、司法警察職員を捜査機関と規定している（189条2項）。そのため両者の関係が問題となるが、後述するように、第一次的・主たる捜査機関は司法警察職員であり、検察官は第二次的・補充的捜査機関とされ、両者は対等な協力関係にある（192条）とされている。ただ、現実に、検察官が中心となって捜査を行うのは、裁判官に準じた身分保障があることに期待して、政治家などの関与が疑われる大規模な脱税事件、贈収賄事件などの場合が多い。また、刑事訴訟法は、検察官に、公訴の提起、公判の維持、捜査の適正などに配慮した上で、司法警察職員に一般的指示、具体的指示、具体的指揮を行う権限が与えている（193条1項〜3項）。その上で、事件は、司法警察職員による捜査が終了したときに検察官に送致され（246条）、そこで捜査の終結処分がなされる。

[2] 公訴官としての検察官

刑事訴訟法は、検察官に捜査終結の際に、公訴を提起するか否かなどを決定する権限を認めて公訴官としての地位を与えている。すなわち「公訴は検察官がこれを行う」（247条）として検察官起訴独占主義を採用するとともに、「犯人の性格、年齢及び境遇、犯罪の軽重及び情状並びに犯罪後の情況により訴追を必要としないときは、公訴を提起しないことができる」（248条）として起訴便宜主義を採用し、起訴可能な事件であっても、その具体的な事情に配慮して起訴を猶予できる訴追裁量権を検察官に与えている。

この公訴権の行使は、検察官の職務の中でも特に重要なものである。

[3] 原告官としての検察官

検察官は、公訴提起後に、原告官として公判において訴訟活動を行う。当事者主義訴訟構造の下では、検察官と被告人は対等の立場に立って訴訟活動を行い、これを中立・公正な裁判所が判断することになるが、ここでは、検察官は原告官として訴訟活動を行うことになる。具体的には、①訴因を設定・管理し、②罪となるべき事実を中心とする多くの要証事実を証拠によって立証し、③公判手続において、手続の適正を図るために証拠調に関する異議を申し立て、裁判長の処分に対して異議を申し立てるなどの訴訟活動を行う(309条)。また、弁論終結の際に検察官は、事実および法律の適用についての意見の陳述である論告・求刑を行う(293条1項)。

[4] 裁判の執行機関としての検察官

刑事手続において執行を要する裁判は、検察官が執行を指揮する(472条)が、その中でも刑の執行の指揮は重要な権限である。

以上のように、検察官は、被告人などと相対立する一方の当事者として位置付けられる。その位置付けに関して、検察官の地位について、デュー・プロセス遵守義務(客観義務)に基づき公益的立場から被告人などのために後見的役割を担い実質的弁護の機能を果たすべきとする見解[7]や、検察官にデュー・プロセスを擁護すべき準司法官的地位を認める見解もある[8]。しかし、これらに対しては、検察官に被告人などに対する実質的弁護を果たすべきことを強調することは、検察官の権限の強化を導く危険があり、その当事者としての性格と矛盾する[9]とし、あるいは、準司法官として裁判官代替的性格を認めることは公判中心主義と矛盾する契機をもつ[10]という批判がなされている。

5 刑事手続の参加者―司法警察職員

A 司法警察職員の意義

　刑事訴訟法上、捜査を担当する機関には、司法警察職員、検察官、検察事務官がある（189条2項・191条）。このうち、司法警察職員には、一般司法警察職員と特別司法警察職員の区別がある。前者は、警察庁および都道府県警察の警察官であり、後者は労働基準監督官、麻薬取締官などのように、警察官以外の者で、個々の法令により特別の事項について、司法警察職員としての資格を付与され捜査権限が与えられている行政機関の職員をいう（190条）。

　司法警察職員は官職名ではなく、刑事訴訟法上の名称であるが、それは刑事訴訟法上の権限行使についての資格の差異を反映して司法警察員と司法巡査に分けられる（昭和29〔1954〕年7月1日付け国家公安委員会規則5号は、巡査部長以上の警察官を司法警察員、巡査を司法巡査としている）。司法巡査は、捜査の責任者である司法警察員を補助して事実的な捜査行為を行う者である。この点から両者の捜査手続上の権限には差異があり、比較的重要な権限は慎重を期して司法警察員に限って認められている。例えば、①通常逮捕・捜索・差押え・検証・身体検査令状の請求権限（199条2項・218条4項、規141条の2）、②被逮捕者に犯罪事実の要旨などを告げ、弁解の機会を与えその釈放または検察官に送致をする権限（203条・211条・216条）、③告訴・告発・自首を受理する権限（241条・245条）などは司法警察員にのみに与えられている。

　捜査の主たる担い手である警察官とその組織の特徴は、以下のとおりである。戦後の警察民主化の方針の下に、警察の組織については、地方分権化が重要な柱とされ国家地方警察と市町村自治体警察が並立していたが、昭和29（1954）年の現行警察法とその後の改正によって組織が改められ、国家警察と都道府県警察が併存している。しかし、都道府県警察の職員も、警視正以上の階級の者は国家公務員（警56条）とされるなど警察職員の人事管理については実質的に中央集権的な機構が定められている。犯罪捜査については、国家警察は実際の捜査機関ではなく都道府県警察が捜査を担

当している。その意味で前者は後者を統合するための上部組織と位置付けられる。次に、警察官の階級は、警視総監、警視監、警視長、警視正、警視、警部、警部補、巡査部長、巡査の9階級があり、上官の指揮監督を受けて警察の事務を執行している（警62条）。また、前述した司法警察職員のうち公安委員会の定めによって司法警察員および司法巡査の範囲が決められており（189条1項）、刑事訴訟法上の比較的重要な権限の行使資格者である司法警察員は巡査部長以上の階級にある警察官を指し、巡査の階級にある警察官が司法巡査とされている。

　警察の活動には、既に発生した犯罪の捜査などを目的とする司法警察活動と、個人の生命、身体および財産の保護、犯罪の予防、鎮圧、公共の安全と秩序の維持などを目的とする行政警察活動がある（警2条1項）。既に発生した犯罪の捜査を行う司法警察活動に対して、行政警察活動は、具体的な犯罪が発生していなくても、将来の犯罪予防の観点から実施される点で異なる。しかし、後者は捜査の端緒となることも多く前者と密接に関連するので、これに対しても人権侵害を防ぐために適正手続の保障の観点から規制を及ぼす必要がある。

B 検察官と司法警察職員との関係

　刑事訴訟法は、司法警察職員のほかに、検察官および検察事務官も捜査機関とし、検察官は、必要と認めるときには、自ら犯罪を捜査することができ（191条1項）、検察事務官も、検察官を補佐し、その指揮を受けて捜査を行う（191条2項）としている。司法警察職員と検察官の捜査の関係については、司法警察職員が第一次的な主たる捜査機関であり、検察官は第二次的・補充的捜査機関と位置付けられている。ここで司法警察職員の捜査が主たる第一次的なものとされているのは、旧刑事訴訟法下で検察官が捜査を主宰し司法警察職員をその補助者としていたのを改めて権限の分化を図ることにより人権侵害のおそれを減少させ、その上で司法警察職員の組織および現実的な捜査活動能力に応じた権限の分配をしたことに基づいている。また、検察官を第二次的・補充的な捜査機関とするのは、捜査は、後に公訴の提起、公判の維持・遂行へと発展するものであるから、この点に職責をもつ検察官の補充的な捜査を認める必要があるとともに、贈収賄、

脱税、知能犯的犯罪などのように捜査に高度の法律知識を必要とする事件では、検察官の活動が期待されるからである。

このように、司法警察職員と検察官はともに捜査権限をもつので、両者の捜査が競合する余地があり、それを調整する必要がある。そこで、刑事訴訟法は、両者は独立の機関として対等・協力関係にある（192条）とし、その上で、①捜査は公訴の提起・公訴の遂行のために行われることから、これに適合した捜査が適正に行われるように、検察官に一定の措置をとり関与することを認める必要があり、また、②検察官が捜査をする場合には、司法警察職員の補助が必要となることに配慮して、以下の規定を定めている。そこでは、検察官は司法警察職員に対して、「その捜査に関し、必要な一般的指示をすることができる」（193条1項、犯罪46条）とする一般的指示権を認め、「捜査の協力を求めるため必要な一般的指揮をすることができる」（193条2項、犯規47条・48条）とする一般的指揮権を認め、さらには、自ら犯罪捜査をする場合に必要があるときは、司法警察職員を指揮して捜査の補助をさせることができる（193条3項、犯規49条）とする具体的指揮権を認めている。司法警察職員は、これらの検察官の指揮などに従わなければならず（193条4項）、これに従わないとき、検察官は懲戒・罷免を求めて懲戒権者に訴追をすることができる（194条）としている。

6 刑事手続の参加者—被告人

A 被告人の意義

被告人とは、検察官によって公訴提起処分を受けた者をいう。その前段階の捜査機関によって犯罪の嫌疑を受けているが公訴提起されていない者を被疑者という。刑事訴訟法の採用する当事者主義訴訟構造の下では、検察官の有罪立証を中心とする訴訟活動と被告人の防御的訴訟活動を基軸に訴訟は進められることになる。そこで、被告人に対しては、旧刑事訴訟法下のような訴訟の客体としての位置付けは否定されている。現在、被告人には、弁護人依頼権（30条）、証拠調請求権（298条1項）、証人尋問権（304条

2項）などの防御活動を展開するための権利が保障され、他方で、旧刑事訴訟法が取調べの客体としての地位を重視して採用していた被告人尋問の制度は廃止されている。ただ、現行法も、例えば、被告人の身体を検証の対象とするなど、一定の限度で被告人に対して証拠方法としての取扱いを認めている。しかし、これは、被告人の当事者としての地位と矛盾するものではない。

B　被告人の確定

　公判廷には、検察官が起訴状に被告人として表示した者が出席し被告人として訴訟活動を行うのが通常である。しかし、氏名が冒用され、あるいは身代わりが犯人として出頭したなどの事案では、起訴状に被告人として表示された者と現実に出頭した者が異なる事態も起こりえる。その場合に、被告人を決定する基準が問題とされ見解が分かれている。この問題について、学説は、①被告人として起訴状に表示された者を基準とする表示説、②検察官が誰を起訴する意思であったかを基準とする意思説、③現実に公判期日に被告人として出廷し被告人として行動しあるいは裁判所によって被告人として取り扱われたかを基準とする挙動説に分かれている。このことを踏まえて、通説である実質的表示説は、検察官の意思や被告人としての挙動、手続の経過などから起訴状の表示を合理的に解釈して被告人を決定するとしている。そこでは、被告人の氏名その他被告人を特定する事項は起訴状の必要的記載事項であり（256条2項1号）、この記載によって被告人の同一性が人定質問で確認される（規196条）ことから、起訴状の記載を基準とする表示説を基本に決定し、その上で、氏名の冒用や身代わり犯人の出頭事例では、これのみによる決定は不合理なので、検察官の意思、被告人としての挙動などを考慮して起訴状の表示を合理的に解釈して被告人を定めるべきとしている。判例も、基本的に実質的表示説に立つものと理解されている（最決昭和60・11・29刑集39-7-532〔百選50番事件〕参照）。

　以上が、被告人を決定する基準であるが、この被告人の決定の問題と、被告人と取り扱われるべき者以外の別の者が、法廷で被告人として行動した場合の手続的処理とは区別すべきと指摘されており[11]、多くの見解もこれによっている。そこでは、問題とされる身代わり出頭した者などに対し

ては、手続上の取扱いとして公訴棄却すべきとされている。なお、人定質問もなく、書面上特定された被告人に対して書面審理で裁判をする略式手続では、一般に表示説によって被告人を決定すべきとされている。

C 当事者能力と訴訟能力

　当事者能力とは、訴訟において当事者となりうる一般的な能力をいう。これは、訴訟法上の概念であり、刑罰を受ける可能性があるかを一般的基準とするので、刑法上の犯罪能力や責任能力とは異なる。そこで、この能力は、実在する自然人だけでなく法人、権利能力なき社団・財団にも認められる。また、この能力は、被告人の存在を前提とするので、自然人が死亡したときや法人が存続しなくなったときに失われ、その場合には訴訟条件を欠くので公訴棄却の決定により手続は打ち切られる（339条1項4号）。これに対して、訴訟能力とは、意思能力の存在を基礎として、単独で有効に訴訟行為をなしうる能力をいう。つまり、被告人として重要な利害を弁別し、それに従って相当な防御をすることができる能力をいう（最判平成10・3・12刑集52-2-17など参照）。この能力の欠如は、訴訟行為の無効原因となるので、その場合には公判手続を停止しなければならない（314条1項本文）。ただし、無罪、免訴、刑の免除または公訴棄却の裁判をすべきことが明らかな場合には、直ちにその裁判を行える（314条1項ただし書）。もっとも、訴訟能力のない場合でも法定代理人が代理できる場合もあり（28条）、この能力を当然に欠く法人の場合には、代表者に訴訟行為の代表をさせることができる（27条）。また、法定代理人または代表者がないときには、特別代理人を選任し訴訟行為に当たらせることができる（29条）。

D 訴訟当事者としての被告人の基本的権利

　被告人には、検察官と対立する一方の当事者として訴訟法上多くの権利が保障されている。その中でも黙秘権と迅速な裁判を受ける権利は被告人にとって基本的な権利である。

[1] 被告人の黙秘権

　憲法は、「何人も、自己に不利益な供述は強要されない」と規定し、被告

人に法的に供述義務が課せられないとする黙秘権を保障する（憲38条1項）。これを受けて刑事訴訟法は、「被告人は、終始沈黙し、又は個々の質問に対し、供述を拒むことができる」と規定している（311条1項）。通説は、刑事訴訟法上の黙秘権は、憲法が定める保障の内容を拡充して、利益・不利益を問わず一切の供述を拒む権利を保障するものと解している。また、刑事訴訟法は、被疑者に対しても同様に黙秘権を保障している（198条2項）。黙秘権は、糺問主義の手続を改めた近代市民社会を指導する原理である個人の尊厳の理念を基礎にするが、同時に、被告人を訴訟当事者として位置付ける当事者主義訴訟構造と直接結びついた権利である。この権利が保障されず供述義務を課せられるとすれば、結局、被告人は、取調べの客体となり訴訟の当事者としての対等性が維持できなくなるからである。黙秘権の保障の範囲については、憲法38条1項の「不利益」の意義が問題となっている。また、黙秘権は、犯罪事実に関する供述の強要を禁止することを内容とするが、この保障の内容に基づいてさまざまな法的効果が導かれている（第2章5節C［2］〜［4］）。

[2] 迅速な裁判を受ける権利

　憲法は、被告人に迅速な裁判を受ける権利を保障している（憲37条1項）。これは、刑事裁判の本質的要請であるばかりでなく、被告人にとって必須の権利でもある。それは、証拠の散逸、訴訟経済という国側の不利益にも関わるが、何よりも被告人にとっては、防御権の実質的保障と、手続的負担からの早期解放につながるものである。この権利については、著しく遅延した長期裁判からの被告人の救済方法が問題となるが、判例は高田事件上告審判決で、免訴判決による手続打切りという判断を示して被告人の救済の方法を明らかにしている（最大判昭和47・12・20刑集26-10-631〔百選A31事件〕、第4章1節C）。

7 刑事手続の参加者——弁護人

A 刑事弁護人制度の意義

　刑事弁護人は、被疑者・被告人の正当な利益を確保するために、刑事手続において訴訟活動を行う者である。刑事訴訟において、弁護人制度が設けられているのは、以下の理由による。被疑者・被告人は、各手続段階において、当事者として防御活動をするための権利が与えられているが、法的知識に乏しく、また、犯罪の嫌疑をかけられているという精神的負担もあり防御活動を行うに当たって大きな制約を受けている。そこで、検察官などと対等に防御活動を行うには専門家である弁護人の援助が必要となる。加えて、被告人となる以前の被疑者の段階から弁護人の援助を受けることによって、捜査における不当な人権侵害を防ぐだけでなく、裁判に向けての準備も可能となる。このような観点から被疑者・被告人の正当な利益を保護し、その防御活動を実質的に保障するには、刑事弁護人制度が不可欠となる。この要請から、憲法は、身柄の拘束を受けている者に対して、「何人も、理由を直ちに告げられ、且つ、直ちに弁護人に依頼する権利を与へられなければ、抑留又は拘禁されない」と定め（憲34条前段）、また、被告人に対して、「いかなる場合にも、資格を有する弁護人を依頼することができる」と規定して（憲37条3項）、弁護人依頼権を保障している。

　この刑事弁護人の法的地位については、かつては民事訴訟における訴訟代理人に類似する被告人の代理人とする理解や真実の解明に協力する裁判所の補助者と理解された時代もあった。しかし、現行刑事訴訟法の下では、刑事弁護人は、被告人などの単なる訴訟代理人ではなく、その正当な利益を確保し防御のための諸権利を適切に行使する職責を担う法的保護者とされている。

B 弁護人の選任

　憲法は、被告人に「資格を有する弁護人」を依頼する権利を保障している（憲37条3項）。これを受けて、刑事訴訟法は、弁護人の資格として「弁護士」であることを要求し（31条1項）、ただ、例外として、地方裁判所では、

特殊な法律以外の専門領域の問題が争点とされているときなどには、裁判所の許可を受けて、弁護士以外の者を弁護人として選任する特別弁護人を認めている（31条2項）。この刑事弁護人には、被疑者・被告人またはその親族などが弁護士に依頼し選任する私選弁護人と、裁判所または裁判長が被疑者・被告人のために弁護士の中から選任する国選弁護人がある。両者は選任方式を異にするが、その基本的任務は同一である。

[1] 私選弁護人

　被疑者・被告人またはその親族などはいつでも弁護人を選任できる（30条1項2項）。この弁護人の選任行為は、裁判所または捜査機関に対する訴訟行為であり、その前提となる弁護士と依頼者間の委任契約とは別個のものである。捜査段階の選任については、その方式は定められていないが、被疑者と弁護人との連署した選任届を担当捜査官に提出することで効力が生じ、公訴提起後も効力を有する（32条1項、規17条）。公訴提起後に被告人が弁護人を選任する場合には、被告人と弁護人が連署した弁護人選任届を差し出して行わなければならない（30条1項、規18条）。弁護人の選任行為の効力は、原則として特定の事件に限られ、また、公訴の提起後における選任は審級ごとにしなければならず（32条2項）、事件単位と審級代理の原則により運用されている。ただ、前者には、実務上の便宜から例外が認められており、その効力は、被告人または弁護人が特に限定しない限り追起訴され併合された事件にも及ぶ（規18条の2）。解任については、明文の規定はないが、選任と類似の手続によって行われる。

[2] 国選弁護人

　国選弁護人とは、裁判所または裁判長が選任する弁護人をいう。経済的理由で弁護人を選任できない被告人に対して、弁護人なしで訴訟手続を進めることは、弁護人制度の趣旨に反し平等原則（憲14条）にも反する。そこで、憲法37条3項後段は、被告人が自ら弁護人を依頼できないときは、国でこれを付することとして、国選弁護人による弁護を受ける権利を保障したのである。こうして、憲法上の弁護人依頼権を実質的に保障するために、刑事訴訟法でも国選弁護人制度の規定が設けられている。しかし、従来、

この国選弁護制度は、法律上も被告人に対してのみ保障されているにすぎなかった。そのため人権侵害の危険性が大きい捜査段階での弁護の重要性を考えると、少なくとも身柄が拘束されている被疑者には、国選弁護人選任請求権を付与すべきとの指摘が絶えずなされていた。そこで、これに応えて、平成16 (2004) 年に成立した「刑事訴訟法の一部を改正する法律」と「総合法律支援法」によって被疑者国選弁護制度が導入され、平成18 (2006)年10月から実施されている。その導入によって弁護人の援助を受ける権利が被疑者にも保障され、捜査段階から国選弁護人が選任されることにより、捜査・公判で一貫して弁護を担当する弁護人による早期の争点把握が可能になることから、刑事裁判の迅速化が図られることも期待されている。

この制度の対象は、当初は「死刑又は無期もしくは短期1年以上の懲役若しくは禁固に当たる事件」とされ、その後、「死刑又は無期若しくは長期3年を超える懲役若しくは禁固に当たる事件」にまで拡大されていた。さらに平成28 (2016) 年改正では、弁護士会や日本司法支援センター（法テラス）において弁護士の少ない司法過疎地域の解消に向けた取り組みや国選弁護人選任態勢の整備等が進められたことから、事件の重大性に関わりなく勾留状が発せられているすべての被疑者を対象とすることになった（37条の2）。

(1) 被疑者の国選弁護人

● 選任要件　この国選弁護人の選任は、①被疑者に対して勾留状が発せられている場合で、②貧困その他の事由により弁護人を選任することができないときである。ただし被疑者以外の者が選任した弁護人がある場合や被疑者が釈放された場合は除外される（37条の2）。また、職権による選任では、①被疑者に対して勾留状が発せられ、②精神上の障害その他の事由により弁護人を必要とするかどうかを判断することが困難である疑いがある被疑者について必要があると認められるときである。ただし、被疑者が釈放された場合は除外される（37条の4）。

● 選任手続　①被疑者が、その選任の請求をするには資力申告書を提出する必要があり、②その資力が基準額以上であるときは、あらかじめ、その勾留の請求を受けた裁判官の所属する裁判所の所在地を管轄する地方裁判所の管轄区域内にある弁護士会に、私選弁護人の選任の申出をしていなけ

ればならない。③この申出を受けた弁護士会は、弁護人となろうとする者がいないなどの事由を被疑者に通知し、裁判所に対しても被疑者にその旨を通知した旨を通知しなければならない（37条の3）。④裁判所は、これらの資料を総合して「貧困その他の事由」に該当すると判断したときは、国選弁護人を付する。なお、上記の対象事件で勾留中の被疑者について、精神障害その他の事由により弁護人の必要性を判断することが困難である疑いがある場合で、弁護人の選任を必要とするときは職権で弁護人を付すことができる（37条の4）。

　身体を拘束された被疑者・被告人の弁護人選任権に関する手続保障を十分なものとし、弁護人による援助を受ける権利の保障を確実なものにするために、平成28（2016）年改正により国選弁護人選任請求に関する事項と弁護人の選任に係る事項の教示義務が規定された。①司法警察員または検察官は、引き続き勾留を請求された場合において、被疑者に対して貧困その他の事由により自ら弁護人を選任することができないときは、裁判官に弁護人の選任を請求できる旨、選任請求には資力申告書を提出しなければならない旨、資力が基準額以上であるときは所定の弁護士会に私選弁護人の選任の申出をしていなければならない旨を教示する必要がある（203条4項・第204条3項）。②裁判官は、勾留を請求された被疑者に被疑事件を告げる際に、被疑者に対し、国選弁護人請求権を告知しなければならず（207条2項）、その告知に当たっては、弁護人選任の請求には資力申告書を提出しなければならない旨、その資力が基準額以上であるときにはあらかじめ所定の弁護士会に弁護人の選任を申し出ていなければならない旨を教示する必要がある（同条4項）。この他に、司法警察員、検察官、裁判官に対して、弁護人選任の申出方法と申出先を教示することを義務付けている（203条3項・204条2項・207条3項・211条・216条）。

(2) 被告人の国選弁護人

● **選任要件**　被告人には、以下の場合に、国選弁護人が付けられる。①被告人が貧困その他の事由により弁護人を選任できず、裁判所に請求があるとき（36条）、②被告人が未成年であるなどの事由で、弁護人を付する必要があるとき（37条・290条）、③死刑、無期もしくは長期3年を超える懲役もしくは禁錮に当たる事件を審理する必要的弁護事件の場合（289条）、これ

に加えて、平成 16 (2004) 年刑事訴訟法の改正により、④公判前整理手続または期日間整理手続を行う場合 (316 条の 4・316 条の 7・316 条の 8・316 条の 28・316 条の 29) と、⑤即決裁判の場合 (350 条の 3 第 1 項・350 条の 4・350 条の 9) には、国選弁護人を職権で付すべきとされている。

● **選任手続** 被告人についての国選弁護人の選任も、被疑者の場合とほぼ同様の選任手続による。必要的弁護事件の場合を除き、資力申告書を提出しなければならない (36 条本文・36 条の 2)。他方、資力が基準額以上の者が選任請求をするには、あらかじめ、管轄区域内の弁護士会に弁護人選任の申出をした上で (36 条の 3 第 1 項)、弁護士会から弁護人となろうとする者がないなどの事由を被告人に通知するとともにそれを行った旨の裁判所に対する通知を必要とする (36 条の 3 第 2 項)。

また、平成 28 年改正法は、弁護人による援助を受ける権利の保障を確実なものとするために、裁判所に、被告人を勾引した際や勾留する際には、弁護人選任権の告知に当たり、弁護士、弁護士法人または弁護士会を指定して弁護人の選任を申し出ることができる旨およびその申出先を教示する義務を裁判所に課している (76 条 2 項・77 条 2 項)。

これらの国選弁護人制度の運用は、「日本司法支援センター」に委ねられており、同センターは、国選弁護人の選任態勢の確保に関する業務を行っている (総合法律支援法 5 条)。そこで、裁判所は、同センターに登録し、あるいは常勤の弁護人で同センターより推薦を受けた者を国選弁護人として選任する。

(3) 国選弁護人選任行為の法的性質

国選弁護人選任行為の法的性質については、①裁判長が行う単独の意思表示たる命令とする裁判説、②公法上の一方行為であるとする説、③裁判長と弁護人との間の第三者である被告人のためにする公法上の弁護委任契約とする説などに見解が分かれている。このような対立が生じるのは、国選弁護人が、被告人との信頼関係を喪失したことなどを理由に辞任を申し出た場合などに、直ちにその辞任の効果が生じるのかについて結論を異にするからである。裁判例は、裁判説によっている (最判昭和 54・7・24 刑集 33-5-416〔百選 A29 事件〕) など)。これによると、弁護人が辞任の意思表示をしたとしても、裁判所が、その辞任の申出について正当な理由があると認めて

解任しない限り弁護人の地位は失われないことになる。なお、平成16 (2004) 年の刑事訴訟法の改正により、国選弁護人の解任事由に関しての規定が整備されている (38条の3)。

C 弁護人の任務と権限

　刑事弁護人は、私選弁護人と国選弁護人とで、その任務に異なるところはなく、被疑者・被告人の正当な利益を保護し、刑事手続の真実発見のメカニズムの中で検察官と対立的な関係で正しい裁判の実現に努める任務を負い、その意味で公的な役割を担っている。弁護人には、各種の訴訟法上の権限が認められているが、通説は、それを代理権と固有権に分け、さらに、前者を包括代理権と独立代理権に分けて説明している。まず、①被告人のなしうる訴訟行為で性質上代理に親しむ行為を代理する場合で、これを包括代理権といい、これには、移送の請求 (19条)、管轄違いの申立て (331条)、証拠とすることの同意 (326条1項) などがある。次に、②弁護人が代理行使することが特に法定されている場合で、これを独立代理権という。これは、被告人の正当な利益を確保する法的保護者としての弁護人が独立して訴訟行為をする場合である。その独立性には程度があり、まず、被告人の明示の意思に反して行使できないものとして、忌避の申立 (21条2項)、原審弁護人の上訴権 (355条) があり、次に、被告人の明示の意思に反しても行使できるものとして、勾留理由開示請求 (82条2項)、保釈の請求 (88条1項)、証拠調の請求 (298条1項) などがある。さらに、③弁護人自身の権限として法定されている固有権があり、これには、弁護人が被告人と重複してもつ、検証の立会い (142条・113条1項)、証人尋問 (304条) などと、弁護人だけがもつ書類・証拠物の閲覧謄写 (40条・180条) などがある。

D 弁護人の弁護義務と真実義務

　弁護人は、専ら被告人の正当な利益を擁護する任務を負っている。そこで、弁護人は、誤って無実の者が処罰されることがないよう、また、仮に有罪とされる場合でも手続上保障された利益が侵害され不当に重い量刑で処罰されたりすることがないよう弁護する任務がある。この観点から、弁護人は社会正義の実現に努めて刑事手続に参加するものである (弁護士法1

条参照)。これと関連して、弁護人にも真実義務があるかが議論されている。それは、例えば、弁護人が被告人から接見の際に起訴された犯罪事実の犯人であると打ち明けられた場合に、被告人の有罪を知りながら無罪の弁護活動をなしうるかという問題である。この問題については、かつては、そのような弁護活動は真実義務に反し許されないと解された時代もあった。しかし、現在では、多くの見解は、弁護人は、被告人の正当な利益を擁護する任務を負い、その限度で真実発見に協力するにすぎないので、被告人に不利益な証拠などを提出する必要はなく、前述した問題が生じる場合でも、被告人を無罪とする方向での弁護活動を行うことができる、としている。ただし、弁護人は、法律上許された権限の行使を通して、被告人の「正当な利益」の保護を図るので、身代わり犯人を立てて自首させたり、偽造証拠を利用したりするなどの刑罰法令に触れる活動はなしえない。なお、弁護人が被告人の無実を知っていたが、被告人が身代わり犯人として有罪となることを望んだ場合には、その被告人の意向は「正当な利益」に属さないので、弁護人は、その意向に反しても無罪に向けた弁護をすべきである。

8 刑事手続の参加者―犯罪の被害者

A はじめに

　犯罪の被害者は、かつては刑事手続において主体的な役割を担っていた。しかし、公刑罰や刑事訴訟制度が整備されるに従って犯罪と刑罰は刑法を適用する国家の問題とされ、刑罰権を具体化する刑事訴訟法は国家と市民の間を規律するとされた結果、被害者の役割は小さくなり、参考人などとしての証拠方法としての役割が中心となっていった。これは、公的次元に刑罰制度を位置付ける点で刑事法の進歩ともいえるが、その位置付けのもとでも被害者の利益が十分に顧慮されないおそれもあり、また、近年では個人の権利意識が高まっていることから、刑事手続において被害者の保護に配慮を示す必要があることが指摘されている。このような認識が広まる

中で、国際的にも 1970 年代後半から被害者の要望や利益を権利として保護する国も増加している。現在、わが国でも被害者の置かれた状況を改善するために法制度の整備が進められている。

B 従来の被害者の刑事手続における取扱い

従来の刑事手続は、加害者である犯人に対して犯罪事実を認定し刑罰権を行使する手続として、過度な人権制約・侵害を避けつつ迅速に処罰を行うことが目的とされ、その手続整備の過程では被疑者・被告人の人権保障の制度に関心が置かれていた。その半面、被害者の保護に関する規定は必ずしも十分に整備されていなかった。

まず被害者は、捜査段階において、犯罪事実を告げて犯人の処罰を求める告訴を行える（230 条以下）が、親告罪である特定の犯罪（刑 230 条など）を除いては、告訴は犯罪の情報を提供するものとして捜査の端緒となるにすぎない。また、被害者は、この情報の提供という観点から参考人取調べ（223 条）の対象となり、その結果は取調調書に録取されて一定の要件で公判で使用される（321 条以下）。次に、公訴段階では、検察官が公訴権の行使を独占しているので（247 条）、被害者が直接的な形で関与することはない。ただ、その処罰感情、被害の実情などは、検察官が訴追裁量権を行使する際の重要な判断要因となる（248 条）。ただし、被害者は、検察官の処分に不服があるときには、不当な不起訴処分について検察審査会に審査請求をし（検審 30 条）、また、職権濫用罪（刑 193 条以下）などの事件については、付審判の請求（準起訴手続）をすることができる（262 条以下）。

さらに、公判手続では、証人として召喚された場合には、体験した事実を述べる義務を負っている。その際、刑事訴訟法では、証人から供述を得て円滑に事実を認定することを直接の目的として、公判期日外等の証人尋問（158 条・281 条）、被告人の面前では十分な供述ができない場合に配慮した被告人の退廷（281 条の 2・304 条の 2）、特定の傍聴人の面前で十分な供述ができないことに配慮した傍聴人の退廷（規 202 条）などが規定されている。しかし、これらは被害者の保護を直接の目的とするものではなく、被害者は、この形での関与を除いては、公判手続の進行状況などの情報を得る権利も認められていなかった。このように、従来の刑事訴訟法では、被害者

から事件情報を得ることに重点が置かれ、その保護の規定は必ずしも整備されておらず改善の余地があるものであった。

C 被害者の保護立法の動向と法改正

わが国でも、被害者の権利を保護する必要性が認識され、被害者の保護を目的とする以下の一連の法律が制定されている。

平成12（2000）年5月に、「刑事訴訟法及び検察審査会法の一部を改正する法律」と「犯罪被害者等の保護を図るための刑事手続に付随する措置に関する法律」が成立し（以下、これらを犯罪被害者保護関連二法という）、次いで、平成16（2004）年12月に、「すべて犯罪被害者等は、個人の尊厳が重んぜられ、その尊厳にふさわしい処遇を保障される権利を有する」（3条1項）ことを基本理念とする「犯罪被害者等基本法」が制定され、そこでは、被害者による損害賠償請求についての援助（12条）、被害者などの安全確保（15条）、刑事手続への参加の機会を拡充する制度の整備（18条）などの国の講ずべき施策が挙げられている。これを受けて、平成17（2005）年12月には、政府が実施すべきものとして、①損害賠償請求に関し刑事手続の成果を利用する制度、②公判記録の閲覧・謄写の範囲の拡大、③犯罪被害者などに関する情報の保護、④犯罪被害者などが刑事裁判手続に直接関与することができる制度を盛り込む「犯罪被害者等基本計画」が閣議決定され、さらに、平成19（2007）年6月に、被害者に訴訟参加人としての地位を認める「犯罪被害者等の権利利益の保護を図るための刑事訴訟法等の一部を改正する法律」が制定、施行され、また、平成19（2007）年には、既に平成12（2000）年5月に制定されていた前述の「犯罪被害者等の保護を図るための刑事手続に付随する措置に関する法律」が、「犯罪被害者等の権利利益の保護を図るための刑事手続に付随する措置に関する法律」と名称を改められ改正がなされている（平成19法95。以下では、特に区別する必要がある場合を除き、両者を犯罪被害者保護法という）。

これらの法律の制定は、被害者が刑事手続の各段階で刑事司法機関の配慮に欠ける取扱いにより第二次被害を受けることによって、刑事司法が信頼を失うことの問題性が意識されたことや、社会が犯罪の被害者を助けるのは正義の要請であることが意識され[12]、また、刑事手続における情報提

供とそれへの参加を認めることが被害者を個人として尊重することになることや、被害者保護には簡易迅速な損害回復を実現する必要があることなどを理由としている[13]。現在、被害者保護に関する規定は、刑事手続における①被害者保護、②被害者への情報提供、③被害者の関与、④被害者の損害回復などを柱にして[14]、これらの一連の立法措置によって整備されつつある。以下では、各々の法律の主な内容を概説する。

[1] 犯罪被害者保護関連二法

犯罪被害者保護の出発点となった平成12 (2000) 年の犯罪被害者保護関連二法の内容は、以下のとおりである。

刑事訴訟法の一部改正により、①強制わいせつ、強姦、準強制わいせつ、準強姦などの性犯罪の告訴期間の制限は、被害者が精神的ショックから意思決定をすることが困難であることに配慮して撤廃されている (235条1項1号)。また、②証人尋問実施の際の精神的負担の軽減を目的として、証言中の不安・緊張を和らげるために証人への付添い (157条の2)、被告人や傍聴人の面前で証言することによる精神的負担の軽減を図るために、証人との間に衝立などを置き遮へいした状態で尋問を行う遮へい措置 (157条の3)、法廷で証言すること自体から生じる精神的負担の除去を目的として、性犯罪の被害者などを証人尋問する際に、裁判官が訴訟関係人の在席する場所以外の (同一構内にある) 場所でビデオリンク方式によって尋問するビデオリンク方式による尋問 (157条の4第1項) を導入している。さらに、③被害者やその遺族に刑事裁判で被害に関する心情などを述べることを認め、申出があるときには、公判期日において心情その他の被害事件に関する意見を陳述することができるとする被害者による意見陳述の制度を導入している (292条の2)。

次に、検察審査会法の一部改正により、それまでと異なり、被害者が死亡した場合の遺族にも、検察官の不起訴処分の当否の審査を求める申立てを認めている (検審2条2項・30条)。

さらに、犯罪被害者保護法により、被害者等は、公判手続での傍聴について配慮され (犯罪被害保護2条〔平成23年改正後の条文番号：2条〕)、また損害賠償請求権の行使の必要などの正当な理由がある場合には公判記録の閲覧

または謄写ができるとされ（同3条〔同：3条〕）、損害の回復を容易に図ることを可能にするために、被害者等と被告人との間で民事上の争いについて合意が成立したとき、刑事事件係属の裁判所に共同して申し立て、公判調書にその内容を記載することによって民事上の和解と同じく債務名義性を付与し執行力を認める刑事手続上の和解制度を導入している（同4条〜7条〔同：13条〜16条〕）。

[2] 平成19（2007）年の刑事訴訟法の一部改正と犯罪被害者保護法の改正

その後、平成19（2007）年には、被害者の保護を進めるために刑事訴訟法の一部改正と犯罪被害者保護法の改正が行われた。後者の犯罪被害者保護法については、さらに平成20（2008）年、平成23（2011）年に改正が行われている。以下では、同法については、平成23（2011）年の改正後の条文番号を記載する。

まず、刑事訴訟法の改正により、犯罪被害者などの刑事手続への参加制度（316条の33〜316条の39）が導入されている。そこでは、裁判所は、故意の犯罪行為により人に死傷させた罪、その他一定の犯罪について、被害者などから被告事件への参加の申出がある場合に、犯罪の性質、被告人との関係などの事情を考慮し、相当と認めるときは参加を許可できるとされている（316条の33第1項）。参加の許可が得られた被害者参加人などには、以下の権限が認められている。まず、被害者参加人などは、審理の状況、被害者参加人などの数、その他の事情を考慮し相当でないときを除き公判期日に出席でき（316条の34）、また、裁判所が相当と認めるときは、（犯罪事実に関するものを除く）情状に関する事項についての証人の供述の証明力を争うために必要な事項について証人を尋問でき（316条の36第1項）、被害に関する意見陳述のために必要があるときは被告人に質問をすることができる（316条の37）。また、検察官の論告・求刑の後に、訴因として特定された事実の範囲内で、事実および法律の適用について弁論を行い、意見を陳述できる（316条の38）。なお、被害者参加人の保護を図るために付添人の制度（316条の39第1項）、被告人・傍聴人からの遮へい措置などの制度が採用されている（316条の39第4項・第5項）。

また、この刑事訴訟法の一部改正の際に、性犯罪の被害者などの情報保

護の制度が導入された。そこでは、裁判所は、性犯罪に係る事件について、被害者の氏名などの事件の被害者を特定させる事項が明らかにされて被害者などの名誉などが著しく害されるおそれがある事件について、被害者などの申出があり相当と認めるとき、その事項を公開の法廷で明らかにしない決定をすることができる（290条の2第1項）。また、そのほかに、犯行の態様、被害の状況などにより被害者を特定させる事項が明らかにされると、被害者などの身体・財産に害を加えまたはこれらの者を畏怖・困惑させる行為がなされるおそれがあると認められる事件では、同様の決定をできる（290条の2第3項）とされている。また、裁判所は、被害者などの名誉・プライバシーの保護のために、起訴状や証拠書類の朗読に際して、被害者特定事項を明らかにしない方法による実施を決定でき、また、裁判長は、犯罪の証明に重大な支障の生じるおそれのある場合や、被告人の防御に実質的な不利益が生じる場合を除き、訴訟関係人の尋問または陳述が被害者特定事項にわたるときは、その尋問または陳述を制限できる（291条2項・295条3項・305条3項）。同様の配慮は、検察官が証拠を開示する場合にも求めることができる（299条の3）。

次に、平成19（2007）年以後行われた犯罪被害者保護法の一連の改正によって、以下の制度が新たに導入されている。

刑事手続の成果を、犯罪被害者等による損害賠償請求に係る紛争に利用し簡易・迅速な解決を図ることを目的とする損害賠償命令制度が導入された（犯罪被害保護17条）。そこでは、故意の犯罪行為により人を死傷させた罪などについて、被害者またはその一般承継人は、裁判所に対し、当該被告事件に係る訴因として特定された事実を原因とする不法行為に基づく損害賠償の請求について、賠償命令を求める申立てができることになった（同17条）。この申立てに対する審理・裁判は終局裁判の告知があるまで行わない（同20条1項）が、有罪の言渡しがあった場合には、直ちにこの申立てについての審理のための期日を開かなければならず、原則として、4回以内の審理期間で審理を終結しなければならないとされている（同24条）。この申立てについての裁判が確定した場合には確定裁判と同一の効力がある（同26条）。その結果、被害者は、損害の回復を迅速に行うことが可能になっている。

また、公判記録の閲覧・謄写が認められる範囲が拡大され、閲覧・謄写の理由が正当でない場合と、犯罪の性質、審理の状況その他の事情を考慮して相当でないと認められる場合を除き閲覧・謄写が認められ（同3条）、また、同種余罪の被害者などについても、一定の場合に閲覧・謄写が認められる（同4条）とされている。さらに、被害者参加制度の採用に伴い、被害者参加人のための弁護士制度が導入され、その選定手続なども整備されている（同5条～12条）。

[3] 平成28年刑事訴訟法等の一部改正による犯罪被害者等と証人の保護措置の導入

これまでのビデオリンク方式による尋問（157条の4第1項）は、証人が、裁判官や訴訟関係人の在席する場所以外の同一構内にある場所に在席している場合に限って認められていた。しかし、証人は公判が行われる裁判所と同一構内へ出頭することによって精神の平穏を著しく害され、その身体・財産に対する加害行為等がなされるおそれもあるので、そのことに配慮して、証人の不安・負担を軽減して証人尋問を行うことができるようにする必要があった。この観点から平成28年改正法は、一定の場合に、同一構内以外にある場所に証人を在席させて、その場所と裁判官等の在席場所との間をビデオリンクでつなぐ方式によっても証人尋問できるとした（157条の6第2項）（第4章4節）。

訴訟当事者には、証人、鑑定人、通訳人または翻訳人の尋問を請求するについては、あらかじめその氏名およびその住居を知る機会が、証拠書類または証拠物の取調べを請求するについては、あらかじめこれを閲覧する機会が与えられている（299条1項）一方で、そのことは証人等に対する加害や畏怖・困惑を与えるおそれがあるので、平成11（1999）年の改正では、検察官は、弁護人に証人等を特定する事項が被告人を含む関係者に知られないようにすることを求めることができる（299条の2・299条の3）とされていた。しかし、証人等の安全確保やその負担の軽減を図る方策としては必ずしも十分でないことから、平成28年改正法は、より実効性のある方策として証人等の氏名および住居の開示に係る措置を導入した（299条の4～299条の7）（第4章4節）。

性犯罪に係る事件等の被害者については、既に被害者特定事項を秘匿する措置が導入されていた（290条の2等）。それ以外の証人等の場合にも、平成28年改正法は、加害行為等を防止し証人等の負担を軽減して十分な供述を得られるようにして公判審理の充実を図るために、公開の法廷における証人等特定事項の秘匿措置を導入している（290条の3・291条3項・295条4項・305条4項）（**第4章4節**）。

　このような一連の立法措置によって、現在、被害者の権利保護は強化されている。しかし、これらの法律の制定を経たとしても、被害者は事件の当事者ではあるが、訴訟の当事者ではないので、これまでの刑事訴訟の訴訟構造を変化させるものではないと理解されている。

注）

1) 松尾浩也『刑事訴訟の原理』（東京大学出版会、1974）93
2) 田宮裕『刑事訴訟法〔新版〕』（有斐閣、1996）4
3) 田宮・前掲注2）4
4) 椎橋隆幸『刑事訴訟法の理論的展開』（信山社、2010）92以下
5) 酒巻匡編『Q&A平成19年犯罪被害者のための刑事手続関連法改正』（有斐閣、2008）77-78、140-141
6) 平成28年刑事訴訟法等改正の経緯と内容については、吉川崇、保坂和人、吉田雅之「刑事訴訟法等の一部を改正する法律（平成28年法律第54号）について（1）」法曹時報第69巻第2号283頁及至314頁、法制審議会「新時代の刑事司法制度特別部会」（平成25年1月29日会議）策定の「時代に即した新たな刑事司法制度の基本構想」2頁以下、同特別部会（平成26年7月9日会議）の答申案「新たな刑事司法制度の構築についての調査審議の結果」1頁以下を参照。
7) 石川才顯『刑事手続と人権』（日本評論社、1986）193以下、井戸田侃『刑事訴訟法要説』（有斐閣、1993）56以下
8) 松尾浩也『刑事訴訟法（上）〔新版〕』（弘文堂、1999）221
9) 田宮裕『ホーンブック刑事訴訟法〔改訂新版〕』（北樹出版、2000）50〔川崎英明〕「（第二章1、2）訴訟を構成するもの」
10) 田宮・前掲注2）25
11) 河村澄夫ほか編『刑事実務ノート第2巻』（判例タイムズ社、1968）1以下〔服部一雄〕「被告人を定める基準」
12) 大谷實『新版刑事政策講義』（弘文堂、2009）334以下
13) 酒巻・前掲注5）77-78、140-141以下
14) 加藤克佳「刑事手続において保護を求める被害者の権利」法律時報71巻10号29（1999）

知識を確認しよう

問題
(1) 訴訟構造についての当事者主義と職権主義を比較して、それぞれを説明しなさい。
(2) 検察官制度を説明した上で、検察官の権限を、①捜査機関としての検察官、②公訴権行使の担い手としての検察官、③訴訟当事者としての検察官に分けて説明しなさい。

解答への手がかり
(1) 刑事訴訟の目的についての実体的真実主義の内容を分析した上で、もう1つの目的である適正手続主義（デュー・プロセス主義）との関係を考えてみよう。
(2) 刑事訴訟において、捜査手続における検察官の地位と他の捜査機関である司法警察職員との関係を検討し、また、起訴便宜主義の制度趣旨に遡って検察官の公訴権行使のあり方を検討し、さらに公判手続での原告官として検察官の権限を当事者主義訴訟構造を踏まえて考えてみよう。

第 2 章 捜査

本章のポイント

1. 検察官が、特定の刑事事件について、裁判所に審判を求める意思表示を公訴と呼ぶが、この公訴の準備活動として、捜査が行われる。
2. 捜査は、警察や検察等の捜査機関が、犯罪の発生についての嫌疑を抱くことによって開始され、検察官が起訴・不起訴の決定という形で事件処理をすることによって終結する。
3. 捜査に伴う各処分は、個人の権利・利益の制約を伴う場合も少なからず存在する。そのため、各処分がどのような権利・利益を制約するのかを意識した上で、捜査機関の権限を適切に規律してその濫用を防ぎつつ、被疑者やその他の個人の権利・利益を保障し、事実を究明することが求められる。

1 捜査の意義と捜査の開始（端緒）

A 捜査の意義

　捜査とは、司法警察職員や検察官といった捜査機関が、犯罪が発生したと思料するとき、犯人と疑われる者を特定し、発見・確保するとともに、証拠を収集・保全する手続である（189条2項）。捜査は、検察官による公訴提起と公判手続の遂行・維持を実現することを目的として行われる（司法警察活動）。

　そのため、捜査を行うためには、犯罪の嫌疑があるという理由が必要となる。未発生の犯罪について将来発生する蓋然性がある場合も、犯罪の嫌疑があるとして捜査の対象になるか否かについては、議論がある。

　下級審の裁判例は、将来に犯罪が発生する相当高度の蓋然性が認められる場合に、あらかじめ証拠保全のためにカメラを設置して特定の場所を撮影することは許されるとした（東京高判昭和63・4・1判時1278-152）。また、おとり捜査の適否を判断した判例は、刑事訴訟法197条1項を適用して判断しており、未発生の犯罪であっても、刑事訴訟法を適用できる場合があることを前提としているように読める（最決平成16・7・12刑集58-5-333〔百選10番事件〕）。

B 捜査の端緒

　捜査機関が「犯罪があると思料する」に至るきっかけは、捜査の端緒と呼ばれる。捜査の端緒に当たる事象は多様であり、法令上の制限は特に存在しない。

[1] 捜査機関自らの体験に基づく場合
(1) 職務質問

　警察官は、異常な挙動その他周囲の事情から合理的に判断して、①何らかの犯罪を犯し、もしくは犯そうとしていると疑うに足りる相当な理由のある者、②既に行われた犯罪について、もしくは犯罪が行われようとしていることについて知っていると認められる者に対して、停止させて質問す

ることができる(警職2条1項)。これを職務質問と呼ぶ。「何らかの犯罪」等の文言が示すように、警察官が特定の被疑者に対して個別具体的な犯罪の嫌疑を抱く前の段階、すなわち、刑訴法上の捜査に至る前の段階を定めており、公共の安全と秩序維持のために行使される、事前抑制的な警察活動(行政警察活動)として行われることが想定されている。もっとも、質問等を通じて特定の犯罪の嫌疑が濃厚になれば、捜査(司法警察活動)の性質を帯びていくことになる。この職務質問は、身体拘束にわたらぬ方法でなければならず、その意思に反して警察署等に連行したり答弁を強要したりすることはできない(同2条3項)。

警察官職務執行法2条1項は、対象者を「停止」させることができる旨を定めているため、その限界が解釈上の問題となる。同法の制定過程においては、呼び止めることができる程度の意味であり、腕力で停止させるものではないとの説明もなされていた。しかし、判例は、不審事由を解明するために必要かつ相当と言える限りにおいて、停止のために警察官が有形力を行使することは認められるとしている。その基本的な判断の枠組みは、強制に至っていないことを前提として、比例原則に基づき、対象者の権利・利益に対する侵害・制約の程度と、必要性とが権衡しているときに、当該停止行為には相当性が認められるというものである。

例えば、駐在所で職務質問を受けていた挙動不審者が突然逃げ出したため、警察官が約130メートルにわたり追いかけて路上で追いついたところで、背後から「どうして逃げるのか」と言いながら被告人の腕に手をかけた行為は違法ではないとしている(最判昭和29・7・15刑集8-7-1137)。また、警察官が酒気帯び運転等の疑いで対象者に同行を求めたところ、対象者がこれに応じずに自動車を発進しようとしたため、警察官が運転席窓から手を差し入れ、エンジンキーを回転してスイッチを切った行為について、停止方法として必要かつ相当な行為だとしている(最決昭和53・9・22刑集32-6-1774)。他方で、警察官が覚せい剤自己使用の疑いのある対象者について、対象者の乗っていた自動車の運転を阻止し、約6時間半以上にわたって現場に留め置いた措置は違法と判断している(最決平成6・9・16刑集48-6-420〔百選2番事件〕)。

下級審では、覚せい剤の自己使用の疑いのある対象者に対して、職務質

問に引き続き3時間にわたり対象者を公道上に留め置いた後、警察官が強制採尿令状を請求し、同令状の発付を受けて執行した事案について、令状請求の時点を分水嶺として、「令状執行の対象である被疑者の所在確保の必要性には非常に高いものがあるから、強制採尿令状請求が行われていること自体を被疑者に伝えることが条件となるが、純粋な任意捜査の場合に比し、相当程度強くその場に止まるよう被疑者に求めることも許される」としたものもあり、このような判断枠組みの適否については、実務上も学説上も議論がある（東京高判平成22・11・8高刑63-3-4）。

(2) 職務質問に付随する措置——所持品検査等

職務質問に付随して、対象者の凶器所持の有無を調べることができる（警職2条4項）。鉄砲刀剣類の携帯または所持が疑われている者については、それを提示・開示させることができる（銃刀所持24条の2第1項）。それ以外の態様の所持品の検査については、明文規定がないため、職務質問に付随して、対象者の所持品を検査することが許容されるかが問題となる。

なお、所持品検査の態様として、①所持品を外部から観察する、②衣服または携帯品の外表に軽く手を触れて質問する、③所持品の内容の開示を求める、④開示された所持品の中を検査するといったものが想定される。特に②③④は対象者の承諾なく行われると、対象者のプライバシー等の利益を害する可能性がある。判例は、警察官が、銀行強盗の疑いのある者の施錠されていないバッグのチャックを開けて一瞥した事案において、所持品検査が口頭による質問と密接に関連し、かつ、職務質問の効果を上げる上で必要性、有効性の認められる行為だとして、職務質問に付随して行うことができる場合があるとした。その上で、捜索に至らない程度の行為は、強制にわたらない限り、所持品検査においても許容される場合があるとして、所持品検査の必要性、緊急性、これによって害される個人の法益と保護されるべき公共の利益との権衡などを考慮し、具体的状況のもとで相当と認められる限度においてのみ、許容されると説示し、当該所持品検査を適法とした（最判昭和53・6・20刑集32-4-670〔百選4番事件〕）。他方で、覚せい剤使用等の嫌疑がかなり濃厚に認められる者の上着ポケットに手を入れて所持品を取り出す行為は、一般にプライバシー侵害の程度の高い行為であり、かつ、その態様において捜索に類するものだとして、職務質問に附随

する所持品検査の許容限度を逸脱して違法としている（最判昭和53・9・7刑集32-6-1672〔百選90番事件〕）。

　また、所持品検査以外にも、職務質問を継続しうる状況を確保するために、警察官が対象者の宿泊するホテル客室の内ドアを押し開け、閉められるのを防止した措置について、判例は職務質問の付随するものとして適法な措置だとしている（最決平成15・5・26刑集57-5-620〔百選3番事件〕）。

(3) 自動車検問

　犯罪の予防あるいは検挙のため、警察官が走行中の自動車を停止させて、自動車を見分し、運転者等に必要な質問をすることを自動車検問と呼ぶ。自動車検問には、①交通違反の予防・検挙のために行われる交通検問、②不特定の一般犯罪の予防・検挙のために行われる警戒検問、③特定の犯罪が発生したため、その犯人を検挙するとともに情報を収集するための緊急配備検問がある。①②③のいずれについても、特定の車両に対して、停止させて検問を行う場合には、職務質問の一環として、あるいは道路交通法・刑事訴訟法の諸規定に基づいて、一定限度で停止させることができる。しかし、不審の有無にかかわらず走行している自動車を一律に停止させる一斉検問の態様で行われる場合に、それが許容されるかについては、法的根拠も含めて議論がある。

　判例は、交通検問を一斉検問の態様で行った事案について、警察法2条1項が「交通の取締」を警察の責務として定めていることに触れて、交通の安全および交通秩序の維持などに必要な警察の諸活動は、強制力を伴わない任意手段による限り一般的に許容されると説示した。その上で、自動車の運転者は、公道において自動車を利用することを許されていることに伴う当然の負担として、合理的に必要な限度で行われる交通の取締に協力すべきだとして、相手方の任意の協力を求める形で行われ、自動車の利用者の自由を不当に制約することにならない方法、態様で行われる限りは許されるとしている（最決昭和55・9・22刑集34-5-272〔百選A1事件〕）。

(4) 検視

　検視とは、変死体または変死の疑いのある死体があるときに、検察官が五官の作用により、その死亡が犯罪によるものかどうかを判断するために、死体状況を見分する処分である（229条1項）。これを、行政法規に基づいて

犯罪と無関係な死体を見分する行政検視と区別して、司法検視と呼ぶこともある。もっとも、検察官は、検察事務官または司法警察員に検視を代行させることができ（229条2項）、実務上はこちらの方が多い。これを代行検視と呼ぶ。

(5) 自首

自首とは、捜査機関に発覚する前に、犯罪を犯した者が進んで自己の犯罪事実を捜査機関に申告し、その処分に自己をゆだねる意思表示をいう（刑42条）。自首があった場合、告訴の方式・効果の規定（241条・242条）が準用される（245条）。通常、自首は口頭で行われる。自首を受けた検察官または司法警察員は自首調書を作成する。

[2] 他人の体験の聴取に基づく場合

捜査機関が他人の体験を聴取することで、捜査の端緒を得る場合もある。その例として、告訴（230条）、告発（239条）、被害届・通報・報告等のような申告、私人による現行犯逮捕（213条）等がある。

告訴とは、犯罪の被害者その他一定の者が、検察官または司法警察員に対して、犯罪事実を申告し、犯人の処罰を求める意思表示をいう（230条）。告訴は被害者その他一定の者（告訴権者）のみがすることができる点で、誰でもすることができる告発（239条）と異なる。また、犯人の処罰を求める意思表示が含まれる点で、単なる犯罪事実の申告である被害届（犯規61条）とは異なる。未成年者略取誘拐罪（刑229条）や器物損壊罪（刑264条）のような親告罪の場合には、有効な告訴がなければ、検察官は公訴を提起することができない（338条4号参照）。告訴できるのは、犯罪被害者本人（230条）、被害者の親族等の法定代理人等（231条）である。親告罪の場合に告訴権者がいない場合には、検察官は、利害関係人の申立てにより、適当な者を告訴権者として指定することができる（234条）。親告罪の場合には、告訴期間が設定されており、原則として告訴権者が「犯人を知った日」から6か月間である（235条。例外について235条1項ただし書参照）。

告訴は、書面または口頭で、検察官または司法警察員に対してしなければならない（241条1項）。告訴がなされた場合、一罪の一部についてしか告訴がなされていないとしても、原則としてその効力は一罪の全部に及ぶ。

これを客観的不可分（客体の不可分）と呼ぶ（例外として、非親告罪に対してした告訴の効力は、親告罪の部分には及ばない）。また、共犯者の一部に対してしか告訴がなされていないとしても、その効力は他の共犯者にも及ぶ（238条）。これを主観的不可分（主体の不可分）と呼ぶ。告訴がなされた事件の場合、検察官から告訴人に対して、処分内容の告知（260条）または不起訴の場合の理由通知（261条）がなされる。

告発は、告訴権者以外の第三者が、捜査機関に対し、犯罪事実を申告して犯人の処罰を求める意思表示である（239条）。また、特定の犯罪に対するものとして、請求（刑92条、労調42条）がある。これらには告訴の規定が準用される（238条2項）。

2 任意捜査

A 任意捜査の原則とその規則

犯罪捜査の方法に関して、刑事訴訟法197条1項は「捜査については、その目的を達するため必要な取調べをすることができる。但し、強制の処分は、この法律に特別の定のある場合でなければ、これをすることができない」と定める。ただし書きから、「強制の処分」については、刑事訴訟法に特別の規定を設けなければならない。これを強制処分法定主義と呼ぶ。これに対して、強制処分に当たらない処分全般を、任意処分と呼ぶ。任意処分が捜査として行われるときに、特に任意捜査を呼ぶ場合もある。強制処分をただし書で定める形をとっていることから、任意処分が原則として行われるべきだとされ、対象者の承諾を得て犯罪捜査を実施することが望ましいとされる（犯規99条参照）。これを任意捜査の原則と呼ぶ場合がある。任意捜査であれば無制限にできるわけではなく、一般的には比例原則のもとで、当該捜査を行う必要性と被制約利益を衡量して、具体的な状況のもとで相当と認められる限度において許容されると解されている（最決昭和51・3・16刑集30-2-187〔百選1番事件〕参照）。そのため、各捜査方法において、被制約利益が何かを意識することが重要である。

捜査機関は、197条1項本文以外に個別具体的な規定がなくとも、任意捜査を行いうる。尾行や聞き込み（犯規101条）はその例である。他方で、具体的な規定が設けられている場合がある。公務所照会（197条2項）、被疑者に対する出頭の要請と取調べ（198条）、鑑定等の嘱託（223条1項後段）、検視（229条）がその例である。また、捜査機関は、被疑者その他の者が遺留した物または所有者、所持者もしくは保管者が任意に提出した物は、これを領置することができる（221条）。領置が強制処分か任意処分かについて議論があるが、捜査実務上は任意提出のときは占有の剥奪を継続することを含めて対象者から承諾を得ているとして、任意処分だと説明されている。判例は、強盗殺人事件の被疑者が公道上のごみ集積場に排出したダウンベスト等について、捜査機関が遺留物として領置することは許されるとしている（最決平成20・4・15刑集62-5-1398〔百選8番事件〕）。

B　鑑定の嘱託照会

犯罪の捜査をするについて必要があるときに、捜査機関が被疑者以外の専門的知見を有する者に、鑑定を嘱託することがある（223条1項）。鑑定とは、専門的知見を有する者に、その専門的な知識・経験に基づいて特定の事項について意見・判断の報告を求めるものである。捜査機関に鑑定を嘱託された者は、鑑定受託者と呼ばれ、死因・死亡時刻の特定や精神鑑定、DNA型鑑定などが行われる。鑑定受託者が鑑定を行う際に、住居等への立ち入りや身体検査、死体の解剖等のような必要な処分を、許可状により行うことができるが、これは強制処分として行われる（225条・168条1項）。また、被疑者の心身・身体の鑑定を行うために、病院等の相当な場所に被疑者を留置することもできる（224条・167条1項）。

C　実況見分

実況見分とは、五官（視覚・聴覚・触覚・臭覚・味覚）により、場所、物または身体の状態を認識・感得する処分を、任意処分として行うものである。強制処分として行われる場合は、検証と呼ばれる（218条1項）。例えば、交通事故の現場において、しばしば実況見分が実施され、その結果が実況見分調書として記録される。

D 任意同行

　捜査機関は、犯罪の捜査をするについて必要があるときは、被疑者または被疑者以外の者の出頭を求め、あるいは警察署等への同行を求めることができる（198条1項・223条1項）。これを任意同行と呼ぶ。職務質問と異なり、具体的な犯罪の嫌疑の存在を理由として行われる点で、司法警察活動に該当し、刑事訴訟法によって規律される。後述するように、逮捕・勾留には時間制限が設けられているため（203条～206条）、捜査機関が実質的に逮捕・勾留の時間制限を潜脱して取調べ時間を確保することを意図して、逮捕前に任意同行を利用する可能性がある。そのため、裁判例は、任意同行が実質的な逮捕に当たって違法となる場合があるとしている。その考慮事情として、一般的には、①任意同行を求めた時間・場所、②同行の方法・態様、③同行後の取調べ時間・監視状況、④逮捕の準備状況、⑤被疑者の同行拒否・退去希望の有無・内容、⑥被疑者の属性等が挙げられている。下級審の裁判例では、任意同行後、午前7時40分頃から翌日午前0時過ぎ頃までの16時間以上にわたり、警察署の取調室で断続的に被疑者の取調べが行われた事案について、午後7時以降は実質逮捕に当たるとして違法とした事例がある（富山地決昭和54・7・26判時946-137〔百選5番事件〕）。

3　強制捜査

A　強制捜査とその規則—強制処分法定主義・令状主義

　前述のとおり、強制処分は刑事訴訟法に特別の定めがなければならない（197条1項ただし書）。これを強制処分法定主義と呼ぶ。なお、捜査上の処分としての強制処分を、特に強制捜査と呼ぶ場合もある。また、憲法は、一定の類型の処分について、裁判官の発する令状がなければ、行うことができない旨を定めている（憲33条・35条）。これを令状主義と呼ぶ。現行刑事訴訟法は、強制処分について、原則として令状主義によって規律する制度を採用している。
　どのような処分が「強制の処分」に当たるかは、解釈に委ねられている。

かつては有形力の行使や法的義務の賦課を伴う処分を強制処分だとする見解があった。しかし現在は、立法府によって令状審査などの厳格な手続を法律で定める必要があるような類型である、重要な権利・利益を実質的に制約ないし侵害するような処分で、被処分者の意思に反する場合を、強制処分だとする理解が通説的な理解である。判例は、飲酒運転の被疑者が取調室から出ていくところを警察官が被疑者の手首をつかみ、被疑者がこれに対して警察官を殴打した事案において、強制処分の意義を説示した。そこでは、有形力の行使を伴う手段を意味するものではなく、個人の意思を制圧し、身体、住居、財産等に制約を加えて強制的に捜査目的を実現する行為など、特別の根拠規定がなければ許容することが相当でない手段を意味するとした（前掲最決昭和51・3・16）。その後も、後述する電話検証、梱包物に対するエックス線検査やGPSによる動静監視の事案を、強制処分だと判断している。

以下、刑事訴訟法が明文規定を設けている強制処分の類型を説明する。

B 逮捕
[1] 逮捕の性格・目的、逮捕前置主義

憲法は、「何人も、現行犯として逮捕される場合を除いては、権限を有する司法官憲が発し、かつ理由となっている犯罪を明示する令状によらなければ、逮捕されない」と定める（憲33条）。逮捕は、被逮捕者の身体の自由という重要な権利・利益を制約するため、原則として、中立公平な立場にある裁判官が事前に審査を行い、令状が発付された場合しか執行できない。

逮捕された被疑者は、最大で72時間にわたり身体を拘束される（203条〜205条）。さらに身体の拘束を続ける場合には、検察官は勾留を請求し、裁判官がその可否を審査する（207条1項）。207条1項の文言上、被疑者の勾留に先立って、必ず逮捕がなされていなければならず、これを逮捕前置主義と呼ぶ。その趣旨は、多数説によれば、まず短期間の身体拘束である逮捕を先行させ、逮捕期間内に捜査を尽くした上で、それでもなお長期間の身体拘束が必要と認められる場合に限って勾留を認めることで、慎重に被疑者の人身の自由の制約を行うようにする点にあるとされている。逮捕前置主義の以上のような趣旨から、逮捕時の被疑事実と勾留時の被疑事実

には同一性が認められなければならず（被疑事実の同一性）、かつ原則として適法な逮捕が被疑者勾留に前置されるべきことになる。

[2] 通常逮捕

　検察官、検察事務官または司法警察職員は、「被疑者が罪を犯したことを疑うに足りる相当な理由」があるとき、裁判官のあらかじめ発する逮捕状により、被疑者を逮捕することができる（199条1項）。このように、事前に裁判官が発付した逮捕状による逮捕を通常逮捕と呼ぶ。逮捕状は、検察官または司法警察員（警察官である場合、警部以上の者）しか請求できない（199条2項）。

　逮捕状の請求を受けた裁判官は、「被疑者が罪を犯したことを疑うに足りる相当な理由」（逮捕の理由）があると認めるときに、逮捕状を発する（規139条以下参照）（図2-1）。ただし、明らかに逮捕の必要性がない場合には、この限りではない（199条2項）。つまり、裁判官が逮捕状を発付できるのは、①「被疑者が罪を犯したことを疑うに足りる相当な理由」と②逮捕の必要性がある場合である。逮捕の必要性は、被疑者に逃亡のおそれがあるか、罪証隠滅のおそれがある場合に認められる（規143条の3）。また、軽微事件（30万円以下の罰金、拘留または科料に当たる罪）の場合は、「被疑者が定まった住居を有しない場合又は正当な理由がなく198条の出頭の求めに応じない場合」しか逮捕状を発付できない（199条1項ただし書）。

　逮捕状により被疑者を逮捕するには、逮捕状を被疑者に示さなければならない（201条1項）。ただし、逮捕状の発付を受けているが逮捕権者が逮捕状を所持していない場合で、急速を要するときは、被疑者に対し被疑事実の要旨と逮捕状が発せられている旨を告げて、逮捕することができる（201条2項・73条3項本文）。これを逮捕状の緊急執行と呼ぶ。

[3] 現行犯逮捕

　現行犯人は、何人でも、逮捕状なくしてこれを逮捕することができる（213条）。憲法33条が「現行犯として逮捕される場合」を令状による逮捕の保障から除外しており、これを受けたものである。現行犯人とは、「現に罪を行っている者」または「現に罪を行い終わった者」をいう（212条1項）。こ

逮　　捕　　状 (通常逮捕)	

被疑者	氏　　名	水道橋　太郎
	年　　齢	昭和63年1月19日生
	住　　居	東京都千代田区神田三崎町 X-X-X
	職　　業	無職
罪　　名		覚せい剤取締法違反
被疑事実の要旨		別紙のとおり
引致すべき場所		神田警察署又は逮捕地を管轄する警察署
有効期間		平成30年1月13日まで

　有効期間経過後は，この令状により逮捕に着手することができない。この場合には，これを当裁判所に返還しなければならない。
　有効期間内であっても，逮捕の必要がなくなったときは，直ちにこれを当裁判所に返還しなければならない。

上記の被疑事実により，被疑者を逮捕することを許可する。

　平成30年1月6日
　　　　　東　京　簡　易　裁　判　所
　　　　　　　　　裁　判　官　　　駿河台　良人　㊞

請求者の官公職氏名	司法警察員警部　麹町　次郎
逮捕者の官公職氏名	
逮捕の年月日時及び場所	
記　名　押　印	
引致の年月日時	
記　名　押　印	
送致する手続をした年　月　日　時	
記　名　押　印	
送致を受けた年月日時	
記　名　押　印	

〔庁印省略〕

図 2-1　逮捕状

の現行犯人の定義から、現行犯逮捕が許されるための要件は、①犯行から逮捕までの時間的接着性、②犯行場所と逮捕した場所の間の場所的接着性が認められて、③犯罪と犯人の明白性があることだと言える。①②の要件は、逮捕者が他人を犯人と誤認する可能性を低くするためのものであり、終局的には犯罪と犯人の明白性という現行犯逮捕の最も重要な要件を担保する。これによって、令状審査なき逮捕を正当化する面がある。なお、検察官、検察事務官、司法警察職員のみならず、一般人たる私人も現行犯逮捕をすることができる。なお、通常逮捕の場合と同じく一定の軽微事件については、「犯人の住居、氏名が明らかでない場合または犯人が逃亡するおそれがある場合」に限り、現行犯逮捕ができる（217条）。

現行犯逮捕において令状が不要とされている理由は、現行犯人であれば、逮捕者にとって犯罪と犯人が明白であり、誤認逮捕のおそれが少なく、緊急に逮捕する必要性があるからである。

まず、現行犯逮捕における犯罪と犯人の明白性について、裁判例には、犯行から約20分後に犯行場所から約20メートル離れた路上で、被害者の供述に基づいて被疑者を現行犯逮捕した事案について、逮捕の現場における客観的状況等から、逮捕者自身が直接明白に覚知する必要があるとして、被害者の供述によること以外には逮捕者においてこれを覚知しうる状況にないことを理由に違法としたものがある（京都地決昭和44・11・5判時629-103〔百選11番事件〕）。他方で、痴漢の被害に遭った被害者に代わって、駆け付けた父親が被疑者を現行犯逮捕した事案について、実質的な逮捕者は父親と被害者だとして適法としたものもある（東京高判平成17・11・16東高刑時報56-1=12-85）。

次に、現行犯逮捕の必要性について、通常逮捕・緊急逮捕と異なり、必要性に関する明文の規定がない（199条2項・210条2項、規143条の3参照）。しかし、現行犯逮捕は、上述した通り緊急に逮捕する必要性があるから認められている以上、逮捕の必要性が要件とされるべきだと理解されている。裁判例に、軽微な交通違反で被疑者の身元が明らかな事案において、現行犯逮捕をする必要性がないとして違法と判断したものがある（大阪高判昭和60・12・18判時1201-93〔百選A2事件〕）。

[4] 準現行犯逮捕

　刑事訴訟法上は、準現行犯人は「現行犯人とみなす」とされ、逮捕状なく逮捕することができる（212条2項）。準現行犯人とは、①「犯人として追呼されている」、②「贓物または明らかに犯罪の用に供したと思われる兇器その他の物を所持している」、③「身体又は被服に顕著な証跡がある」、④「誰何されて逃走しようとする」のいずれかに該当し、かつ「罪を行い終わってから間がない」と明らかに認められる者である（212条2項1号～4号）。判例には、篭手を装着し、顔面に新しい生傷があって血の混じった唾を吐き、警察官から職務質問を受けると小走りに逃げるなど、被疑者に212条2項各号の事由が複数にわたって該当し、明白性を認定できた事案において、犯行後1時間、犯行場所から直線距離で4キロ離れたところでなされた準現行犯逮捕について時間的接着性や場所的近接性があるとして、適法と判断したものがある（最決平成8・1・29刑集50-1-1〔百選12番事件〕）。

[5] 緊急逮捕

　検察官、検察事務官または司法警察職員が、死刑または無期もしくは長期3年以上の懲役・禁錮に当たる罪を犯したことを疑うに足りる充分な理由がある場合で、急速を要し、裁判官の逮捕状を求めることができないとき、その理由を告げて、令状のないまま被疑者を逮捕できる。これを緊急逮捕と呼ぶ。緊急逮捕した場合には、直ちに裁判官の逮捕状を求める手続をしなければならない。逮捕状が発せられなかったときは、直ちに被疑者を釈放しなければならない（210条1項）。憲法33条が令状を要さない逮捕は「現行犯として逮捕される場合」だとしているため、緊急逮捕は違憲とする見解もあるが、事後的に逮捕状の発付があること等を理由に合憲とする見解が多い。判例は、罪状の重い一定の犯罪のみについて、緊急やむを得ない場合に限り、逮捕後直ちに裁判官の審査を受けて逮捕状の発行を求めることを条件とし、被疑者の逮捕を認めることは、憲法33条の趣旨に反するものではないとしている（最大判昭和30・12・14刑集9-13-2760〔百選A3事件〕）。

[6] 逮捕後の手続

　司法巡査が逮捕した場合は司法警察員に、検察事務官が逮捕した場合は検察官に、それぞれ引致しなければならない（202条）。

　司法警察員が被疑者を逮捕した場合、被疑者に対し、直ちに被疑事実の要旨と弁護人選任権を告知し、弁解の機会を与えなければならない。刑訴法には規定がないが、実務上は弁解内容を録取して弁解録取書を作成する（犯規130条1項4号）。被疑者にすでに弁護人があるときは、弁護人選任権の告知は要さない（203条2項）。さらに、司法警察員は弁護人選任権を告知する際に、弁護人選任の申出方法と国選弁護人の選任請求を教示する（同条4項）。司法警察員は、逮捕の制限時間内に留置の要否を判断し、留置が不要ならば直ちに被疑者を釈放する。留置が必要ならば、被疑者が身体を拘束されたときから48時間以内に、書類・証拠物とともに被疑者を検察官に送致する（203条）。検察官は、被疑者に対してさらに弁解の機会を与えた上で、留置の要否を判断し、留置が不要なら直ちに釈放する。留置が必要ならば、被疑者を受け取ったときから24時間以内に、裁判官に被疑者の勾留を請求する（205条1項・207条）。この時点で公訴の提起ができるのであれば、勾留の請求をせずに公訴を提起してもよい（205条3項）。被疑者が身柄を拘束されてから、検察官が勾留請求、公訴提起または釈放するまでの時間は、72時間を超えることができない（205条2項）。

　特捜事件等のように検察官が被疑者を逮捕する場合、検察官は被疑者に対して、直ちに被疑事実の要旨と弁護人選任権があることを告げて、弁解の機会を与えなければならない。その上で留置の要否を判断し、留置が不要なら直ちに釈放する。留置が必要ならば、被疑者が身体を拘束された時から48時間以内に裁判官に被疑者の勾留を請求する。この時点で公訴の提起ができる場合は、勾留の請求をせずに公訴を提起してもよい（204条1項）。制限時間が司法警察員による逮捕の場合と異なる点で注意を要する。なお、司法警察員が逮捕した場合と同様、弁護人選任権の告知の際に、弁護人選任の申出方法と国選弁護人の選任請求について教示しなければならない（204条2項・3項）。

C 勾留

[1] 勾留の意義

　被疑者の勾留とは、身体を拘束する裁判官の裁判およびその執行を意味する。被告人についても勾留の制度が存在し、被疑者の勾留は被告人の勾留を定める60条以下の規定を準用して、要件や手続を定める形式をとっている。204条から206条に基づいて、勾留の請求を受けた裁判官は、勾留の処分をするに関して「裁判所または裁判長と同一の権限を有する」としており、この文言が60条以下の準用を意味する（207条1項）。また、204条から206条は逮捕後の手続を定めており、これらを経て被疑者の勾留が行われることから、上述した逮捕前置主義も207条1項から導かれる。なお、逮捕の理由たる被疑事実に、逮捕されていない被疑事実を追加して勾留請求する「抱き合わせ勾留」は許されるとするのが、多数説の理解である。

　ときには、違法な逮捕がなされた後の勾留が認められるか否かが問題となるが、重大な違法でない限り、その後になされた勾留を違法ならしめるわけではないと解されている。逮捕の種類の選択を誤ったにとどまる場合や、任意同行が実質逮捕に至っていたとしても実質逮捕の時間を含めて逮捕の時間制限を超過していない場合等は、その後の勾留請求は認められる傾向にある（東京高判昭和54・8・14判夕402-147〔百選14番事件〕）。

[2] 勾留の要件

　被疑者勾留の要件として、第1に勾留の理由が求められる。勾留の理由とは、被疑者に「罪を犯したことを疑うに足りる相当な理由」（60条1項）があることに加えて、被疑者が定まった住居を有しないか（同項1号）、罪証を隠滅すると疑うに足りる相当な理由があるか（同項2号）、逃亡または逃亡すると疑うに足りる相当な理由があるか（同項3号）のいずれかの事由がある場合を意味する。第2に、勾留の必要性が求められる（87条1項参照）。勾留の必要性とは、勾留の理由と勾留されることによる被疑者の不利益等を考慮することを意味する。言わば、諸事情を総合的に考慮し、被疑者の勾留が実質的に相当か否かを判断することになる（最決平成26・11・17判夕1409-123〔百選13番事件〕参照）。

[3] 勾留の手続

　検察官から勾留の請求を受けた裁判官は、上述した勾留の要件と逮捕手続の適法性を審査する（規148条1項）。また、裁判官は被疑者に対して勾留質問を行わなければ、勾留状を発することができない（61条）。勾留質問は裁判官が被疑者に面談して行われる。検察官・弁護人に立会権はない。裁判官は、被疑者に被疑事件を告知し、これに関する被疑者の陳述を聴取し、被疑者に弁護人がないときは、弁護人選任権・国選弁護人選任権を告知する（207条2項）。また、弁護人選任の申出方法・被疑者国選弁護人の選任請求についても教示しなければならない（207条3項4項）。裁判官が勾留の要件があると認めるときは、勾留状を発することになる（207条5項）。

[4] 勾留の期間

　勾留の期間は、勾留請求の日から10日間である。この10日の間に公訴の提起をしないときは、検察官は被疑者を釈放しなければならない（208条1項）。検察官は、「やむを得ない事由」があるときに、裁判官に勾留期間の延長を請求することができる（208条2項）。（延長請求の回数には制限がないが）延長期間は通じて10日間を超えられない。なお、被疑者の勾留の期間は、被告人の勾留の期間と異なる（60条2項参照）。

[5] 勾留理由開示、勾留の取消し、勾留の執行停止

　被疑者勾留に対する救済手段として、以下の手段がある。なお、保釈は被告人の勾留で請求できるが、被疑者勾留では請求できない（207条1項ただし書）。

　勾留理由開示は、不服申立の準備行為として、裁判官がどのような理由で勾留を決定したかを知るためになされる。憲法34条が、拘禁された場合について、「その理由は、直ちに本人及びその弁護人の出席する法廷で示されなければならない」と定めており、これを受けた制度である。勾留されている被疑者、その弁護人・法定代理人・保佐人・配偶者・直系親族・兄弟姉妹・その他利害関係人から請求がある場合に、裁判官等が列席して、被疑者および弁護人が出頭した上で行われる（207条1項、82条・83条）。裁判官は、法廷で勾留の理由を告げ、検察官または被疑者・弁護人およびそ

れ以外の請求者が意見を述べることができる（207条1項・84条）。実務上は、裁判官はごく簡潔に理由を告げるにとどまっている。

　勾留取消は、開示された勾留の理由や、その後の捜査の進行状況等から、勾留の理由や必要性が失われたと言える場合、被疑者や弁護人・法定代理人らの請求または裁判所の職権により、決定によって行われる（207条1項・87条）。また、勾留による拘禁が不当に長いときは、裁判官は、被疑者もしくはその弁護人・法定代理人らの請求により、または職権で、勾留を取り消さなければならない（207条1項・91条）。これに対して、準抗告は、勾留の裁判をした時点の裁判官の判断の適法性を争う手段である（429条1項2号）。なお、被疑者に犯罪の嫌疑がないことを直接の理由として、準抗告をすることはできない（429条2項・420条3項）。

　勾留執行停止は、一時的に身体拘束から解放する必要性がある場合に、その必要性が存する間だけ勾留の執行を停止するというものである（207条1項・95条）。裁判官が適当と認めるときに、被疑者を親族・保護団体等に委託したり、被疑者の住居を制限したりして、勾留の執行を停止できる。執行を停止する事由が終了すれば、被疑者は再び勾留される。例えば、被疑者が病気で病院に入院する場合を挙げることができる。

[6] 勾留の場所

　勾留請求が認められた場合、被疑者は法律上、「刑事施設」すなわち拘置所に収容することになっている（刑事収容3条3号）。しかし、刑事施設に収容することに代えて、各都道府県警察に設置される留置施設（代用監獄とも呼ばれる）に留置することができる旨が定められており（同15条1項）、実務上は、勾留された被疑者の大半は留置施設に収容される。留置施設では、被疑者が警察の手許で管理される結果、自白の強要につながるとの批判がある。判例上、勾留に関する処分を行う裁判官は、職権により、被疑者または被告人の勾留場所を変更する旨の、移監命令（移送命令）を発することができる（最決平成7・4・12刑集49-4-609）。

D 逮捕・勾留をめぐる問題
[1] 事件単位の原則
　事件単位原則とは、逮捕および勾留が、個々の被疑事実（事件）ごとに行われなければならないという原則である。憲法33条や刑事訴訟法199条、60条以下の諸規定が個々の被疑事実ごとに逮捕・勾留を行うことを想定しており、令状主義のもとで令状審査が事件ごとに行われていることに由来する。

[2] 二重逮捕・勾留
　事件単位原則を採用する結果として、同じ被疑者に対して、複数の逮捕・勾留が同時に行われるという現象が生じる。これが、二重逮捕・勾留である。A事実を理由として逮捕・勾留されている被疑者が、さらにB事実を理由として同時に逮捕・勾留され、2つの逮捕・勾留が競合した状態になりうることを意味する。このような理解のもとでは、A事実で逮捕・勾留して期間が満了した後に、引き続きB事実で逮捕・勾留する場合には、結果的には逮捕・勾留期間が長期にわたることになる。このような短所があっても、逮捕・勾留を事件ごとに分けて行うのは、個別の事件ごとに令状審査を行い、逮捕・勾留を慎重に行うためである。

[3] 再逮捕・勾留
　ある被疑事実（A事実）で逮捕・勾留された被疑者に対して、さらに同一の被疑事実（A事実）で再度逮捕・勾留することは、原則として許されない。再逮捕・再勾留を許すと、逮捕・勾留の期間を制限した制度の趣旨が失われるからである。これを、再逮捕・再勾留禁止原則と呼ぶ。もっとも、199条3項が、同一の犯罪事実について前の逮捕状の請求またはその発付があったときは、裁判所にその旨を通知して、逮捕状の発付をすることができる旨を定めている。この規定を、事情変更がある場合に、再逮捕を許容する趣旨だと理解する見解が多い。また、裁判例によれば、1回目の勾留期間の長短やその期間中の捜査経過、釈放後の事情変更の内容、事案の軽重、検察官の意図その他の諸般の事情を考慮して、身柄拘束の不当な蒸し返しでないと認められる場合には、例外的に再勾留が認められる（東京地決昭和

47・4・4判タ276-286〔百選15番事件〕)。常習傷害(暴力1条の3)のように、実体法上一罪の関係にある事実を複数の犯罪事実に分割して、逮捕・勾留を繰り返すことも、期間制限の趣旨を潜脱することになるので原則として許されない。これを、特に、一罪一逮捕一勾留原則と呼ぶ場合もある。もっとも、常習傷害罪で逮捕・勾留して釈放した後に、新たに常習傷害の関係にある事実が判明した等の事情変更がある場合には、その事実を理由として逮捕・勾留を行うことは許されうる(仙台地決昭和49・5・16判タ319-300〔百選17番事件〕参照)。

[4] 別件逮捕・勾留

別件逮捕・勾留とは、いまだ「本件」(例えば殺人事件)について逮捕するだけの証拠が揃っていない場合に、「本件」について被疑者を取り調べるために、証拠の揃っている「別件」(例えば窃盗事件)で被疑者を逮捕・勾留し、その身体拘束期間を利用して「本件」の取調べを中心とした捜査をすることをいう。条文にはない概念だが、講学上の概念として議論される。別件逮捕・勾留が問題とされる理由は、第1に、別件のための身体拘束を本件の捜査のために流用するという点にある。別件の逮捕・勾留の期間を本件の捜査のために流用することで、実質的には本件の逮捕・勾留の期間制限が形骸化する可能性がある。第2に、身体拘束を主として取調べに流用するという点も問題とされる。もともと逮捕・勾留は被疑者取調べの手段ではないにもかかわらず、本件の取調べの手段として別件の逮捕・勾留を利用するに等しいのではないか、という問題意識である。

違法な別件逮捕・勾留となる場合について、定まった判例はなく、次のような見解が主張されている。別件基準説(形式説)は、捜査官が主として本件の取調べを目的とする場合であっても、別件について逮捕・勾留の要件が具備されている以上は、裁判官の令状発付やそれに基づく逮捕・勾留は適法だとする。この見解には、余罪取調べが充分に規制されなければ、取調べを主目的とした逮捕・勾留を是認することになるという批判がある。

これに対して、本件基準説(実質説)は、別件について逮捕・勾留の理由が備わっていたとしても、それを本件についての取調べに利用する意図あるいは利用の事実があったことにより、別件での逮捕・勾留自体を違法と

する（金沢地七尾支判昭和44・6・3刑月1-6-657）。この見解には、別件について逮捕・勾留の要件を充たしているのに、なぜ別件についての逮捕・勾留自体が違法となるのか、どのような場合に「本件についての取調べに利用する意図あるいは利用の事実」が認定されるのか等の批判がある。近時は、実体喪失説が主張されている。この見解は、被疑者勾留の期間を、被疑者の逃亡及び罪証隠滅を阻止した状態で、身柄拘束の理由とされた被疑事実について、起訴・不起訴の決定に向けた捜査を行うための期間だと位置付ける。その上で、当該別件に関する起訴・不起訴の決定とは無関係な捜査を行っている場合、その身体拘束は、令状に示された被疑事実による身体拘束としての実体を失い、別件を被疑事実として起訴前勾留をする必要がなくなっている点で違法とするものである（なお、東京地決平成12・11・13判タ1067-283参照）。

E 捜索、押収、検証、鑑定、証人尋問
[1] 憲法35条の令状主義

憲法35条は「住居、書類および所持品について、侵入、捜索および押収を受けることのない権利」を保障する。憲法上の「侵入、捜索および押収」に該当する場合、原則として中立公平な第三者である裁判官が、「正当な理由」が存在することを事前に審査し、「捜索する場所および押収する物」を明示した「各別の令状」を発付した場合でなければ、行うことができない。このように、裁判官が処分の可否をあらかじめ審査し、裁判官が令状を発付した場合にのみ当該処分を行うことが許される制度を令状主義と呼ぶ。

歴史的には、イギリス等で政治的な弾圧を目的として、捜索押収の対象を明示しない一般令状を用いて、一般探索的な証拠の捕獲が行われた。令状主義が設けられた趣旨は、捜索や押収の対象の限定を施し、裁判官が予め処分の要否を審査することによって、捜査機関が捜索や押収を行う際にプライバシーや財産権の過剰な侵害を引き起こす事態を防ぐことにある。

[2] 捜索・押収・検証の意義

捜索とは、一定の場所・物・人について証拠物等を発見するために行われる強制処分である。押収とは、捜査機関が物の占有を取得する処分をい

い、領置と差押えがある（裁判所が提出命令を発する場合もある）。検証とは、五官の作用により、場所・物・人の身体について、その性質・形状・状態を認識する強制処分をいう。なお、実況見分は、検証と同様のことを任意処分として行う場合を指す。検証の対象が身体である場合には、特に身体検査と呼ぶ。生命、身体の安全や名誉等に関わるため、身体検査令状という特別な令状が必要となる（218条1項）。

　検察官、検察事務官または司法警察員は、捜索差押令状、検証令状を請求することができる（218条4項）。証拠物の所在が明らかで、捜索を要さない場合、差押令状の発付を受ける。捜索差押令状を例に説明すると、捜査機関が令状請求をする際には、被疑事実についての嫌疑の存在、差押えの目的物が捜索場所に存在する蓋然性、差押えの目的物と被疑事実との間の関連性、捜索差押えの必要性があることを裁判官に対して明らかにする必要がある。これは、憲法35条に言う「正当な理由」を充たすという含意がある。

　捜査機関は令状請求書に加えて、被疑者または被告人が罪を犯したと思料されるべき資料を裁判官に提出する（規155条以下）。この資料は疎明資料と呼ばれる。裁判官は、「犯罪の態様、軽重、差押物の証拠としての価値、重要性、差押物が証拠隠滅されるおそれの有無、差押によって受ける被差押者の不利益の程度その他の事情」を考慮して、明らかに差押えの必要性がない場合には令状請求を却下することができる（最決昭和44・3・18刑集23-3-153〔百選A4事件〕）。

[3] 令状による捜索・差押え・検証

　捜索差押令状の場合、憲法35条1項の要求により、「捜索する場所および押収する物」を明示しなければならない（憲35条1項）。刑事訴訟法は、これを受けて、令状に、被疑者または被告人の氏名、罪名、差し押さえるべき物、捜索すべき場所・身体または物、有効期間およびその期間経過後は捜索・差押えに着手することができず令状は返還しなければならない旨、発付の年月日、その他裁判所の規則で定める事項を記載すべき旨を定めている。令状を発付した裁判官は、記名押印する（以上につき、219条1項および図2-2）。

\multicolumn{2}{c}{捜 索 差 押 許 可 状}	

被疑者の氏名及び年齢	水道橋　太郎　平成3年9月2日　生
被疑者に対する	覚せい剤取締法違反　被疑事件

について、下記のとおり捜索及び差押えをすることを許可する。

捜索すべき場所、身体又は物	東京都千代田区神田三崎町×-×-×
差し押さえるべき物	覚せい剤、注射器、その他本件に関係すると思料される一切の物件
有効期間	平成30年6月30日まで

　有効期間経過後は、この令状により捜索又は差押えに着手することができない。この場合には、これを当裁判所に返還しなければならない。
　有効期間内であっても、捜索又は差押えの必要がなくなったときは、直ちにこれを当裁判所に返還しなければならない。

平成30年6月23日
　　　東京地方　裁判所
　　　　　　　裁判官　霞ヶ関　三郎

請求者の官公職氏名	司法警察員警部　麹町　次郎

図2-2　捜索差押許可状

　上記の記載事項のうち、特に罪名や差し押さえるべき物をどの程度特定すべきか。判例は、捜索差押令状の①罪名を「地方公務員法違反」とのみ記載し、②差し押さえるべき物を「会議議事録、闘争日誌、指令、通達類、連絡文書、メモその他本件に関係あると思料される一切の文書および物件」と記載したことの適否について、①罰条を記載することは憲法の要求する

ところではないとした。特別法については具体的な罰条の記載を要しないとしたことになる。また、②差押え対象物の特定については、具体的な例示に付加されたものであり、令状記載の事件に関係があり、かつ例示の物件に準じられるような文書・物件を指すことが明らかだとして、適法と判断している（最大決昭和33・7・29刑集12-12-2776〔百選A5事件〕）。

また、令状記載の差し押さえるべき物のとおりの差押えと評価できるか否かが、問題となることもある（差押えの範囲）。判例は、拳銃を用いた恐喝被疑事件において、「本件に関係ある、1．暴力団を標章する状、バッチ、メモ等、2．けん銃、ハトロン紙包みの現金、3．銃砲刀剣類等」を差押対象物として発付された令状により、賭博に関するメモを差し押さえて、被疑者を賭博開帳図利で起訴した事件について、本件被疑事実だった恐喝が暴力団組織を背景としてなされたものであり、押収された賭博メモは被疑者と当該暴力団との関係のほか、当該暴力団の組織内容と暴力団的性格を知ることができる証拠になるとして、恐喝被疑事件の差押えの目的物に当たり適法だと判断している（最判昭和51・11・18判時837-104〔百選21番事件〕）。

なお、捜索差押令状は、捜索場所の管理権ごとに発付される。これは、憲法35条が「各別の令状」を要求していることに基づく。刑事訴訟法が令状に「捜索すべき場所・身体または物」を明記するよう、場所・身体・物を分別しているのも、管理権が異なる場合を想定しているものと解されている。そのため、被疑者の居宅に第三者が居合わせた場合に、当該第三者の身体・所持品に対しても捜索差押令状の効力が及び、捜索をなしうるかが問題となる（捜索の範囲）。判例は、被疑者居宅を捜索場所とする捜索差押令状により、被疑者の同居人が所持していたボストンバッグを捜索した事案について、適法としている（最決平成6・9・8刑集48-6-263〔百選19番事件〕）。また、捜索差押令状を執行中に、被疑者宛の宅配便小包が配達され、被疑者が受領したところを、警察官が当該小包の中を捜索した事案について、判例は適法としている（最決平成19・2・8刑集61-1-1〔百選20番事件〕）。

検証は、捜索・差押えと同じ条文に規定されており（218条1項・222条1項）、令状請求・令状記載事項・検証の実施等に関する規定も、概ね捜索差押えと同じである。なお、身体検査令状を請求する場合には、令状請求書に記載すべき事項に加えて、身体の検査を必要とする理由および身体の検

査を受ける者の性別、健康状態等を示さなければならない（218条5項）。裁判所は、身体検査に関し、適当と認める条件を付することができる（同条6項）。医師の立会いを条件とすることなどが典型例である。

[4] 報道機関に対する捜索・差押え

　報道機関による報道の自由は、表現の自由（憲21条）の保障のもとにある。報道のための取材も表現行為の前提となる行為であるため、取材の自由が憲法21条の趣旨に照らして尊重されるべきだと解されている。他方で、刑事裁判を行う上で、報道機関の得た情報が重要な証拠となる場合もありうる。そのため、報道機関が取材によって得た写真・映像等の押収について、どのような配慮を要するか否かが問題となる。判例は、裁判所による提出命令が報道機関に対してなされた事案において、公正な裁判の実現という憲法上の要請があるときは取材の自由も制約を受けるとした上で、犯罪の性質、態様、軽重、差し押さえようとしている物の証拠としての価値、公正な刑事裁判を実現するに当たっての必要性の有無を考慮するとともに、証拠提出により報道機関の取材の自由が妨げられる程度、これが報道の自由に及ぼす影響の度合い、その他諸般の事情を、比較衡量して決すべきだとした。なお、刑事裁判の証拠として使用することがやむを得ないと認められる場合においても、それによって受ける報道機関の不利益が必要な限度を超えないように配慮されなければならないとしている（最大決昭和44・11・26刑集23-11-1490）。基本的には差押えの必要性を判断する枠組みにのっとっており、被制約利益としての取材の自由について特に慎重に配慮することを求めるものだと言える。

　捜査段階の差押えの事案では、テレビ局が暴力団組長が債権取立てと称して、多数の組員とともに被害者に暴行・脅迫を行う状況を、同組長の了承を得て撮影・放映した事件において、警察官が差押許可状の発付を受けてテレビ局から前記番組のビデオテープ（編集される前のいわゆるマザーテープ）を差し押さえたものがある。判例は、ビデオテープの証拠としての価値は大きいこと、本件ビデオテープは報道済みで報道の機会が奪われたわけではないこと、取材方法の保護の必要性が乏しいこと等に照らして、適法とした（最決平成2・7・9刑集44-5-421〔百選18番事件〕）。

[5] 執行手続

　捜索差押え、検証は、検察官、検察事務官または司法警察職員が執行する（218条1項）。捜索・差押えの実施に当たっては、処分を受ける者に令状を示さなければならない（222条1項・110条）。捜索・差押えの令状執行中は、何人に対しても出入りを禁止する措置をとることができる（222条1項・112条1項）。なお、「日出前又は日没後でも執行することができる」旨の記載がなされない限り、原則として夜間に人の住居に立ち入って執行することはできない（222条1項・116条1項）。

　検察官、検察事務官または司法警察職員は、捜索差押令状や差押許可状を執行する際に、錠をはずし、封を開き、その他必要な処分をすることができる（222条1項・111条1項）。押収物についても必要な処分をすることができる（222条1項・111条2項）。検証の場合は、身体の検査、死体の解剖、墳墓の発掘、物の損壊その他必要な処分をすることができる（222条1項・129条）。これら必要な処分は、比例原則に反しない限りで許容されると解されている。

　判例は、覚せい剤取締法違反被疑事件において、ホテルに宿泊する被疑者の居室に立ち入る際に、ホテルからマスターキーを借り受け、居室内に立ち入った後で、令状を示し、捜索を執行した事案において、①捜索差押令状執行の動きを察知されれば、覚せい剤事犯の前科のある被疑者が差押対象物である覚せい剤を破棄隠匿するおそれがあり、「捜索差押令状の呈示に先立って警察官らがホテル客室のドアをマスターキーで開けて入室した措置は、捜索差押えの実効性を確保するために必要」であり、社会通念上相当な態様であるため「必要な処分」として許容されるとした。また、②令状を示す時機が居室への立ち入り後だったことについて、令状を示す行為が手続的公正の担保と被処分者の人権に配慮する趣旨によるものだとした上で、「令状の執行に着手する前の呈示を原則とすべき」だとしつつ、本件事情のもとではやむを得ない措置だったとして適法と判断した（最決平成14・10・4刑集56-8-507〔百選A6事件〕）。

　捜索差押えを行う際に、捜索場所で捜査機関が写真撮影を行う場合がある。①捜索差押えの執行手続の適法性を担保するために、執行状況等を撮影する場合、②証拠物の発見時の状況（証拠物の位置関係等）を明らかにする

ため撮影する場合は許容されると解されている。これらは、捜索差押えに付随する措置として、捜索差押え権限が授権された時点で当然に許容されると説明されている（111条1項・2項の「必要な処分」として許容されるとする説明もある）。他方で、③捜索差押えの現場にあった差押対象物以外の物件を写真撮影した場合は、別途、検証令状を要し、違法になりうる点で注意を要する（最決平成2・6・27刑集44-4-385〔百選32番事件〕参照）。

　捜索・差押えの場所が住居等であれば、原則として執行時に住居主等を立ち会わせなければならない（222条1項・114条2項）。被疑者の居宅で捜索差押えをする場合には、被疑者を立ち会わせることができるが、被疑者に立会権はない（222条4項）。弁護人は、裁判所が行う捜索・差押えには立会権がある（113条）。しかし、捜査機関の行う捜索・差押えには、弁護人も立会権がない（222条1項は113条を準用していない）。女子の身体を捜索する場合には、急速を要する場合を除いて、成年の女子が立ち会わなければならない（222条1項・115条）。

　差押えがなされた後には、押収品目録が作成され、所有者、所持者もしくは保管者への交付等がなされる（222条1項・120条）。押収物で留置する必要がないものは、還付または仮還付がなされる（222条1項・123条・124条）。なお、差押えに対しては、準抗告を申し立てることで、差し押さえられた物件の引き渡しを求めることができる。条文上、捜索や検証に対する準抗告の定めはない。対象物の占有を継続的に制約する差押えと異なり、捜索や検証は一時的な権利制約にとどまるため、捜索や検証を終えた後に準抗告を行っても、訴えの利益がないからだとされている。準抗告には、差押えを認めた裁判官の判断を争う場合（429条1項2号）と、差押えを執行した捜査機関の処分の適否を争う場合（430条）がある。判例は、差押対象物以外の物件を捜索差押えの現場で写真撮影した事案において、被疑者が当該写真の廃棄あるいは引渡しを求めて準抗告（430条2項）をした事案において、撮影の適否を判断せずに、写真撮影の性質は検証に当たるため、押収に関する処分には当たらないとして、申立てを斥けている（最決平成2・6・27刑集44-4-385〔百選32番事件〕）。また、捜索差押え、検証それぞれの違法を理由として、公判の段階で違法収集証拠排除法則を主張して、証拠能力を否定するよう求める場合もある。

身体検査を実施する際には、対象者の性別、健康状態その他の事情を考慮した上で、特にその方法に注意し、その者の名誉を害しないようにしなければならない。女子の身体を検査する場合は、医師または成年の女子をこれに立ち会わせなければならない（222条1項・131条）。身体検査については、特に慎重な手続が法定されており、正当な理由なく身体検査を拒否した者に対しては、まず間接強制をする。裁判所は決定で過料に加えて生じた費用の賠償を命ずるか、罰金または拘留に処することができる（222条1項・137条・138条）。間接強制の効果がないときは、直接強制として、有形力を行使して身体の検査を行うことができる（222条1項・139条）。

[6] 強制採尿

　覚せい剤自己使用を被疑事実とする事件においては、被疑者の尿から覚せい剤成分を検出できるか否かを鑑定した結果が、重要な証拠となることが多い。覚せい剤の成分は、使用後2週間ほどにわたり、尿を経て体外に排出されるため、その期間内に尿を採取・鑑定すれば、被疑者が体内に覚せい剤を摂取したことを証明しうる。被疑者が自らの尿の任意提出に応じる場合には、その尿を領置（221条）して、鑑定することになる。問題は、被疑者が尿の任意提出に応じない場合に、被疑者の尿道にカテーテルと呼ばれるゴム管を挿入して、尿を強制的に採取することが許されるか否かである。屈辱感を与えて個人の尊厳を害しうるため、議論となった。かつては、身体検査令状（222条1項・138条・139条）と鑑定処分許可状（225条1項・168条1項）のいずれかを用いる見解、または両者の併用を認める見解などが主張された。身体検査令状は間接強制を経た上であれば、直接強制をなしうる半面、体内への侵襲までなしうる令状ではないとの批判があった。鑑定処分許可状は、鑑定に必要な強制処分を許容するものであるが、被疑者が採尿に応じない場合には、直接強制までは認めていないため、限界があった（鑑定処分としての身体検査を行う場合、225条4項は168条6項を準用しているが、172条を準用していない）。両者を併用する見解も、強制処分法定主義に反するとの批判があった。

　判例は、強制採尿が身体に対する侵入行為であるとともに屈辱感等の精神的打撃を与える行為だとしても、医師等によって適切に行われれば身

体・健康上の障害をもたらす危険性は乏しく、検証としての身体検査でも同様の屈辱感等の精神的打撃を与える場合がありうる以上は、強制採尿を絶対に許されないとすべき理由はないとした。その上で、被疑事件の重大性、嫌疑の存在、当該証拠の重要性とその取得の必要性、適当な代替手段の不存在等の事情に照らし、犯罪の捜査上真にやむを得ないと認められる場合には、最終的手段として、適切な法律上の手続を経てこれを行うことも許されると判断した。令状の種類については、体内に存在する尿を犯罪の証拠物として強制的に採取する行為が、捜索差押えの性質を有するものとみるべきだとして、「捜索差押令状を必要とする」とした。その代わり、身体に対する処分である点において、身体検査と共通の性質を有しているため、身体検査令状に関する刑訴法218条6項を準用して、令状の記載要件として強制採尿は医師をして医学的に相当と認められる方法により行わせなければならない旨の条件の記載が不可欠だとした (最決昭和55・10・23刑集34-5-300〔百選27番事件〕)。判例の示した条件付捜索差押令状は、しばしば強制採尿令状と呼ばれている。

その後、採尿に適した場所にいない被疑者を、採尿の適する場所まで連行することの可否も問題となった。強制採尿令状そのものは、連行まで許容する令状ではなかったからである。判例は、身体を拘束されていない被疑者を採尿場所へ任意に同行させることが事実上不可能であると認められる場合には、強制採尿令状の効力として、採尿に適する最寄りの場所まで被疑者を連行することができるとした上で、連行の際には必要最小限度の有形力を行使することができると判断した (最決平成6・9・16刑集48-6-420〔百選28番事件〕)。連行ができる理由については、裁判官が強制採尿令状の審査の際に連行権限を捜査機関に授権したとの見解と、強制採尿が認められた時点で、強制採尿のための必要となる連行を含む各種の付随的な措置は当然に授権されるとする見解が主張されている。なお、そもそも強制採尿やそのための連行が、強制処分法定主義に反するとの批判もある。いずれにせよ、実務上は強制採尿令状のために定型化した書式が用いられており、定着した運用になっている (図2-3)。

飲酒運転による交通事故事件において、被疑者の承諾なく採血を行う場合 (強制採血) については、尿とは異なり血液が生体の一部であり、かつ注

_____ 捜 索 差 押 許 可 状 _____	
被疑者の氏名及び年齢	水 道 橋　太 郎 　　　　　　　平成 3 年 9 月 2 日生（27 歳）
罪　　　　名	覚せい剤取締法違反
捜索すべき場所，身体又は物	被疑者の身体
差し押さえるべき物	尿若干量
捜 索 差 押 えに 関 す る 条 件	1　強制採尿は，医師をして医学的に相当と認められる方法により行わせなければならない。 2　強制採尿のために必要があるときは，被疑者を適する最寄りの場所まで連行することができる。
請求者の官公職氏名	神田警察署 　　司法警察員警部　麹 町 次 郎
有 効 期 間	平成 30 年 6 月 30 日まで

　有効期間経過後は，この令状により捜索又は差押えに着手することができない。この場合には，これを当裁判所に返還しなければならない。
　有効期間内であっても，捜索又は差押えの必要がなくなったときは，直ちにこれを当裁判所に返還しなければならない。

　被疑者に対する上記被疑事件について，上記のとおり捜索及び差押えをすることを許可する。
　　　　平成 30 年 6 月 23 日
　　　　　　　東 京 地 方 裁 判 所
　　　　　　　　　裁 判 官　霞ヶ関 三 郎　㊞

図 2-3　強制採尿令状

射器等によって体内に侵襲するという態様で行われることを理由として、実務上は身体検査令状と鑑定処分許可状の併用によって執行されている（仙台高判昭和47・1・25刑月4-1-14〔百選A8事件〕参照）。また、被疑者が隠匿を目的として、覚せい剤入りの袋を嚥下する等した場合等のように、体内から早急に嚥下物を下剤や吐剤によって排出する必要があるときには、医療的措置を伴うため、捜索差押令状のみならず鑑定処分許可状を併用すべきだと解するのが多数説である。

[7] 電磁的記録の捜索・押収

　差押えの対象は、証拠物または没収すべきと思われる物（222条1項・99条1項）であり、有体物である。しかし、パソコン（電子計算機）やインターネット（電気通信回路）が発達した結果、無体物であるデータ（電磁的記録）も重要な証拠となった。データが有体物である記録媒体に記録された場合には、差押えの対象となる上、必要があればデータを紙媒体に印刷すれば、その紙媒体を差し押さえることも可能である。しかし、データが膨大である場合や、有体物たる記録媒体に保存されておらず、インターネット上のクラウド等に保管されている場合などの対応が問題となる。

　まず、記録命令付差押えは、電磁的記録を保管する者その他電磁的記録を利用する権限を有する者の協力が見込まれる場合に、その者に命じて、必要な電磁的記録のみをUSBメモリ等の記録媒体に記録または印刷させた上で、当該記録媒体を差し押さえる方法である（218条1項・99条の2）。これにより、サーバ等に膨大なデータを保管されている場合に、捜査機関がサーバそのものを差し押さえたり、長時間にわたり捜査機関が被疑事件に関連するデータを発見するためにサーバを現場で使い続けたりすることによって、事業者等に過大な負担を負わせるような事態を回避できる。

　また、処分を受ける者の協力が得られない場合には、電磁的記録に係る記録媒体の差押え代替処分を行うことができる。これは、捜査機関が犯罪事実に関連するデータを特定した上で、それを記録媒体に当該データを複写して、その記録媒体を差し押さえるという処分である（110条の2）。

　その他にも、差押対象物がパソコン等の電子計算機であるときには、当該電子計算機とネットワークで接続されたサーバ等に記録されている電磁

的記録を、当該電子計算機または他の記録媒体に複写した上で、当該電子計算機または他の記録媒体を差し押さえることができる（218条2項・99条2項）。しばしばリモートアクセスと呼ばれる。

なお、これら処分の前提として、捜査機関は、専門的知識を有する者に対して、電子計算機の操作その他の必要な協力を要請することができる（222条1項・111条の2）。また、プロバイダ等の事業者に対して、通信履歴の電磁的記録のうち必要なものを特定し、30日を超えない期間を定めて、これを消去しないよう書面で求める通信履歴の保全を要請することができる。特に必要があれば期間は30日を超えない範囲内で延長することができ、通じて60日間を超えることはできない（197条3項・4項）。

パソコン等の電子計算機や、DVD等の電子記録媒体を差し押さえる場合には、外観だけではデータ内容の確認ができない（可読性がない）。そのため、被疑事実に関連するデータだけを取り出して押収することが困難な場合がある。この場合に、内容を確認せずにパソコンや電子記録媒体をまとめて差し押さえると、被疑事実と関連性のない物件を差し押さえる可能性が生じる点で、議論がある。判例は、宗教団体が組織的に電磁的公正証書原本不実記載・同供用を行った嫌疑があるとして、捜査機関が「磁気記録テープ、光磁気ディスク、フロッピーディスク、パソコン一式」等と記載された捜索差押令状により、パソコン1台およびフロッピーディスク約100枚を、その内容を一切確認することなく、すべて差し押さえた事案について判断している。そこでは、令状により差し押さえようとするパソコンやフロッピーディスク等の中に被疑事実に関する情報が記録されている蓋然性が認められる場合において、そのような情報が実際に記録されているかをその場で確認していたのでは記録された情報を損壊される危険があるときは、内容を確認することなしに上記パソコンやフロッピーディスク等を差し押さえることが許されるとしている（最決平成10・5・1刑集52-4-275〔百選22番事件〕）。もっとも、被疑事実の関連性を緩和することになり、憲法35条の「正当な理由」により要求される被疑事実の関連性の程度を、事案ごとに変動させることには問題があるとの批判もある。

[8] 令状によらない捜索・差押え・検証

　憲法35条は、令状主義の保障について「33条の場合」を除外している。憲法33条は逮捕に関する規定である。これを受けて、刑事訴訟法は、被疑者を逮捕する場合において必要があるときに、無令状で捜索・差押え・検証をすることができる旨を定めている（220条1項）。具体的には、第1に、逮捕のために必要があるときには、捜索するための令状がなくても、人の住居、人の看守する邸宅、建造物あるいは船舶内に入って、被疑者の捜索をすることができる（220条1項1号・同条3項）。第2に、逮捕のために必要があるときには、「逮捕の現場」であれば、令状なく捜索・差押え・検証をすることができる（220条1項2号・同条3項）。ただし、条文上、逮捕に伴う記録命令付差押えやリモートアクセスによる差押えはできない。

　逮捕に伴って、無令状での捜索差押えが許容される理由については、伝統的には、①逮捕現場には証拠物が存在する蓋然性があるため、令状審査を要しないこと、②逮捕の現場では被疑者等による証拠隠滅・破壊のおそれが高いこと、③被疑者が抵抗するおそれがあり、逮捕執行者の身体の安全を確保する必要があることが挙げられ、そのうちのいずれに力点を置くかによって、異なる見解が主張されてきた。いずれの見解も、逮捕理由たる被疑事実についてのみ、無令状での差押え・検証を許容する点は一致しているが、特に「逮捕の現場」という文言にどの程度の広がりを持たせるかについて、議論がなされてきたと言える（場所的限界）。

　相当説は、逮捕現場に証拠物が存在する蓋然性が高いことを強調する。その結果、捜索差押令状が発付されれば許容されるであろう範囲、すなわち、逮捕現場と同一の管理権が及ぶ範囲で、一律に無令状の捜索ができるとする。これに対して、伝統的な緊急処分説は、被逮捕者による証拠隠滅の防止、逮捕執行者の身体の安全確保を強調して、被逮捕者の手の届く範囲で無令状の捜索をなしうると主張する。もっとも、近時は緊急処分説を修正して、第三者による証拠隠滅の可能性が具体的に認定できれば、個別具体的な事情によって捜索範囲が拡張されるとして、最大で相当説と同じく同一管理権の範囲内まで許容される場合があるとする見解もある。さらに、逮捕執行者の安全確保のための措置は、220条1項による処分ではなく、逮捕完遂のための付随的措置として個別具体的な条文がなくても当然

に許容されるとする見解も主張されている。近時は、証拠物が存在する蓋然性の程度は、被疑者が逮捕される場所によっても異なるとして、被疑者宅での逮捕であれば相当説、第三者宅での逮捕であれば修正された緊急処分説によって説明する見解もある。

　まず、「逮捕する場合」の意義について、判例は、捜査機関が大麻取締法違反の嫌疑で緊急逮捕するために被疑者方に向かったところ、被疑者が留守であったため、被疑者が帰宅したら直ちに逮捕する態勢を保ったまま、被疑者の17歳の長女を立会人として被疑者方の捜索を開始してヘロイン等を発見して差し押さえて、捜索終了間近に被疑者が帰宅したので同人を緊急逮捕した事案について、無令状捜索差押えと逮捕との間の時間的接着は必要だとしつつ、逮捕着手時の前後関係は、これを問わないとして、無令状捜索差押えが逮捕よりも先に行われたことを適法と判断している（最大判昭和36・6・7刑集15-6-915〔百選A7事件〕）。もっとも、被疑者が無令状捜索差押えの終了間近に帰宅したという偶然性に依拠して適法としたことについて、批判もある。また、緊急処分説を主張する論者の中には、逮捕着手後でなければ、被疑者による証拠隠滅等のおそれが発生しないため、逮捕着手後でなければ220条1項2号の捜索差押えは許されない、とする見解もある。

　次に、「逮捕の現場」の意義について、裁判例は、ホテル5階の待合所で被疑者を大麻所持の現行犯人として逮捕した後、被疑者から7階の自ら宿泊していた客室に所持品があるので持っていきたいとの申出を受けて、同客室に赴き、そこで無令状のまま捜索を行って同宿者の大麻を発見して差し押さえた事案について、「逮捕の現場」から時間的・場所的かつ合理的範囲を超えた違法なものであると断定し去ることはできないとして、適法としている（東京高判昭和44・6・20判タ243-262〔百選23番事件〕）。もっとも、ホテル5階待合所と7階の被疑者宿泊先である客室は、管理権が異なるため、緊急処分説であっても相当説であっても違法と評価されるはずであるとして、この裁判例に対しては批判が強い。また、裁判例の中には、乙方から出てきた甲が覚せい剤を所持しているのを発見した警察官が、甲に対して職務質問を行い、それを継続するために乙宅へ移動して立ち入り、乙宅内を無令状で捜索した上で覚せい剤を発見し、甲と乙を現行犯人として逮捕

した事案について、「逮捕の現場」とは、逮捕した場所との同一性を意味する概念だとしつつも、被疑者を逮捕した場所でありさえすれば、常に逮捕に伴う捜索等が許されると解することはできないとして、無令状捜索差押えを違法としたものがある（福岡高判平成5・3・8判タ834-275〔百選24番事件〕）。

なお、公道上等で逮捕した被疑者の身体や所持品を捜索する場合、交通の往来などのため、逮捕の現場で直ちに無令状で捜索差押えを行うには適さない状況であることがある。そのような場合に、無令状捜索等を行うのに適した場所まで被疑者を連行した上で、無令状捜索差押えを行うことは許されるか。220条1項が無令状捜索差押えのための連行について、特に規定を設けていないため、問題となる。判例は、準現行犯逮捕の1時間後に、逮捕現場から約300メートルないし約3キロメートル離れた場所で所持品を差し押さえた事案について、逮捕した被疑者の身体または所持品に対する捜索差押えである場合は、逮捕現場付近の状況に照らし、被疑者の名誉等を害し、被疑者らの抵抗による混乱を生じ、または現場付近の交通を妨げるおそれがあるといった事情のため、その場で直ちに捜索差押えを実施することが適当でないときには、速やかに被疑者を捜索差押えの実施に適する最寄りの場所まで連行した上で実施することも、「逮捕の現場」における捜索差押えと同視することができ、適法な処分と解するのが相当だとしている（最決平成8・1・29刑集50-1-1〔百選25番事件〕）。逮捕に伴う無令状捜索差押えを行うための付随的措置として、連行が許容されたと説明する見解等が主張されている。

[9] 鑑定

検察官、検察事務官または司法警察職員は、犯罪の捜査をするについて必要があるときは、被疑者以外の者に鑑定、通訳または翻訳を嘱託することができる（223条1項）。鑑定とは、特別の知識経験に基づく意見・判断の報告をいう。通訳・翻訳も鑑定の一種だと言える。捜査機関によって、223条1項に基づき鑑定の嘱託を受けた者は、鑑定受託者と呼ばれる。裁判所が鑑定を依頼する場合は鑑定人と呼ばれる（165条）。鑑定人の場合は、宣誓義務があり（166条）、虚偽の鑑定をすれば虚偽鑑定罪により処罰される（刑171条）。しかし、鑑定受託者には宣誓義務はない。

鑑定人・鑑定受託者は、必要があるときは、人の住居や人の看取する邸宅・建造物または船舶内への立入り、身体検査、死体解剖、墳墓発掘、物の損壊をすることができる（168条1項・225条1項）。このように鑑定に必要な強制処分を、鑑定処分と呼ぶ。鑑定処分を行うには、裁判官が発した鑑定処分許可状が必要となる（168条2項・225条3項）。

鑑定人が身体検査を行う場合、裁判官に請求すれば、裁判官が身体検査を間接強制ないし直接強制をすることができる（172条・137条以下）。鑑定受託者の場合は、強制採尿の項で触れた通り身体検査の間接強制はできるが、直接強制はできない。また、鑑定人・鑑定受託者は、人の心神または身体の鑑定を行うために必要がある場合に、期間を定め、病院のその他の相当な場所に被疑者を留置することができる（167条1項・224条1項）。これを鑑定留置と呼ぶ。

[10] 証人尋問

被疑者以外の者に対して、捜査機関は出頭を求めて、取調べを行うことができる（223条1項）。被疑者以外の者が、捜査機関からの出頭を拒否し続ける場合、出頭したものの供述しない場合、あるいは捜査機関が被疑者以外の者から供述を録取して作成した供述調書について、被疑者以外の者が署名・押印を拒否している場合に、供述証拠を確保するために行われるのが、第1回公判期日前の証人尋問の請求である。

検察官は、犯罪の捜査に欠くことのできない知識を有すると明らかに認められる者が、223条1項に基づく参考人取調べに対して、出頭または供述を拒んだ場合には、第1回公判期日前に限って、裁判官に対して、証人尋問を請求することができる（226条1項）。また、223条1項に基づく参考人取調べに際して任意の供述をした者が、公判期日においては前にした供述と異なる供述をするおそれがあり、かつ、その者の供述が犯罪の証明に欠くことができないと認められる場合にも、第1回公判期日前に限って、やはり裁判官に対して証人尋問を請求することができる（227条1項）。いずれの制度も、第1回公判期日前に限られているのは、第1回公判期日以降、つまり公判手続が実質的に開始された後は、公判において証人尋問すべきだからである。捜査の一環として行われるため、被疑者・被告人およ

び弁護人に立会権はないとされている。ただし、裁判官が捜査に支障がないと認めるときは、被疑者および弁護人を立ち会わせることができる（228条2項）。

上記の請求に基づく証人尋問においては、証人として出頭・宣誓・証言の義務を負う（228条1項と準用条文参照）。そのため、強制捜査に当たる。この尋問で得られた供述は、証人尋問調書に録取される。321条1項1号の要件を充たした場合には、公判で証拠として用いることができるが、近時の実務では利用頻度が増えつつある。

4 特殊な捜査の方法

A　おとり捜査（コントロールド・デリバリー）

おとり捜査とは、捜査機関またはその依頼を受けた捜査協力者が、その身分や意図を相手方に秘して犯罪を実行するように働き掛け、相手方がこれに応じて犯罪の実行に出たところで現行犯逮捕等により検挙するものをいう。例として、覚せい剤の売買をしている被疑者に対して、捜査機関が身分を秘匿して買い手を装って連絡を取り、被疑者が覚せい剤を持参して現場にやってきたところを覚せい剤所持の現行犯人として逮捕するような場合がこれに該当する。

おとり捜査については、そもそも被制約利益が何かという点に議論がある。おとり捜査の対象となる者を錯誤に陥れて、犯罪を実行するように働きかける点を捉えて、対象者の意思決定の自由を制約するとする見解がある一方で、対象者自らの意思で犯罪の実行に至っている点では意思決定の自由の侵害はなく、むしろ国家が犯罪を創出する点や、おとり捜査により発生した犯罪によって第三者の法益が侵害される点が被制約利益だとする見解も主張されている。

判例は、被制約利益を明らかにすることなく、おとり捜査が許容される場合について、次のように判断した。すなわち、少なくとも、直接の被害者がいない薬物犯罪等の捜査において、通常の捜査方法のみでは当該犯罪

の摘発が困難である場合に、機会があれば犯罪を行う意思があると疑われる者を対象におとり捜査を行うことは、刑事訴訟法197条1項に基づく任意捜査として許容されるとしている（最決平成16・7・12刑集58-5-333〔百選10番事件〕）。なお、この判例の事案は、被告人側が違法収集証拠排除法則の適用を主張した事案であるが、判例はこの申立て自体が不当だとはしていない。そのため、違法なおとり捜査については、違法収集証拠排除法則を適用できるものと考えられる。下級審の裁判例では、証拠排除を認めたものがある（札幌地決平成28・3・3判時2319-136）。他方で、違法なおとり捜査の場合には、公訴提起の手続そのものが違法となるとして、公訴棄却すべきだとの見解（338条4号）、違法なおとり捜査を行った国家は処罰適格を欠くので、公訴権が消滅する場合に準じるべきだとして、免訴判決を言い渡すべきだとする見解（337条）も主張されている。

　また、おとり捜査のように、捜査機関がその関与を秘匿して行う捜査手法として、コントロールド・デリバリーを挙げることができる。コントロールド・デリバリーとは、薬物やけん銃等の不正取引が行われるときに、捜査機関がその事情を知りながらも検挙を見送り、監視体制下に置いた上で、薬物やけん銃等の移動先を追跡し、不正取引に関与する人物を特定して検挙するための捜査手法である。捜査機関の働き掛けによって新たな犯罪が実行されるわけではないので、おとり捜査とは異なる。コントロールド・デリバリーは、法禁物をそのまま運搬させるライブ・コントロールド・デリバリーと、法禁物を抜き取って適法な物に入れ替えた上で運搬させるクリーン・コントロールド・デリバリーがある。後者の方が、梱包物を開披して中身を入れ替える点で、権利制約性の大きさが問題になりやすいとする見解もある。いずれの手法とも麻薬特例法等の特別法に規定がある。その適否は、一般的な任意捜査の判断枠組みである比例原則のもとで判断されるべきだとされている。他に、下級審の裁判例で、車上荒らしの事案において、捜査機関やその依頼を受けた捜査協力者が、捜査対象者が自己等に対する犯罪を実行しやすい状況を秘密裡に作出した上で、同対象者がこれに対して犯罪の実行に出たところで現行犯逮捕等により検挙する捜査手法、いわゆる「なりすまし捜査」が行われたことについて、おとり捜査に関する判例の判断枠組みを援用し、当該捜査を行う必要性がなかったこ

とを理由に違法とした事例がある（鹿児島地加治木支判平成29・3・24判時2343-107）。

B 写真撮影・ビデオカメラ撮影

　捜査機関が公道上にいる被疑者等の容ぼうを写真・ビデオカメラ等で撮影する行為については、強制処分に当たるとの見解や、新しい強制処分だとして刑事訴訟法197条1項ただし書の強制処分法定主義は訓示規定だとして、憲法31条のもとで裁判所が要件を設定すべきだとの見解もある。現在の多数説は、公道上においては被撮影者の肖像権やプライバシー等の保護の必要性が低下しているため、重要な権利利益の実質的な制約ないし侵害には当たらないとして、公道上での写真撮影等は任意処分だとする理解に立っている。もっとも、高機能なカメラで、通常人ならば視認できないような場所や状況を撮影する場合には、強制処分に該当する場合があるとの指摘もなされている。

　判例は、捜査機関が公道上でデモ行進をしている者を写真撮影した事案について、何人も、その承諾なしに、みだりにその容ぼう・姿態を撮影されない自由があるとして、警察官が正当な理由もないのに、個人の容ぼう等を撮影することは、憲法13条の趣旨に反し、許されないとしつつ、現行犯または準現行犯人の場合で、証拠保全の必要性・緊急があり、撮影方法が相当である場合であれば、令状等を要さずに撮影することができると説示した（最大判昭和44・12・24刑集23-12-1625）。なお、この判例は、公道上の写真撮影が強制処分か任意処分かは明示的に判断していない。

　その後、判例は、強盗殺人被疑事件において、現金自動預払機（ATM）に写った犯人の映像と被疑者との同一性を判断するために、パチンコ店内等にいた被疑者を捜査機関がビデオカメラで撮影した事案について、任意捜査として許容される旨を説示した。すなわち、捜査機関において被告人が犯人である疑いを持つ合理的な理由が存在していたと認められ、かつ、犯人特定のための重要な判断に必要な証拠資料を入手するため、これに必要な限度において、公道上を歩いている被告人の容ぼう等を撮影し、あるいは不特定多数の客が集まるパチンコ店内において被告人の容ぼう等を撮影したものであり、いずれも、通常、人が他人から容ぼう等を観察されるこ

と自体は受忍せざるを得ない場所におけるものだと認定した。その上で、捜査目的を達成するため、必要な範囲において、かつ、相当な方法によって行われたものなので適法だとした〈前掲最決平成20・4・15〉。実質的には、比例原則によって判断したものと言える。なお、下級審の裁判例には、毎日被疑者宅の玄関口を24時間撮影し、これを連続して、7か月半にわたり行った事案について、任意捜査として相当と認められる範囲を逸脱した違法なものとしたものがある〈さいたま地判平成30・5・10〈LEX/DB25560354〉〉。

公道上を走行する自動車について、自動速度違反取締装置〈いわゆるオービス等〉や、自動車ナンバー自動読取システム〈Nシステム〉で写真撮影をすることについて、判例・裁判例はいずれも適法と判断している〈最判昭和61・2・14刑集40-1-48、東京高判平成17・1・19高刑58-1-1〉。他に、捜索差押えの執行時の写真撮影については、既に述べた通りここでの議論とは前提が異なる点で、注意を要する。

他方で、荷送人・荷受人の承諾なく、宅配便業者から借り受けた梱包物の中身を、外部からエックス線を照射して検査・撮影する行為〈エックス線検査〉について、判例は、射影によって荷物の内容物の形状や性質をうかがい知ることができる上、内容物によってはその品目等を相当程度具体的に特定することも可能であって、荷送人と荷受人の内容物に対するプライバシー等を大きく侵害するものであるから、検証としての性質を有する強制処分に当たるとしている〈最決平成21・9・28刑集63-7-868〔百選29番事件〕〉。

C GPS捜査

捜査機関が、対象者の位置情報を取得して、その動静を監視し、犯罪事件への関与の有無を確認したり、事件後に逃走する対象者を追跡したりするために用いる場合がある。位置情報を取得するためにしばしば用いられるのが、全地球測位システム〈いわゆるGPS〉である。尾行と異なり、失尾する可能性が低く、かつ人的にも経済的にも低いコストで位置情報を取得できる点に特色がある。このGPS機能を有する端末を、捜査機関が被疑者の車両に秘密裡に装着して、被疑者の動静を監視する行為については、学説上、尾行と同じく任意処分とする見解や、監視が継続的かつ網羅的に行われた場合にのみ重要な権利利益の実質的な侵害に至って強制処分に当た

るとする見解、監視期間の長短を問わずに正確な位置情報が網羅的に取得される点で重要な権利利益の実質的な侵害に当たるため強制処分だとする見解等が主張された。

　判例は、GPS 端末の装着が、①公道上のもののみならず、個人のプライバシーが強く保護されるべき場所や空間に関わるものも含めて、対象車両およびその使用者の所在と移動状況を逐一把握することを可能にする点、②個人の行動を継続的、網羅的に把握することを必然的に伴うから、個人のプライバシーを侵害しうるものである点、③以上のような侵害を可能とする機器をその所持品に密かに装着することによって行う点を挙げて、公道上での尾行や写真撮影とは異なり、公権力による私的領域への侵入を伴うとした。そして、憲法 35 条の保障に含まれるところの、私的領域に「侵入」されることのない権利を、合理的に推認される個人の意思に反して侵害する点で、強制処分に当たるとした。さらに判例は、GPS 捜査は、情報機器の画面表示を読み取って対象車両の所在と移動状況を把握する点では刑訴法上の「検証」と同様の性質を有するものの、対象車両に GPS 端末を取り付けることにより対象車両およびその使用者の所在の検索を行う点において、「検証」では捉えきれない性質を有するとして、その特質に着目して憲法、刑訴法の諸原則に適合する立法的な措置が講じられることが望ましいと説示した（最大判平成 29・3・15 刑集 71-3-279〔百選 30 番事件〕）。立法的措置が必要とされた理由は、第 1 に捜査機関が被疑事実と関連性のある位置情報のみを選別して取得できず、それを可能とするような裁判官の司法審査や令状の発付が現行法の仕組みでは困難なこと、第 2 に対象者に受忍すべき範囲を明確に示すことが困難であること、第 3 に秘密裡に行うのが通常であり、事前に令状を示すことは想定できず、それに代わる公正性を担保する仕組みがないことにあると考えられる。

　なお、携帯電話やスマートフォンに内蔵されている GPS 機能により位置情報が携帯電話会社等に蓄積されている場合や、携帯電話基地局に携帯電話の位置情報が蓄積されている場合は、実務上は検証令状または捜索差押令状を携帯電話会社等に対して執行して、取得する場合がある（非装着型 GPS 捜査）。上記の判例のもとで、非装着型の GPS 捜査を立法的措置なく行うことの適否については、必ずしも明らかではない。

D　通信傍受

　通信傍受とは、犯罪の捜査のため、電話・ファックス・電子メールといった通信の当事者のいずれの同意も得ないで電気通信の傍受を行う処分を指す。後述するように、このような処分は強制処分に当たると解されているため、刑事訴訟法は通信傍受について「別の法律で定めるところによる」と定めて（222条の2）、犯罪捜査のための通信傍受に関する法律（通信傍受法）が制定されている。通信傍受法が制定される以前は、電話通信の傍受（盗聴）が強制処分に当たるか否か、検証令状によって電話を傍受できるか否か（個別具体的な立法を要するか否か）について議論があった。

　判例は、電話傍受は通信の秘密を侵害し、ひいては、個人のプライバシーを侵害する強制処分だとした。また、憲法上、電話通信の傍受が許容されるためには、犯罪の重大性、被疑者が罪を犯したと疑うに足りる十分な理由、当該電話により被疑事実に関する通話が行われる蓋然性、電話傍受以外の方法によってはその罪に関する重要かつ必要な証拠を得ることが著しく困難であること、電話傍受により侵害される利益の内容・程度を考慮し、なお電話傍受を行うことが犯罪の捜査上真にやむを得ないと認められるときで、法律の定める手続に従うことが必要だと説示した。また、捜査機関が検証令状で傍受したことについて、電話傍受が聴覚による会話の認識・把握という点で検証としての性質を有するとした。さらに、①裁判官は捜査機関提出の資料により当該電話傍受が上述した各要件を充たすか否かを事前に審査できること、②検証令状に傍受すべき場所・傍受対象となる電話回線・傍受実施の方法と場所・傍受ができる期間を、できる限り限定すれば、相当程度傍受対象を特定できること、③身体検査令状に関する218条6項を準用して、捜査機関以外の第三者を立ち会わせて、被疑事実と関連性のない通話内容の傍受を速やかに遮断する措置をとらせなければならない旨を、条件として付することができること、④傍受すべき通話に該当するかどうかが明らかでない通話について、判断に必要な限度で捜査機関が傍受することは刑事訴訟法129条の「必要な処分」に含まれることを挙げて、許容した（最決平成11・12・16刑集53-9-1327〔百選31番事件〕）。

　もっとも、学説上は、①被疑事実と関連性のない通話と、関連性のある通話を分別するための措置自体が、検証そのものと違いがなく、必要な処

分で賄うには問題があること、②不服申立ての手続が整備されていないこと等の指摘があり、通信傍受法の制定に至った（立法の過程においては、憲法違反だとの見解も有力に主張された）。

　通信傍受法が適用される対象犯罪は、薬物犯罪、銃器犯罪、集団密航、組織的殺人（通信傍受3条1項・別表第1）だったが、平成28（2016）年の改正により、殺傷犯（現住建造物等放火、殺人、傷害、傷害致死、爆発物の使用）、逮捕・監禁、略取・誘拐、窃盗、強盗、詐欺、恐喝、児童ポルノが追加された（同別表第2）。別表第2の罪については、「当該罪に当たる行為が、あらかじめ定められた役割の分担に従って行動する人の結合体により行われるもの」であると疑うに足りる状況があることも要する。これは、組織的な犯行の場合に限定する趣旨である（同3条1項）。

　通信傍受は、傍受令状によって行われるが、その請求権者は検事総長が指定する検事、国家公安委員会または都道府県公安委員会が指定する警視以上の警察官等に限定され、令状を発付する裁判官も地方裁判所の裁判官に限定されている（同4項1項）。傍受ができる期間は、令状発付時に10日以内の期間が定められ（同5条1項）、さらに10日以内の期間を定めて延長することができる。通じて30日を超えることはできない（同7条1項）。傍受の際には、傍受すべき通信に該当するかどうか明らかでないものは、その判断をするために、これに必要な最小限度の範囲に限り、当該通信の傍受をすることができる（同14条1項）。なお、傍受令状記載の被疑事実ではない一定の重大な犯罪を実行したこと、実行していることまたは実行することを内容とするものと明らかに認められる通信が行われたときは、当該通信の傍受をすることができる（同15条）。この場合、事後に裁判官による審査を受けなければならならず、傍受が許される要件に該当しない場合は、当該通信の傍受は取り消される（同27条1項6号・3項）。

　傍受記録に記録されている通信の当事者に対しては、傍受の終了後に、原則として30日以内に通信を傍受したこと等が通知される（同30条）。裁判官がした通信の傍受に関する裁判に不服がある者は、その裁判の取消しまたは変更を請求することができる（同33条1項）。

　なお、会話の一方当事者の承諾を得て、会話内容を録音する場合は、秘密録音と呼ばれる。学説上は、原則として違法とする見解や、逆に適法と

する見解、比例原則によって判断すべきとする見解等が主張されている。判例は、私人である新聞記者が取材のため被告人との会話を、被告人の承諾を得ずに秘密録音した事例（最決昭和56・11・20刑集35-8-797）、詐欺の被害者が被告人との会話を、被告人の承諾を得ずに秘密録音した事例（最決平成12・7・12刑集54-6-513）について、いずれも適法としている。また、裁判例には、警察官が相手方の承諾を得ずに、捜索差押えを執行した際の会話を録音した行為を適法としたものがある（千葉地判平成3・3・29判時1384-141〔百選9番事件〕）。

▮コラム▮ 通信傍受の合理化・効率化

　通信傍受法は、傍受令状の執行の際に、通信管理者の立会を求めていたため、通信管理者に重い負担を負わせる側面がありました。このこと自体が、通信傍受を行う際の事実上の障壁となっていたと言えます（そのこと自体を積極的に評価する見解もあります）。これに対して、平成28（2016）年改正は、通信傍受の合理化・効率化のための手続を設けました。第1に、通信を一時的に保存した上で、事後に捜査機関が傍受する制度が導入されました。通常は、通信時に捜査機関が通信の内容を傍受します。しかし、この制度のもとでは、裁判官の許可を受けた上で、通信管理者等に命じて、傍受の実施中に行われた通信を暗号化させた上でいったん保存させます。その後、通信管理者等に命じてこれを復号させ、通信管理者の立会のもとで再生して、その内容を聴取します（通信傍受20条・21条）。この制度によれば、通信管理者が必ずしも通信時に立ち会う必要はなく、事後的に復号して聴取する際に立ち会えば足りることになります。

　第2に、特定電子計算機を用いる通信傍受の実施が導入されました。この制度のもとでは、裁判官の許可を受けた上で、捜査機関が通信管理者等に命じて、傍受の実施中に行われた通信を暗号化させます。そして、捜査機関の施設等に設置された特定電子計算機に、暗号化した通信内容を伝送させ、捜査機関側でこれを受信すると同時に復号して、またはこれを受信すると同時にいったん保存した上で後に特定電子計算機を用いて復号して、再生して通信内容を聴取するというものです（同23条）。この手続では、通

信管理者等の立会人が不要となります。立会人の代わりに、傍受・再生した通信を自動的に暗号化しつつ記録するという特定電子計算機の機能が、適正性を担保することになると説明されています。もっとも、このことは、特定電子計算機の設定のあり方が適正性に影響することを意味します。今後の運用を注視する必要がありそうです。

5 捜査に対する被疑者の地位

A 捜査の理論的構造
[1] 糺問的捜査観と弾劾的捜査観

　捜査構造論とは、論者によっても意味合いが異なるが、わが国の捜査段階における捜査のあり方を理念型として示す営みである。昭和30 (1955) 年に平野龍一博士が主張した捜査構造論は、弾劾的捜査観と糺問的捜査観の対比によるものである。前者は、捜査段階の被疑者側と捜査機関とも、公判準備を行う対等な主体として扱う見方である。そこでは、強制処分は裁判所の権限であり、捜査機関はそれを執行するにとどまる。したがって令状は命令状としての性質を帯びる。これに対して後者は、捜査を捜査機関による被疑者取調べを中心として事実を解明する手続だと考えた上で、そのために捜査機関はその強制処分権限を行使できるものだと説明する。したがって令状は許可状としての性質を帯びる。また、前者の見方は取調べ受忍義務を否定する見方に馴染み、後者の見方は同義務を肯定する見方に馴染むとされた。捜査構造論は、戦後日本が新たな社会を構築しようとしていたときに、捜査手続の変革を企図し、その変革の方向性を示す羅針盤として主張された。

[2] 糺問的捜査観と弾劾的捜査観と現行法

　現行法の条文は、必ずしもいずれかの捜査観を徹底して採用しているわけではない。弾劾的捜査観を主張した平野龍一博士は、当事者主義が国家

権力を抑制しつつ被疑者・被告人の権利を保障するために採用された訴訟の構造であり、「憲法の趣旨に従って」現行刑訴法を解釈することによって弾劾的捜査観が導かれるという論理を提示した。現実の法運用を一定の方向に動かすための戦略として、このような理論を編み出したと言える。その方向性は、捜査段階の捜査機関の権限や公訴提起段階での検察官の訴追裁量を限定する一方で、公判で実質的な審理を行おうというものであった。刑事司法に関係する人々への負荷が、捜査段階に重くかけられている現状を変えて、公判段階により重い負荷をかけて捜査段階にかかる負荷を軽くしようというねらいがある。これにより、捜査段階から公判段階に至るまで、手続の当事者としての被疑者・被告人の地位を確立し、権利保障を実現しようとした。

　もっとも、弾劾的捜査観は、そこから論理一義的な帰結を導くものではなく、「基本的な考え方」である。したがって、弾劾的捜査観が特定の解釈論的な帰結を正当化するという関係にはない。弾劾的捜査観は、捜査と公判の関係について、制度設計のあり方の1つを示したものだと理解すべきである。

[3] 訴訟的捜査観
　以上のような見方に対して、異なる見方である、訴訟的構造論も主張された。この考え方によれば。捜査の目的は、起訴、不起訴の決定するために嫌疑の有無を明らかにし、起訴すべき必要があるかを決定することだとされる。捜査段階では、第一次的捜査機関である司法警察員と被疑者がそれぞれ証拠収集を行い、検察官は「公訴官たる立場」から客観的にその結果を判定するという訴訟に類した構造を持つ。その結果、被疑者の取調べは、「準当事者的な地位」のもとで防御権を行使する場面でもあるという位置付けが与えられる。また、起訴後の強制処分は起訴・不起訴の判断のためではないため許容されず、「客観的嫌疑」の存在が訴訟条件とされると説明される。さらに、捜査機関には、被疑者側にとって有利か不利かを問わず、証拠収集をすべき義務があるとされる。

　訴訟的構造論のように、公訴提起前に事件を綿密に選別するためには、検察官に強い証拠収集権限を与える必要がある。また、訴訟的構造論は、

公判手続を検察官の処分の確認をするための手続となり、その狙いに反して公判手続が形式化するおそれが生じる。これに対して、訴訟的構造論は、伝聞証拠禁止原則を厳格に適用すること等により、捜査段階の書証が公判に流入することを防げば、公判中心主義は維持できるという。しかし、検察官が綿密に選別する結果、多くの事件は、非公開の手続において実質的には事件の帰趨を決することになるのは否定しがたい。公判では一方当事者となる検察官が捜査段階で常に中立性を保ち、被疑者側の有利不利を問わずに証拠を収集し、判断することが可能かという問題もある。

いずれにせよ、捜査構造論の名のもとに主張された各見解は、捜査と公判の関係のあり方をめぐる、理念型を提示した点に意義がある。しかし、現行法の個々の条文の解釈は、捜査構造論のみで決着が着く問題ではなく、より具体的な個々の利益や、各条文の趣旨を踏まえて検討する必要がある。その上で、刑事司法制度全体を見渡して、制度を構想する際に、捜査構造論は有益な示唆を与えうるものだと言えるだろう。

B 捜査と被疑者側の防御活動

被疑者は捜査の終結時に不起訴処分を狙ったり、後の公判において無罪や軽い刑を求めて当事者として検察官と争ったりしうる立場にある以上、捜査段階においても被疑者としても種々の防御活動をする必要がある。

捜査段階においては、まず、法律の専門家である弁護人を選任し、弁護人の援助を受ける権利が保障されている。これを弁護人選任権と呼ぶ。被疑者は弁護人を通じて、種々の法的手段を行使しうる。また、後述するように、被疑者は取調べにおいて黙秘権を行使しうる（198条2項）。

また、被疑者・弁護人も、自らに有利な証拠を収集する必要がある。その手段として、証拠保全請求がある。あらかじめ証拠を保全しておかなければ、その証拠を使用することが困難となる事情があるときに、裁判官に対して、押収、捜索、検証、証人尋問、鑑定処分を請求することができる（179条）。なお、起訴後も第1回公判期日前まで、被告人も証拠保全請求をなしうる。

C 被疑者取調べと黙秘権
[1] 被疑者の取調べ

　検察官、検察事務官または司法警察職員は、犯罪の捜査をするについて必要があるときは、被疑者の出頭を求めて、被疑者を取り調べることができる（198条1項）。逮捕・勾留されていない被疑者については、出頭を拒み、または出頭後、いつでも退去することができることに争いはない（198条1項ただし書）。被疑者の取調べに際しては、被疑者に対し、あらかじめ、自己の意思に反して供述する必要がない旨を告げなければならない（198条2項）。いわゆる黙秘権の告知である。被疑者が供述した場合には、捜査機関はその供述を調書に録取することができる（198条3項）。この調書は、供述調書と呼ばれる。供述調書が作成された後、被疑者に閲覧させ、または読み聞かせて、誤りの有無を確認する。被疑者が調書の記載内容について、増減の変更を申し立てたときは、その供述を調書に録取しなければならない（198条4項）。被疑者が、調書に誤りのないことを申し立てたときは、捜査機関はその調書に署名押印することを求めることができる。ここで被疑者が署名押印をすると、後の公判において証拠として用いられることが可能になるため（322条1項）、被疑者にとっては重要な行為である。

　取調べにより捜査機関が被疑者の自白を得て調書を作成し、その供述調書に被疑者の署名押印を得た場合、捜査機関・検察官にとっては、後の公判において有罪を立証するための重要な証拠となる。他方で、逮捕とそれに引き続く起訴前の勾留には、時間ないし期間の制限がある。そこで、自白を獲得する可能性を高めるために、捜査機関が被疑者を逮捕・勾留する前に、被疑者の取調べを長時間にわたり、あるいは宿泊を伴って行うことがあり、その行為の適否が争われる場合がある。

　まず、宿泊を伴う取調べについて、判例は、殺人事件の被疑者から宿泊を求める上申書を提出させた上で、4泊5日にわたり警察署近くのホテルに宿泊させ、警察官も同宿して被疑者の動静を監視した状態で、連日取調べを行った事案について、取調べは強制手段によることができないというだけでなく、さらに、事案の性質、被疑者に対する容疑の程度、被疑者の態度等諸般の事情を勘案して、社会通念上相当と認められる方法ないし態様および限度において、許容されるとした（最決昭和59・2・29刑集38-3-479頁

〔百選6番事件〕)。また、下級審の裁判例においては、殺人事件の被疑者を9泊10日にわたって警察官の監視を付し、警察官宿舎やビジネスホテル等に宿泊させ、連日取調べを行った事案について、社会通念に照らしてあまりにも行き過ぎであり、任意捜査として許容される限界を超えた違法なものだとした(東京高判平成14・9・4判時1808-144〔百選73番事件〕)。他方で22時間という長時間にわたって不眠のまま徹夜で被疑者を取り調べた事案について、適法とした判例もある(最決平成1・7・4刑集43-7-581〔百選7番事件〕)。

　取調べは任意捜査であるため、比例原則によって適否が判断されるべきだとする見解が有力であるが、取調べの被制約利益が何かについて議論がある。宿泊を伴う取調べ等においては被疑者の意思決定の自由が制約されるとする見解、取調べに応じることで生じる心身の苦痛・疲労といった事実上の負担や不利益が被制約利益だとする見解、被疑者が取調べに自ら応じている以上は被疑者自身の被制約利益は観念できないとして、捜査機関に対する行為規範を判例が示したのだとする見解等が主張されている。

　ここまでの議論は、逮捕・勾留されていない被疑者に対する取調べにおけるものである。刑事訴訟法198条1項ただし書によれば、被疑者は、「逮捕又は勾留されている場合を除いては」、出頭を拒み、または出頭後いつでも退去することができる。この文言に反対解釈を施すことで、捜査実務は、逮捕・勾留されている被疑者には、取調べへの出頭・滞留義務ないし取調べ受忍義務があるとしている。学説では、取調べ受忍義務を被疑者に課すと、自白するまで取調べが行われうる結果、黙秘権を侵害することになるとして、取調べ受忍義務を否定する見解が有力に主張されている。

　なお、平成28(2016)年の刑事訴訟法改正で、過度に被疑者・被告人の自白に依存した形で刑事司法が運営されている状況を変えることを目的として、取調べの録音・録画制度が導入された。裁判員裁判対象事件および検察官独自捜査事件のうち身柄拘束中の被疑者の取調べについて、録音・録画が義務付けるものである。検察官が公判において自白調書の証拠調請求し、被告人側が任意性を争う場合には、検察官は録音・録画の記録媒体も併せて証拠調請求しなければならない旨が定められた(301条の2)。

　もっとも、記録に必要な機器の故障その他のやむを得ない事情により、記録をすることができないときや、被疑者が記録を拒んだことその他の被

疑者の言動により、記録をしたならば被疑者が十分な供述をすることができないと認めるときには、録音・録画の義務は課されない（301条の2第4項）。

> **コラム** 取調べの録音・録画と証拠利用
>
> 　刑事訴訟法の改正によって導入された被疑者取調べの録音・録画制度においては、録音・録画媒体の用途は、主として被疑者の自白調書の任意性を証明することにあります。しかし、自白調書の代わりに、録音・録画媒体をそのまま証拠として用いて、被告人の犯人性や犯行態様等を自白調書ではなく録音・録画媒体によって証明することはできるでしょうか（このような使い方を、実質証拠として用いると表現します）。
>
> 　録音・録画媒体を実質証拠として用いることについては許されるという見解、映像の影響から自白が過大評価されるおそれを懸念して許容できないとする見解等が主張されています。下級審の裁判例では、公判審理手続が、捜査機関の管理下において行われた長時間にわたる被疑者取調べを、記録媒体の再生により視聴し、その適否を審査する手続と化す懸念があるとした上で、直接主義の原則から大きく逸脱し、捜査から独立した手続とは言い難い審理の仕組みになると、適正な公判審理手続と言えるか疑問があるとして、当該事案における録音・録画媒体の証拠調を行う必要性がないとしたものがあります（東京高判平成28・8・10判タ1429-132）。

　また、被疑者以外の者の供述を確保する手段として、協議合意制度も導入された。協議合意制度は、被疑者・被告人が共犯者等の他人（標的被告人）の刑事事件の捜査に協力して証拠（供述や証拠物等）を提供することと引き換えに、検察官が被疑者・被告人の事件を不起訴にしたり、起訴するとしても、より軽い罪種の訴因に変更したり、一定の軽い求刑をするなどの恩典を提供するというものである（350条の2以下）。いわゆる捜査協力型の司法取引だと表現される場合もある。

　この制度は、特に組織犯罪の立件を可能ならしめようとするものであるが、立案の過程において、被疑者・被告人が無実の者を標的被告人に仕立

て上げて、自らは恩典を得ようとする、いわゆる引っ張り込みの弊害も懸念された。そのため、協議合意制度の適用を一定の財政経済犯罪・薬物銃器犯罪に限定するとともに、検察官と被疑者・被告人の合意に当たっては、弁護人の同意も必要とされる（350条の3）。協議の過程においても弁護人が参加し（350条の4）、標的被告人の刑事事件について検察官が被疑者・被告人から供述を聴取する際にも、弁護人が同席する（350条の5）。被疑者・被告人が合意に違反して虚偽の供述等をした場合には、罰則もある（350条の15）。他方で、検察官が不起訴約束を履行せずに、合意相手の被疑者を起訴した場合には、裁判所は公訴棄却判決をしなければならない（350条の13）。また、互いに合意内容に違反する場合には、合意から離脱することが可能である（350条の10参照）。裁判所が協議合意によって得られた証拠の価値を慎重に判断できるように、協議合意がなされた場合には合意内容書面が作成され、被疑者・被告人自身の公判と、標的被告人の公判において、合意内容書面が証拠調請求される（350条の7以下）。これにより、裁判所は協議合意制度が用いられていることを把握し、慎重に証拠評価を行うことが期待される。もっとも、被疑者・被告人が協議合意に応じるか否かの判断を適切になしうるだけの情報が、被疑者・被告人に提供されるのか、被疑者・被告人が無実の第三者を標的にして協議合意をしようする場合に弁護人はそれを見抜いて対応できるのか等の問題も指摘されている。

[2] 黙秘権の意義

憲法38条1項は、自らの罪に関わりうる不利益な事実の供述を強要することを禁止する。これを自己負罪拒否特権と呼ぶ。それに対し、刑事訴訟法の諸条項は、「自己の意思に反して」供述する必要がない旨や「終始沈黙」できる旨を定める（198条2項・311条1項）。被疑者・被告人が一切の事柄について、包括的に沈黙できる旨を定めている。これを、黙秘権と呼ぶ。自己負罪拒否特権と黙秘権は、適用範囲が異なる。憲法38条1項は主語が「何人も」となっており、自己負罪拒否特権を行使できるのは、被疑者・被告人のみならず証人等も含まれる（146条参照）。これに対して、刑事訴訟法上の黙秘権を行使できるのは、被疑者・被告人である。

黙秘権の保障が求められる理由については、個人の尊厳に由来するとの

説明や、虚偽の自白による被疑者・被告人の不利益を防ぐ予防的な権利だとする説明、プライバシーの一種として供述するか否かを決定する自由として認められたとする説明等がある。

[3] 黙秘権の及ぶ範囲

被疑者・被告人には包括的な黙秘権が保障されているため、被疑者・被告人の氏名も黙秘権の対象になりうる。判例は、氏名の供述は原則として憲法38条1項に言う「自己に不利益な供述」には当たらないとして、氏名を黙秘したままの弁護人選任届を無効として却下しても、憲法38条1項に違反しないとしている（最大判昭和32・2・20刑集11-2-802）。氏名が明らかになれば累犯加重や常習犯が成立する場合や、共犯者の存在が明らかになる場合には、自己負罪拒否特権の対象になりうると思われる。

なお、供述以外の物的証拠の採取には、黙秘権は及ばないとするのが通説である。判例は、道路交通法上の呼気検査拒否罪の規定が憲法38条1項に違反するかどうかが問題となった事案において、呼気検査は、酒気を帯びて車両等を運転することの防止を目的として運転者らから呼気を採取してアルコール保有の程度を調査するものであって、その供述を得ようとするものではないから、右検査を拒んだ者を処罰する右道路交通法の規定は、憲法38条1項に違反するものではないとした（最判平成9・1・30刑集51-1-335〔百選A9事件〕）。

また、自ら起こした事故等について、警察やその他の行政機関に対する各種の届出・報告を義務付けている場合、自己負罪拒否特権を侵害しないか。判例は、自動車事故の報告義務（当時の道路交通取締法施行令67条2項、現行道路交通法72条1項参照）が問題となった事案において、刑事責任を問われるおそれのある事故原因その他の事項までは報告事項に含まれないこと等を理由として、自己負罪拒否特権の保障に反しないとした（最大判昭和37・5・2刑集16-5-495〔百選A10事件〕）。

[4] 黙秘権の効果

黙秘権を行使した事実それ自体から、裁判所が被告人に不利益な事実を推認することは原則として許されない、と考えられている。黙秘する動

機・理由は様々なものでありうるところ、黙秘した事実から殊更に被告人に不利益な事実を推認することには合理性がない。また、黙秘による不利益推認を許容すると、被疑者・被告人に供述を強要することにつながる可能性があり、黙秘権の保障を掘り崩す可能性もある。もっとも、公判廷における黙秘等の被告人の態度を、他の証拠の証拠価値を判断する補助事実として用いることはできるか否か、黙秘権を行使した事実自体を実質証拠として用いることがまったくできないのかについては、議論がある。

また、学説の中には、被疑者による黙秘権の行使が、捜査機関による取調べの継続を禁じる効果を生じさせると主張するものがある（黙秘権の取調べ遮断効）。捜査実務は取調べ受忍義務を肯定しているため、黙秘権の取調べ遮断効は認めていないように思われる。なお、公判において、被告人が明確に黙秘権を行使する意思を示しているにもかかわらず、検察官が延々と質問を続ける行為について、「黙秘権行使を危うくする」と説示した裁判例がある（札幌高判平成 14・3・19 判時 1803-147）。

D 被疑者と弁護人との接見交通権
[1] 接見交通権の意義

身体拘束を受けている被疑者・被告人は、弁護人または弁護人となろうとする者と、立会人なくして接見し、書類もしくは物の授受をすることができる（39 条 1 項）。これを接見交通権と呼ぶ。

被疑者・被告人と弁護人の間で信頼関係を構築し、防御方針を決定して防御準備を実効的に行うために保障されている。また、違法捜査を抑止し、あるいは早期に被害者等との間で損害回復を行うためにも、被疑者と弁護人との間の接見交通には意義がある。そもそも逮捕・勾留により身体を拘束されている被疑者は、外界との接点がなく、捜査機関から取調べを受ける状況に陥る。そのような状況が、被疑者にとっては短くはない期間にわたって継続するため、精神的にも追い込まれうる。そのため、憲法 34 条は、「何人も、理由を直ちに告げられ、且つ、直ちに弁護人を依頼する権利を与へられなければ、抑留又は拘禁されない」と定め、この弁護人依頼権を保障する趣旨を受けて、接見交通権が刑事訴訟法において定められている。

なお、これに対して、勾留されている被疑者・被告人は弁護人（または弁

護人となろうとする者）以外の者と、法令の範囲内で接見し、または書類若しくは物の授受をすることができる（80条）。これは一般面会とも呼ばれる。

[2] 接見指定制度

　弁護人等と逮捕・勾留されている被疑者との接見について、検察官、検察事務官または司法警察職員は、捜査のため必要があるときに、公訴の提起前に限り、接見または授受に関し、その日時、場所および時間を指定することができる（39条3項本文）。これを接見指定と呼ぶ。なお、一般面会の場合は、裁判官・裁判所は、逃亡しまたは罪証を隠滅すると疑うに足りる相当な理由があるときは、検察官の請求によりまたは職権で、勾留されている被疑者・被告人と弁護人以外の者との接見を禁じ、またはこれと授受すべき書類その他の物を検閲し、その授受を禁じ、もしくはこれを差し押さえることができる（81条）。

　このうち、弁護人と被疑者との接見の日時を捜査機関が指定することを認める39条3項については、合憲性が争われた。判例は、刑事訴訟法上の接見交通権は、憲法34条の趣旨にのっとり、身体拘束を受けている被疑者が弁護人等と相談し、その助言を受けるなど弁護人等から援助を受ける機会を確保する目的で設けられたものであり、憲法の保障に由来するものだとする一方で、弁護人との接見交通権が刑罰権ないし捜査権に絶対的に優先するような性質のものということはできないとした。接見交通権が憲法34条に「由来」する権利であり、憲法34条の弁護人選任権そのものではないがゆえに、刑罰権や捜査権と比較衡量ができるという理解を前提としているように読める。その上で、接見交通権の行使と捜査権の行使との間に合理的な調整を図らなければならないとして、身体拘束を受けている被疑者に対して弁護人からの援助を受ける機会を持つことを保障するという趣旨が実質的に損なわれない限りにおいて、39条3項は憲法34条に反しないとした（最大判平成11・3・24民集53-3-514〔百選33番事件〕）。

[3] 接見指定をめぐる争い

　刑事訴訟法39条3項は、「捜査のため必要があるとき」に司法警察職員等が接見の日時等を指定できる旨を定めている。この「捜査のため必要が

あるとき」の意義が問題となる。判例は、接見交通権の行使と捜査権の行使との間に合理的な調整を図らなければならないと説示したが、合理的な調整の内実がここで問われることになる。

　かつては抽象的に、罪証隠滅の予防や、取調べ等捜査を行うために捜査機関側に被疑者の身体を利用する必要があることを根拠に、接見を原則禁止とし、例外的に捜査機関が接見を許容できる場合にのみ被疑者・弁護人間の接見を認める見解（非限定説）が主張された。しかし、この見解によると、弁護人依頼権の実現が著しく困難になる上、弁護人による罪証隠滅を想定すること自体にも問題がある。そこで、捜査機関が被疑者の取調べ、検証、実況見分など実際に被疑者の身体を物理的に利用している最中またはその間近い予定が入っているときは、捜査機関が優先的に被疑者の身体を利用でき、そうではない場合には弁護人の接見を認めるとの見解（限定説）が主張された。

　判例は、弁護人等から接見等の申出を受けたときに、捜査機関が現に被疑者を取調べ中である場合や実況見分、検証等に立ち会わせている場合、また、間近い時に右取調べ等をする確実な予定があって、弁護人等の申出に沿った接見等を認めたのでは、右取調べ等が予定どおり開始できなくなるおそれがある場合などは、原則として取調べの中断等により捜査に顕著な支障が生ずる場合に当たり、接見指定を行うことが許されるとしている（最判平成3・5・10民集45-5-919、前掲最大判平成11・3・24）。

　もっとも判例は、「捜査のため必要があるとき」に該当する場合であったとしても、39条3項ただし書が「被疑者が防禦の準備をする権利を不当に制限するようなものであつてはならない」と定めていることから、接見指定の内容が39条3項ただし書にいう防御準備の不当な制限に当たるときには、接見指定が違法となる場合があるとしている。具体的には、逮捕直後の被疑者と弁護人になろうとする者との初回の接見について司法警察職員が日時を指定した事案について、弁護人から助言を受ける最初の機会であり、憲法34条の保障の出発点を成すものであるため、接見を速やかに行うことが被疑者の防御の準備のために特に重要だとした上で、捜査機関は即時または近接した時点での接見を認めても捜査に顕著な支障が生じるのを避けることが可能かどうかを検討し、これが可能なときは、留置施設の

管理運営上支障があるなど特段の事情のない限り、被疑者の引致直後の所要の手続を終えた後、たとえ比較的短時間であっても、時間を指定した上で即時または近接した時点での接見を認めるようにすべきだとした（最判平成12・6・13民集54-5-1635〔百選34番事件〕）。

なお起訴後は、被告人は訴訟当事者として、弁護人とともに訴訟準備を本格的に行う立場となる。そのため、捜査機関は被告事件を理由として接見指定をすることはできない（39条3項）。もっとも判例は、被告人に捜査中の余罪がある場合に、その余罪の捜査を理由として接見指定を行うことについては、被告事件について防御権の不当な制限にわたらない限りで許されるとしている（最決昭和55・4・28刑集34-3-178〔百選35番事件〕、最決平成13・2・7判時1737-148）。

[4] 秘密交通権

弁護人との接見交通は、捜査機関等の立会なくして接見できる（39条1項）。ここから、弁護人と被疑者・被告人の間の接見内容を、捜査機関に知られることなく接見できる権利を、特に秘密交通権とも呼ぶ。秘密交通権が保障されるのは、接見内容が捜査機関に知られることになれば、これを慮（おもんぱか）って被疑者・被告人と弁護人の情報伝達が差し控えられるという萎縮的効果が生じ、十分な防御ができなくなるおそれがあるからである。

秘密交通権が問題となる場面として、捜査機関が取調べの際に、勾留中の被疑者から弁護人との接見内容を聴取・録取することを挙げることができる。裁判例の中には、殺人被告事件で検察官が身体拘束中の被告人・被疑者から、弁護人との接見内容を聴取して供述調書にまとめ、証拠調請求した事案について判断したものがある。そこでは、報道機関に公表された内容については秘密性を消失しており、秘密交通権の侵害は認定できないとする一方、その余の接見内容で殺意の有無に関わる供述をした部分については秘密性が消失しておらず、その接見内容の聴取は被疑者と弁護人との間の意思疎通ないし情報伝達に萎縮的効果を及ぼすおそれがあるとして、違法とした。この裁判例はさらに、立証趣旨を「弁護士にも嘘をついたこと」として、聴取内容を含む供述調書を証拠調請求した点も、弁護人等と被疑者等の間の信頼関係を破壊するおそれのある行為であり違法だとして

いる（福岡高判平成 23・7・1 訟月 57-11-2467〔百選 36 番事件〕）。
　また、裁判例には、弁護人が被疑者等に対して送付した信書を検察官が押収することの適否が争われた事案もある。被疑者の手許にある弁護人からの信書も秘密交通権の保障範囲に含まれるかが、問題になった事案において、検察官が被告人の勾留場所を捜索して、被告人が接見内容や防御構想を書き留めたメモ類や弁護人との信書等を押収した行為においては検察官に過失が認められるとして、国賠法上の違法性を認定し、被告人と弁護人の国賠請求を認容している（大阪高判平成 28・4・22 判時 2315-61）。

E　違法・不当な捜査からの救済
[1]　捜査段階における救済
　逮捕に重大な違法がある場合については、勾留審査の際に勾留請求を認めないという形で救済されることがありうる。これは、逮捕前置主義の趣旨による。他方で、違法な勾留に対しては、準抗告をなしうる。判例は、逮捕について準抗告の申立てをすることは認めていない（最決昭和 57・8・27 刑集 36-6-726）。また、違法な押収に対しては、準抗告・押収物還付請求をなしうる。違法な接見の制限については、準抗告を申し立てることができる。

[2]　公訴提起ないし公判段階における救済
　公訴提起においては、違法捜査がなされたことを理由として公訴権の濫用があるとして、裁判所に公訴棄却判決（338 条 4 号）を求めうるとの見解がある。いわゆる公訴権濫用論の一場面である。もっとも、判例は違法な捜査が先行した上で公訴提起がなされた場合に公訴権濫用論を適用することについては、極めて慎重である（最判昭和 41・7・21 刑集 20-6-696〔百選 A15 事件〕参照）。
　また、公判においては、違法手続により収集された証拠は、証拠能力を認めない（裁判所は証拠として使用することができない）とする、違法収集証拠排除法則の主張をなしうる。違法収集証拠排除法則は、実務上もしばしば主張・適用されている。取調べに違法がある場合については、自白法則（あるいは違法収集証拠排除法則）によって自白の証拠能力を否定しうる（319 条 1 項）。

[3] その他の救済（違法捜査と刑の量定、国家賠償）

　検察官が公訴提起をした後に、裁判所が有罪判決を宣告する際に、被告人が違法捜査を受けたことを理由として刑を軽減できるか否かについては、議論がある。刑の量定が刑法上の責任を基礎として行われるべきだとする理解を前提とすると、違法捜査そのものは刑法上の責任とは無関係の事情であるため、考慮できないとする見解がある。他方で、248条が犯罪後の情況を考慮して公訴提起するか否かを検察官が判断することを許していることや、違法捜査を理由として政策的に証拠排除がなされれば無罪判決すら生じうることに鑑みれば、政策的に違法捜査を刑の量定に考慮することは許されるとする見解もある。下級審の裁判例の中には、違法捜査の存在を刑の量定において考慮することを肯定するものと（浦和地判平成1・12・21判タ723-257）、否定するもの（東京高判平成7・8・11判時1567-146）がある。

　違法捜査に対しては、他に行政法上の国家賠償請求訴訟を提訴することで、救済を受ける可能性がある。また、違法な捜査を行った捜査官の行為が犯罪行為に当たる場合には、その捜査官を告訴・告発したり、懲戒を請求したりする（国公82条、地公29条）という選択肢がある。

6　捜査の終結

A　警察官の処分による終結

　司法警察員は、検察官が指定した事件については、送致しなくてもよい（246条ただし書）。これを微罪処分と呼ぶ。微罪処分が許されるのは、成人による軽微な窃盗、詐欺、横領、賭博等で、被疑者が逮捕されておらず、告訴・告発・自首がされていない場合（242条・245条参照）である。また、交通反則事件において反則金が納付された場合も、検察官への送致はしなくてもよい。

B　検察官への送致

　司法警察員は、犯罪の捜査をしたときは、刑事訴訟法に特別の定めのあ

る場合（微罪処分の場合等）を除いて、速やかに書類および証拠物とともに事件を検察官に送致しなければならない（246条）。これを全件送致主義と呼ぶ。起訴・不起訴を決定する最終的な権限は検察官にしかないので、司法警察員は自ら事件を処理することは原則として許されない。

C 検察官の終結処分──起訴、不起訴、起訴猶予

検察官に事件が送致されると、検察官は「犯人の性格、年齢及び境遇、犯罪の軽重及び情状並びに犯罪後の情況」を考慮して、公訴提起するか否かを判断することができる。この検察官の判断は、裁量的に行うことができる（訴追裁量）。実務上は、検察官は特別予防等の観点も加味して判断している。検察官は、訴追が必要だと判断した事件を選別して起訴している。訴追できる事件であっても訴追を必要としないと判断して、公訴を提起しない場合を、起訴猶予と呼ぶ。また、検察官に送致された事件が証拠不十分である場合や、そもそも罪とならない場合にも、公訴は提起されないが、これは不起訴処分と呼ばれる。実務上は、起訴前に福祉的なプログラムを更生保護関係の諸機関、地方自治体、NPO等と調整し、プログラムを実施することに被疑者が応諾する場合には起訴猶予するという運用も見られる（入口支援）。

D 起訴後の捜査

検察官が公訴提起をすると、被疑者は被告人として訴訟の一方当事者となる。公判期日で審理が行われる以上、証拠の顕出は公判において行われるべきことになる。また、公訴が提起されると時効が停止されるところ（247条）、公訴提起後の捜査を許すと公訴時効制度が潜脱されるおそれもある。そのため、捜査機関が対立当事者である被告人に対して、公訴提起後に被告事件について捜査を行うことは、原則として許されない。

もっとも、被告人側から任意の供述を申出がある場合や、共犯者に対する捜査のために取り調べる必要があって参考人取調べに近い態様で行われる場合には、捜査機関が被告人を取り調べることが例外的に許されるとする理解が有力である。判例は、被告人の当事者としての地位に配慮した上で取り調べることは許容している（最決昭和36・11・21刑集15-10-1764〔百選

A16事件〕）。下級審の裁判例には、起訴後の被告人に対する取調べの態様や時機等を考慮して、違法としたものもある（東京地決平成27・7・7判時2315-132）。

知識を確認しよう

問題

(1) 捜査機関が捜査上の処分を行うに当たって、令状を要するのはどのような場合か。また、令状を発付する裁判官が、令状に条件を付することができるのは、どのような場合か。
(2) 任意捜査の規律には、どのような判断枠組みが適切か。任意捜査の諸類型において、被処分者の被制約利益はそれぞれどのような性質・内容か。

解答への手がかり

(1) 憲法33条、35条を参照した上で、憲法上はどのような処分について令状を求めているかを確認しよう。その上で、刑事訴訟法199条、210条、218条を確認しよう。裁判官が令状に条件を付する場合について、218条6項を確認した上で、判例上、この条項が準用された事例はどのような場合かを考えてみよう。
(2) 捜査比例原則の根拠と内容を考えてみよう。その上で、判例が任意同行、路上写真撮影、おとり捜査、宿泊を伴う取調べ等の任意捜査の諸類型において、どのような事情を勘案して適否を判断しているかを確認してみよう。

第 3 章 公訴

本章のポイント

1. 公訴提起の手続、特に起訴状の記載事項と、基本原則を学ぶ。刑事訴訟は、検察官を原告とし、被告人をその相手方として双方の当事者の主導で行われるが、本章では、特に検察官の権限と、その行使のあり方について理解してほしい。
2. 公訴提起の条件（訴訟条件）について、その類型と、訴訟条件を満たさない場合の法的効果について学ぶ。その際、訴訟条件に与えられた役割を理解しなければならないが、中でも「公訴時効」は、理論的にも、実践的にも実際上も重要な問題がある。
3. 訴因制度は、現行刑訴法の大きな特徴であり、これによって、裁判所の審判権限および被告人の防御対象が画定されることとなる。まずは、訴因の意味および内容を理解し、訴因変更手続を通じた訴訟上の問題点を理解してほしい。

1 公訴の基本原則

A 捜査から公訴へ

[1] 検察官の事件処理

　検察官は、司法警察員（警察等）から送致または送付を受け（246条）、自ら告訴・告発を受けまたは認知した（191条1項）事件を処理する。検察官がする事件処理には、終局処分と中間処分とがあり、終局処分は受理した事件について必要な捜査を遂げてする、①起訴処分（公訴の提起）、②不起訴処分、③家庭裁判所送致（少年事件）の3つに分けられる。中間処分は移送などの将来の終局処分を予想してその前にする暫定的な処分である。

[2] 事件処理に伴う手続

　検察官は、事件処理をしたとき、①被疑者に対する不起訴処分の告知（259条）、②告訴人らに対する起訴・不起訴などの処分通知（260条）、③告訴人らに対する不起訴処分の理由の告知（261条）などの手続をとらなければならない。これらの手続は、事件処理が適正に行われたことを明らかにするとともに、検察官の不起訴処分に対する不服申立てとしての付審判請求（262条）や検察審査会への不服申立て（検審30条）の前提として重要な意義を有している。ただ、関係者の名誉の保護などに配慮しつつ適正な範囲で情報を開示するものであるから、不起訴理由の告知も起訴猶予、嫌疑不十分、嫌疑なしなどの不起訴裁定の「主文」の告知で足りるとされている。これに関連して、検察庁においては、平成11（1999）年4月から被害者通知制度を実施し、告訴人に限らず、被害者その他の刑事事件関係者の要望に応じて事件の処理結果、公判期日、刑事裁判の結果等を通知している。

　なお、再犯防止に向けた施策として、更生緊急保護手続の教示（更生86条2項）や、精神障害者等に対する処分の都道府県知事への通報（精神24条等）があるほか、附随処分として不法入国者などの引渡し（入管64条1項・70条）などもある。

B 国家訴追主義・起訴独占主義・起訴便宜主義

[1] 国家訴追主義

　公訴の提起およびその追行の権限を公訴権といい、その行使は原則的に検察官が行う（247条、検察4条）。国の機関である検察官がこれを行い、被害者などの一般人はすることができないことから、この制度を国家訴追主義という。わが国は明治時代から、既にヨーロッパで行われていたこの制度を導入している。諸外国にはイギリスで発展した被害者訴追主義（実際には警察官による訴追の制度）や、アメリカでの公衆訴追主義（国民代表としての大陪審制度等）もみられるが、わが国では、国家刑罰権の適用実現を図るための刑事手続は、私法上の権利・利益に基づく紛争の解決を図るための民事訴訟とは異なり、その公的性格が極めて鮮明であるから、この刑事手続の開始を私人にゆだねることは適当でない上、個人的な報復感情や利害関係に左右されない公正な国家機関が訴追権を持つことが最も妥当であるとの考えから、当初からこの制度がとられている。

[2] 起訴独占主義

　国家訴追主義をとるその中身が、検察官訴追主義という意味で、公訴権の行使は原則として国家機関である検察官に一任されているので、この点を捉えて、起訴独占主義とされている（247条、検察4条）。その例外として、266条2号の規定する付審判の決定があった場合は、その事件について公訴の提起があったものとみなされる（267条）。そして、さらに、平成16（2004）年改正の検察審査会法41条の2ないし41条の12（平成21〔2009〕年5月施行）に導入された審査会の2度の起訴議決による公訴の提起の場合（いわゆる「起訴強制」）も、重要な例外の1つとされた。

[3] 起訴便宜主義（起訴裁量主義）

　検察官は、公訴権の行使を独占するだけではなく、具体的事件について公訴を提起するか否かの判断も一任されている。そのため、検察官は、犯罪事実が証拠上明らかに認定でき、訴訟条件を具備する事件であったとしても、これを起訴するかどうかを決定する起訴裁量権を有する（248条）。このように検察官がその裁量によって起訴猶予処分にすることができる制

度を、従来は「起訴便宜主義」と指称してきたが、「起訴裁量主義」と指称するのがその本質にかなったものと思われる。この起訴裁量主義は、検察官の訴追裁量が濫用されることなく、適正な基準に則り公平に行われなければ成り立たなくなる。同条は、「犯人の性質、年齢および境遇、犯罪の軽重および情状並びに犯罪後の情況により訴追を必要としないときは、公訴を提起しないことができる」と規定し、その考慮要素を列挙している。また、検察官は、訴追について裁量権を有する以上、その当然の帰結として、公訴提起後も、第1審の判決があるまでは、公訴を取り消すことができる（257条・起訴変更主義）。公訴の取消しは、被告人の長期所在不明や回復見込みのない病気の場合などに多く行われていたが、近時は、柔軟に運用されるようになり、客観証拠により犯人ではないことが判明したことを理由に公訴が取り消された例もある。これに対し、検察官に訴追に関する裁量を認めず、起訴に足りる十分な嫌疑があり、訴訟条件が具備される限り必ず起訴しなければならないものとする制度を起訴法定主義という。

なお、検察官には、審判の対象である訴因を設定する裁量権も認められている（256条3項）以上、例えば、強盗致傷の事実を立証の難易を勘案し、恐喝と傷害で起訴することが許される（一部起訴ないし起訴の選択権、後述4節A［1］(2)）。

この起訴裁量主義の例外としては、検察官は、少年法20条により家庭裁判所から送致（いわゆる逆送）を受けた少年事件については、原則として犯罪の嫌疑があると思料する限り起訴しなければならない（少45条5号本文）。もっとも、事件の一部につき犯罪の嫌疑がないときなど一定の事由がある場合はこの限りではない（少45条5号ただし書）。

C 検察官の訴追裁量に対する抑制方法
[1] 検察官の訴追裁量の問題点

公益の代表者である検察官に公訴権をゆだねた起訴独占主義は、全国的に統一のとれた適正公平な訴追が可能となるという優れた制度ではあるが、ともすれば硬直化しあるいは官僚主義化を招いて、被害者・遺族や国民の意思から乖離する危険を制度的にはらんでいる。また、起訴裁量主義は、もともとは硬直的処理の弊害を回避するため、公益の代表者としての検察

官の良心に期待して、刑事政策にも配慮した弾力的処理ができるよう制度化したものであり、わが国ではこれが適正に機能していると言われるが、この制度もやはり検察官の恣意・独善化が危惧されるところではある。

そこで、これらの主義に対しては、次のような控制・抑制の方策が講じられている。

[2] 処分の通知義務、被害者通知制度

検察官の公訴権の運用が恣意や独善に陥いるのを避けるため、起訴・不起訴の処分の内容を告訴人等の関係者に知らせてその批判にさらし、処分結果に不服がある者には、不服申立てをさせるのがよい。そこで、検察官が不起訴処分をした場合、告訴人等へその結果を明らかにして、その不服申立ての準備に資するなど、その対応などのための制度として、告訴人等に対する処分の内容・理由を告知ないし通知する制度を設けている（260条・261条）。また前述したように、告訴人に限らず、被害者その他の刑事事件関係者の要望に応じて事件の処理結果等を通知する被害者通知制度もある。

[3] 検察審査会に対する審査申立て

検察審査会は、検察官の公訴権の実行に関し民意を反映させてその適正を図ることを目的として、検察官の不起訴処分に不服のある告訴人等に、その処分の当否について、検察審査会に審査の申立てをすることを認めた制度である（検審1条）。審査申立権者（検審30条・告訴人、告発人、請求人または被害者、被害者が死亡した場合の配偶者その他の一定範囲の親族）は、検察官の公訴を提起しない処分に不服があるときは、その検察官の属する検察庁の所在地を管轄する検察審査会にその処分の当否の審査の申立てをすることができる（検審2条2項。なお、検察審査会は職権でも検察官の公訴を提起しない処分の当否を審査できる・検審2条3項）。

検察審査会は、裁判員と同様に衆議院議員の選挙権を有する者の中から無作為抽出されて選出された11人の検察審査員で組織され（検審4条）、議事は過半数でこれを決する（検審27条）。ただし、起訴を相当とする議決については、検察審査員8人以上の多数によらなければならない（検審39条の5第2項・41条の6第1項）。検察審査会は、検察官のした不起訴処分の当

否につき審査した場合、「不起訴相当」「不起訴不当」または「起訴相当」のいずれかの議決を行って、各理由を附した議決書を作成し、その謄本を検事正等に送付する (検審39条の5・40条)。検察審査会の議決は、検察官を拘束するものではないが、検察官は、「その議決を参考にして検討した上、公訴を提起すべきものと思料するときは、起訴の手続をしなければならない。」(検審41条) とされているため、間接的に検察官の不当な処分を抑制する働きを有している。検察官が検察審査会により「起訴相当」の議決を受けた事件につき再度の不起訴処分をした場合には、検察審査会は、その再度の不起訴処分の当否の審査を行い (検審41条の2)、起訴を相当と認めるときは起訴議決をする (検審41条の6第1項)。また、検察審査会が再度の不起訴処分に対する起訴議決 (2度の起訴議決) をした場合、裁判所は起訴議決にかかる事件について検察官の職務を行う弁護士を指定し (指定弁護士)、この指定弁護士が当該事件について公訴を提起し維持する (検審41条の6〜41条の12)。これは、検察審査会の議決に法的拘束力を認めるもので、付審判請求とともに、検察官が公訴を独占する起訴独占主義の例外である。

[4] 付審判請求 (準起訴手続)

　付審判請求 (準起訴手続) は、公務員による職権濫用等の特定の罪 (刑法193条から196条の罪＝公務員・特別公務員の職権濫用、特別公務員暴行陵虐)、破壊活動防止法45条の罪 (公安調査官の職権濫用) もしくは無差別大量殺人行為を行った団体の規制に関する法律42条もしくは43条の罪 (公安調査官・警察職員の職権濫用)、または公務員による電気通信事業法179条1項もしくは有線電気通信法14条1項 (秘密侵害) は、特に不当な不起訴処分が行われるおそれがあるので、検察官の不起訴処分の是正を目的とし、その不起訴処分に不服のある告訴人等の請求を受けた裁判所の決定により、事件を審判に付し、公訴の提起があったと同様の効果を生ぜしめる手続である。告訴または告発をした者は、検察官の公訴提起をしない処分に不服があるときは、その検察官所属の検察庁の所在地を管轄する地方裁判所に対し、事件を審判に付することを請求することができる (262条1項)。付審判請求は、不起訴処分の通知 (260条) を受けた日から7日以内にしなければならず (262条2項)、検察官は、その請求に理由があると認めるとき (起訴するのを相当と

認めるとき）は、公訴を提起しなければならず（264条）、理由がないと判断したときは、請求書に意見書を添えて、書類および証拠物とともに、裁判所に送付しなければならない（規171条）。裁判所は、請求に理由があると認めるときは、事件を管轄裁判所の審判に付する旨の決定をする（付審判決定・266条2号）。付審判決定があると、その事件について公訴の提起があったものとみなされる（267条）。

[5] 上級検察庁に対する不服申立て

　検察官が行った不起訴処分については、行政不服審査法に基づく不服申立てをすることはできない（行審7条1項6号）が、処分検察官を行政上指揮監督する上級検察庁の長（検察7条～9条）に対し不服を申し立て、その監督権の発動を促すことができる。

　不服申立事件の審査は、高等検察庁の検察官がこれを担当して処理し、不起訴処分をした検察官および不服申立人にその結果が通知される。この不服申立ては検察の事件事務規程に根拠を置く（同規程170条）だけで、法令上の明文規定はなく、この申立て自体は上級官庁の行政上の指揮監督権の発動を促す意味があるにすぎない。しかし、この取扱いは定着しており、適正に処理されることにより相当の役割を果たしている。

[6] 公訴権濫用論

　検察官の不起訴処分を控制・抑制する制度としては前述の [2] ～ [5] があるが、他方で検察官の不当な公訴権の行使に対する控制・抑制の制度が明文で規定されたものはない。そこで、検察官の公訴権の行使が適正でなかった場合、「公訴権の濫用」であるから無効として、裁判所は有罪・無罪の実体裁判に入らず形式裁判により（その根拠規定を公訴棄却の338条4号に求める見解が多いが、339条項2号、あるいは免訴判決の337条に求める見解もある）、訴訟手続を打ち切り、被告人を刑事手続から速やかに解放すべきとする公訴権濫用論が主張されるようになった。これは、①犯罪の嫌疑がない事件の起訴、②起訴猶予にすべき事件の起訴（訴追裁量の逸脱濫用の起訴）、③捜査手続に重大な違法がある事件の起訴（違法捜査に基づく起訴）の3類型に分類される。しかし、明文にある訴訟条件以外にそのような訴訟障害事由を特

別に認めることは相当でないとする反対説も有力であった。最高裁は、検察官の訴追裁量権の逸脱（②の場合）が公訴の提起を無効ならしめる場合がありうるが、それは例えば、「公訴の提起自体が職務犯罪を構成するような極限的な場合に限られる」として、この議論に決着を示した（最決昭和55・12・17刑集34-7-672〔百選38番事件〕）。しかし、その後も弁護人の法廷戦術として、実務では時折主張されている。

さらに、最高裁は、警察の捜査が被告人に対し刑事訴訟法に従って適正に行われ、その思想・信条・社会的身分または門地などを理由に被告人を一般の場合に比べ捜査上不当に不利益に取り扱った事実がない限り、仮に、当該被疑事実について被告人と対向的な共犯関係に立つ嫌疑のある者の一部が、警察段階の捜査で不当に有利な取扱いを受け、事実上刑事訴追を免れるという事実があったとしても、そのために、被告人自身に対する捜査手続が憲法14条に違反することになるものではないとする（最判昭和56・6・26刑集35-4-426）。

これらの最高裁判例を前提とするとき、検察官の公訴提起が、訴追裁量の逸脱あるいは違法捜査を理由に無効とされるのは、きわめて限定された場合ということになる。

2　公訴提起の手続

A　公訴提起の方式
[1]　起訴状の提出

公訴の提起は、検察官が裁判所に対し、特定の刑事事件について審判を求める意思表示を内容とする訴訟行為である。公訴の提起は、裁判所に起訴状を提出してこれをしなければならない（公判請求につき256条1項、略式命令請求につき462条1項）。

検察官の意思表示として、通常の公開の法廷で審理がなされる公判手続を裁判所へ請求する公訴提起の方式を公判請求という。公判請求は、第一審の事物管轄および土地管轄を有する裁判所に対して行い、第一審の事物

管轄は、原則として地方裁判所と簡易裁判所にある（なお、簡易裁判所は、罰金以下の刑に当たる罪等一定の事件についてのみ管轄を有する・裁33条1項2号）。

略式命令手続は、基本的に事実が簡明で証拠上も明らかな事件について、検察官の公訴の提起と同時に行う略式命令手続の請求によって、簡易裁判所が罰金刑または科料刑を科す裁判（命令）をするものである（461条・462条1項）。その請求の要件は、①簡易裁判所の管轄に属する事件、②100万円以下の罰金刑または科料刑を科するのを相当とする事件、③この手続によることについて被疑者に異議がないこと（461条・461条の2、規288条）である。実務は、事案簡明・証拠明白な事件であり、事案複雑・事実認定上難点がある事件は相当とは認められないという制度の趣旨に沿って運用されている。同手続は、刑事訴訟法に定める公判手続（正式裁判）を経ず、非公開で検察官提出の証拠資料（規289条）だけに基づいて審理し、科する刑は罰金刑または科料刑に限定されるが、正式裁判の公判手続にも移行することができることとなっている（463条・465条1項）。略式命令の裁判も、正式裁判の請求期間の経過又はその請求の取下げにより、確定判決と同一の効力を生ずる（470条）。

[2] 不告不理の原則

不告不理の原則とは、訴えがないところに裁判はないという訴訟原則であり、刑事裁判においても、裁判所は原告の訴えの提起（検察官の公訴の提起）が行われない限り、事件について審判をすることができず、また、公訴の提起があった事件についてのみ審判をすることができるという原則である。裁判官が職権で裁判を開始する糾問主義ではなく、弾劾主義の訴訟構造のもとでこそとられる制度である。もっとも、職権主義をとっていた大正刑事訴訟法（旧刑事訴訟法）における刑事手続でも、形式的には不告不理の原則がとられていたが、起訴状とともに捜査段階の収集証拠の一件資料全部が裁判所へ提出されたため、心証（嫌疑）の引継が生ずることと、起訴状記載の公訴事実の範囲における裁判所の審理の拘束性が明確でないという問題点があった。現行刑事訴訟法では、当事者主義が徹底され起訴状一本主義（予断排除の原則）と訴因制度が導入されたことから、この点の問題点はなくなっている。

[3] 公訴提起に伴う措置

　検察官は、公訴提起をする場合には裁判所へ起訴状原本を提出し、それと同時に、被告人の数に応ずる起訴状の謄本（規165条1項）、および検察官等が受理済みの弁護人選任書をそれぞれ提出し（規165条2項・17条）、国選弁護人があるときは、その旨通知しなければならない（規165条3項）。

　裁判所は、公訴の提起があったときは、直ちに起訴状の謄本を被告人に送達しなければならない（271条1項、規176条1項）。その趣旨は、被告人に対して起訴状の内容を確認させて、その防御の準備を事前に十分行わせようとするものである。なお、公訴の提起があった日から2か月以内に起訴状の謄本が送達されないときは、公訴の提起は遡ってその効力を失う（271条2項）。また、検察官は、公訴を提起するについて、犯人が国外にいたことまたは犯人が逃げ隠れていたため有効に起訴状もしくは略式命令の謄本が送達できなかったことを証明する必要があるときは、速やかにその証明資料を裁判所に提出しなければならない（規166条）。その場合、事件について予断を生じさせるおそれのある資料を提出してはならない（同条ただし書）。

B　起訴状

[1] 起訴状の記載事項

　起訴状には、①被告人の氏名その他被告人を特定するに足りる事項のほか、②公訴事実および③罪名を記載しなければならない（256条2項）。公訴は、検察官の指定した被告人以外の者にその効力を及ぼさないのであるから（249条）、被告人を特定するに足りる事項としては、被告人の年齢、職業、住居および本籍（被告人が法人であるときは、事務所並びに代表者または管理人の氏名および住居、被告人が外国人であるときは、国籍等）（規164条1項1号）がある。

　「公訴事実」とは、検察官が原告官として主張・立証するために公訴提起の対象とした犯罪事実であり、訴因として審判の対象を提示し、被告人に対し、防御の範囲を特定することを目的とするものである。公訴事実は、訴因を明示してこれを記載しなければならず、訴因を明示するには、できる限り日時、場所および方法をもって罪となるべき事実を特定して明確にこれをしなければならない（256条3項）（後述4節A[1]）。もし、起訴状に記

載された公訴事実に罪となるべき事実が包含されていないときは、決定で公訴が棄却され（339条1項2号）、公訴事実がまったく特定されていないときは、判決で公訴が棄却される（338条4号）。公訴事実は、公訴提起の効力と判決の既判力の及ぶ範囲を画し、審理中は公訴事実の同一性の認められる範囲で訴因変更ができる機能を有する。

「罪名」の記載は、適用すべき罰条を示して行う。もし、罰条の記載に誤りがあっても、原則的には公訴提起の効力に影響を及ぼさないが、被告人の防御に実質的な不利益を生ずるおそれがあればこの限りではないとされる（256条4項）。数個の訴因および罰条は、予備的にまたは択一的にこれを記載することもできる（256条5項）。

[2] 起訴状（公判請求）の記載例

実務で行われている起訴状の記載例を、図3-1に掲げる。前述した記載事項のすべてが盛り込まれていることが確認される。

C 起訴状一本主義
[1] 起訴状一本主義の意義

起訴状には、裁判官に事件についての予断を生じさせるおそれのある書類その他の物を添付し、またはその内容を引用してはならない（256条6項）。公訴提起は起訴状一本をもって行うことから、「起訴状一本主義」と言われるが、裁判官が公判審理前の段階で先入的心証を抱くなど不当な予断を持たないようにするための規定であり、「予断排除の原則」の中核をなすものである。憲法37条1項の公平な裁判を受ける権利を保障する規定を受けて、裁判所は、公判審理に当たって、裁判所に公訴事実についての予断を抱かせないよう手続上の配慮を求める原則である（最大判昭和27・3・5刑集6-3-351）。起訴状一本主義の原則に違反した公訴の提起は無効であり、判決により公訴棄却される（338条4号）。

[2] 公判手続への影響

大正刑事訴訟法（旧刑事訴訟法）でも、本来、裁判所は公判廷で取り調べた証拠だけで段階的に心証を形成することとなっていた。しかし、実際は、

平成 30 年検第 1000 号

起　訴　状

平成 30 年 8 月 1 日

東 京 地 方 裁 判 所　　殿

東 京 地 方 検 察 庁

検察官　検事　甲 野 太 郎〔印〕

下記被告事件につき公訴を提起する。(注 1)

記

本　籍　　東京都世田谷区〇〇町 1 番地
住　居　　横浜市緑区△△町 2 丁目 3 番 5 号　さくら寮 3 号室
職　業　　無　職

勾 留 中 (注 2)　　乙　　川　　一　　郎

平 成 7 年 1 0 月 4 日 生

公　訴　事　実

被告人は、金品窃取の目的で、平成 30 年 7 月 1 日午前 3 時頃、東京都世田谷区□□町 2 丁目 3 番地コーポみさき 101 号室 A 方に無施錠の玄関ドアから侵入し、同所において、同人所有又は管理の現金約 9000 円及び財布等 25 点(時価合計約 600 円相当)を窃取したものである。

罪　名　及　び　罰　条

住居侵入、窃盗　　　　　　　　　　刑法 130 条前段、235 条

(注 1) 略式命令請求の場合は「下記被告事件につき公訴を提起し、略式命令を請求する。」、即決裁判手続申立ての場合は「下記被告事件につき公訴を提起し、即決裁判手続の申立てをする。」と記載する。
なお、略式命令請求の場合は、宛名は簡易裁判所となる。
(注 2) 被告人の身柄拘束の有無および種別(身柄拘束をしていない場合は「在宅」と記載する。)

図 3-1　起訴状（公判請求）の記載例

検察官から公訴提起と同時に一件記録（一切の捜査書類と証拠物）が裁判所に提出されるため、裁判官は、あらかじめ、その内容を精査し、一定の心証を形成して公判に臨むことになり、捜査段階での嫌疑まで裁判官に引き継がれ、公判での審理はその心証を確認するものとなっていた。これについて、裁判官は予断を抱き事実上有罪の推定が働いていたとの批判があった。現行刑事訴訟法はこの点の反省から、公訴提起の際に一件記録を提出するのを禁止し、裁判官は白紙の状態で第1回公判期日に臨み、その後の審理において、順次取り調べられる証拠により心証を形成していくことを明文で要請したものである。これは、捜査段階での被疑者に対する嫌疑をそのまま裁判所へ引き継ぐことを遮断し、公訴提起の段階で嫌疑をいったん白紙に戻すことである。検察官の提出する起訴状は、検察官の立証目標が示されたものにすぎず、裁判所は第三者の視点で検察官の提出する証拠能力を備えた証拠の取調べを通じて、新たに嫌疑を立証させ有罪・無罪を確定するという、より弾劾的な審理方法を示すものである。

[3] 余事記載の禁止

　起訴状一本主義から、起訴状には、裁判官に事件についての予断を生じさせるおそれのある事項を記載することは許されない。この点、被告人の経歴・前科等を公訴事実に記載することの可否が問題となる。前科の場合は、常習累犯窃盗罪のようにそれが犯罪事実の構成要件となっているとき、あるいは、その前科の事実を手段方法として恐喝した場合のように公訴事実における犯罪事実の内容をなしているときは、訴因明示に必要な記載であると解されている（前掲最大判昭和27・3・5）。しかし、公訴事実と無関係な同種前科を記載すれば、もはやその限度を超えるものと評される。この場合に、裁判官に予断を生ぜしめるおそれのある事項についての余事記載と認定されれば、公訴提起の手続に違反した無効のものであるとして、判決により公訴棄却される（338条4号）。したがって、この規定に違反した起訴は無効であり、後に削除したとしても、その瑕疵は治癒されないとするのが判例である（前掲最大判昭和27・3・5）が、検察官がそれを撤回・削除するなど補正すれば足りるのであって、公訴の提起の効力を否定するのは疑問であるとする有力な見解もある。なお、予断事項にわたらない単なる余事

の記載は、検察官がこれを削除すれば足りると解されている。

3 公訴提起の効果

A 公訴提起の効果
[1] 訴訟係属

検察官が当該事件の土地管轄および事物管轄を有する第一審裁判所に対して公訴を提起することによって、事件が裁判所の審判に付されるという「訴訟係属」が生じる。これによって、当該事件が裁判所によって審理・判決されなければならない状態に置かれ、裁判所・検察官・被告人3者間の訴訟上の権利義務関係が生ずる。そして、裁判所には当該事件が訴訟条件を具備している限りで、公訴事実の存否を確定して、有罪・無罪の実体判決をする権利義務が発生する（378条3号参照）。

検察官が公訴を提起するには、公訴を維持追行するために必要な訴訟条件を充足していなければならない。訴訟条件は裁判所が実体審理に入り有罪・無罪の実体裁判をする要件であるから、公訴提起後にこの訴訟条件が欠けていることが明らかになったときは、裁判所は、訴訟条件の種類に応じ免訴、公訴棄却あるいは管轄違いの門前払いの裁判を言い渡して審理を打ち切ることとなる（329条・337条～339条）。

[2] その他の効果

公訴提起の効果については、訴訟係属がどの範囲で生じるかが問題となる。審判の対象は公訴事実ではなく訴因であると理解する立場（訴因対象説）によると、たとえ、公訴事実の同一性が認められる範囲内の事実であっても、検察官が訴因として主張した事実以外の事実には訴訟係属は生じないとされる。また、公訴事実の単一性・同一性の範囲で訴因の変更が可能であり（312条1項）、その範囲での二重起訴の禁止（338条3号、なお10条・11条）、公訴時効の停止の効果が生ずる（254条1項）。

そこでの二重起訴禁止の効果とは、公訴提起がなされると検察官は同一

事件をさらに起訴することはできないという効果である（338条3号・339条1項5号）。同一事件か否かの判断基準は、公訴事実の単一性・同一性を判断基準とする（後述4節C [1]）。起訴の当初訴因事実と一罪関係になる別個の犯罪事実を起訴する場合、その具体的手続は、追起訴ではなく、訴因の追加（訴因の追加的変更）による。例えば、常習犯罪（常習累犯窃盗罪、常習賭博罪等）の一部をさらに起訴する場合は、訴因の追加的変更による。また、住居侵入・窃盗事件において、両罪は牽連犯の関係にあり（刑54条1項）、科刑上一罪であるから、住居侵入事実を起訴した後に窃盗事実を起訴する場合、追起訴の方法では二重起訴となるので許されず、窃盗事実を当初訴因の住居侵入事実の訴因に追加的変更することとなる。

なお、公訴は検察官が指定する被告人以外の者には、共犯者といえどもその効力を及ばさない（249条）。

B 訴訟条件
[1] 訴訟条件の意義

訴訟条件とは、訴訟が適法に維持追行されるための前提条件であり、それは、検察官の公訴権の行使である公訴提起（起訴）の要件であるとともに、裁判所が実体審理・実体裁判（有罪・無罪の判決）に至るための要件でもある。このことは、検察官の起訴時に訴訟条件を充足していなければ、その起訴自体が不適法になり、また、その起訴後の実体審理、そして判決に至る全過程にもその要件が必要であることを表す（ただし、331条2項によると、土地管轄の管轄違いの申立ては証拠調開始後はできない）。このように実体審理と実体裁判の要件とみる実体審判条件説、そして、さらに公訴権濫用論などを意識しての公訴条件説へと発展し、訴訟条件の代わりに検察官の起訴条件を論じる考え方もある[1]。

いずれにしろ、訴訟条件が欠けていることが明らかになれば、裁判所は形式裁判を言渡して審理を打ち切ることとなる。

[2] 訴訟条件の種類

訴訟条件を欠く場合として、明文の規定によるものは、①管轄違いの場合（事物管轄または土地管轄がない場合。329条）、②免訴の場合（確定判決を経た場

合や、公訴時効が完成した場合等。337条)、③公訴棄却の場合（二重起訴の場合等は338条で判決により、被告人が死亡した場合等は339条で決定による）がある。また、明文の規定はないが非類型的訴訟条件を欠く場合として、判例上、(a)高田事件の最大判昭和47・12・20刑集26-10-631〔百選A31事件〕は、迅速な裁判の保障に違反した裁判の打ち切り（超法規的な免訴）、(b)チッソ川本傷害事件の最決昭和55・12・17刑集34-7-672〔百選38番事件〕は、公訴提起自体が職務犯罪を構成するような極限的な場合だけが公訴権濫用となって無効となりうるとしたものがある。このような非類型的訴訟条件の欠如の場合、その処理としては「公訴提起の手続がその規定に違反したため公訴を無効ならしめる場合」の包括規定である338条4号に当るとして公訴棄却の判決とするのが相当とする見解も有力である。

[3] 訴訟条件と訴因との関係

　訴訟条件が具備されているか否かは、裁判所が訴因を基準として判断をする。その判断基準の置き方（どの時点の、何を基準にするのか）によっては、困難な問題が生ずる場合もある。例えば、窃盗罪は親告罪ではないので検察官は被害者から告訴を得ることなく起訴したが、審理を続けていくうちに不法領得の意思が証明できない状況になってきたため、親告罪の器物損壊罪に訴因変更するとすれば、告訴欠如、すなわち、訴訟条件を具備していないこととなる。この場合、審判の対象を訴因と捉えれば、訴因変更せずに窃盗の訴因のままであれば無罪を言い渡さざるを得ないが、器物損壊に訴因変更すれば、公訴棄却の判決（338条4号）を言い渡すことになる。しかし、審判の対象を訴因とする以上、親告罪の訴因に変更した時点で告訴を得て訴訟条件を具備すればよいはずである（これに関連して、「告訴の追完」が許されるかの問題点は後述する）。審判の対象を公訴事実と捉えれば、起訴時に訴訟条件を欠いていることになり、告訴の追完が認められるかが問題となる。

[4] 告訴・告発・請求の欠如

　親告罪において告訴（230条・235条）が欠如しているときは、判決で公訴が棄却される（338条4号）。しかし、科刑上一罪中の一部の罪につき告訴が

欠けていても、その他の罪の部分の起訴は適法である（最判昭和40・9・10刑集19-6-656）。また、告発（239条）は通常は捜査の端緒にすぎないが、①選挙人等の偽証に対する選挙管理委員会の告発（公選253条2項）、②関税に関する犯則事件の税関長等の告発（関税145条ただし書）、③私的独占・不当な取引制限等違反に対する公正取引委員会の告発（独禁96条1項）等明文の規定により告発が訴訟条件とされているものがある。また、解釈上告発が訴訟条件となる例もある。例えば、議院における証人の宣誓及び証言等に関する法律8条による偽証等の告発は、その証言がなされた議院・委員会等の告発が訴訟条件とされている（最大判昭和24・6・1刑集3-7-901）。

また、外国国章損壊罪における外国政府の請求（刑92条）のように、特定の犯罪について、一定の機関が捜査機関に対して訴追を求める意思表示である「請求」が訴訟条件となっているものもある。なお、請求は親告罪における告訴と本質を同じくする範囲で告訴に関する規定が準用される（237条3項・238条2項）。

[5] 公訴時効

公訴時効とは、法定の期間内に公訴を提起することが訴訟条件とされるもので、時効期間は犯罪の軽重（法定刑）に従って定められ、その期間が経過（時効が完成）したときには免訴を言い渡す（250条・337条4号）。確定判決の刑の執行権を消滅させる刑の時効（刑31条・32条）とは異なり、公訴権自体を消滅させる制度である。公訴時効を設ける趣旨について、起訴されない状態が相当期間継続したことによって生ずる新たな事実状態を尊重し、また、そのことによる処罰の必要性の減少ないし消滅、あるいは証拠の散逸、証人の記憶の減退等訴追の困難性からくる誤判を防止することなどの理由が従来から挙げられてきた。しかし、平成22（2010）年法改正により、殺人等の凶悪重大事件（人を死亡させた罪で、死刑に当たる罪）を公訴時効の対象から除外したことで、明治以来の公訴時効の期間が大幅に変更された（改正後の250条）。人を死亡させた凶悪重大事件については、被侵害法益の回復の余地がなく、その犯罪の影響が長期間続き、処罰感情の希薄化や新たな事実状態の尊重の必要性が他の犯罪と比べて弱いと言える上、DNA型鑑定等の科学的技術が飛躍的に向上し、時の経過による証拠の劣化の隘路

を超えて有力証拠の収集の可能性も相当程度見込まれ、証拠の散逸の状況は必ずしも一律ではないことなどを考慮するとき、これを公訴時効に係らせないとする法改正の趣旨は支持されてよいであろう。なお、公訴の提起によって、当該事件の公訴時効の進行は停止し（254条1項）、また、他の共犯者の公訴時効も停止する（同条2項）。

公訴時効に関しては、起訴後に訴因変更があった場合、公訴時効の完成を判断する時期が問題となる（起訴時または訴因変更時のいずれを基準として判断すべきか）。判例は、起訴時説をとり、詐欺罪で起訴された後、審理途中で横領に訴因変更した事件について、訴因変更によって公訴事実の同一性に何ら消長を来すことのない場合には、起訴時を基準として公訴時効完成の有無を判断すべきであって、訴因変更の時を基準として判断すべきではないとしている（最決昭和29・7・14刑集8-7-1100）。

[6] 訴訟条件の審査

訴訟条件は、原則として裁判所の職権調査事項とされる（ただし、331条1項により、土地管轄については被告人の申立てがなければ管轄違いの言渡しができない）。そして、訴訟条件は、起訴時から判決に至るまでの維持されるべき有効要件として機能していることを前提に考えれば、訴訟条件は起訴時から判決まで存在していなければならないはずであるが、もし審理途中で欠くに至った（消滅した）場合はどうなるかの問題がある。例外的にこれが許される場合として土地管轄がある。土地管轄は、被告人保護の側面ももつことから、被告人に異議がなければ土地管轄の問題を取り上げる実益はない。そのため、審理途中で土地管轄のない裁判所に移送された場合であっても、上記のとおり、被告人の申立てがなければ管轄違の言渡しをすることはできない（331条1項・2項、最決昭和33・10・31刑集12-4-3429）。

次に、訴訟条件が欠けている場合、その追完を認めて訴訟条件を補うことが可能か否かが問題となる。例えば、窃盗罪（非親告罪）で起訴後に器物損壊罪（親告罪）へ訴因変更した場合や、親告罪と非親告罪混合の科刑上一罪の後者の罪を起訴した場合などでは、親告罪と判明（訴因変更）時に告訴が具備されれば何ら問題がないとされる（東京地判昭和58・9・30判時1091-159〔百選48番事件〕、このような場合は、そもそも告訴の追完の問題ではない）。ただ、

問題となるのは、実務上は考えにくい例ではあるが、例えば、検察官が当初から親告罪であるのにその告訴がない事件を起訴した場合である。このような起訴は、結果的には検察官の大きな落ち度とみられ、告訴の追完については否定説が多く、直ちに公訴棄却の判決をすべきとする。しかし、そのような例外的なケースはともかく、冒頭手続までの追完や被告人の同意があれば訴訟経済上、例外的に追完を認めてもよいとの有力説もある。なお、判例は告訴を欠く親族相盗の当初訴因を、非親告罪になる通常の窃盗の訴因に変更することを認めて実体審理および有罪判決をした原判決を是認していることから、このような訴因変更例では告訴の追完を結果的に認めたことになると言えよう（最決昭和29・9・8刑集8-9-1471）。

この訴因変更の例は、訴訟条件の有無は何を基準に判断するのかという問題を提示する。先の窃盗で起訴したが不法領得の意思の証明がつかないため、この当初訴因を親告罪の器物損壊に訴因変更する例では、告訴がない以上、裁判所は器物損壊の心証形成を基準にして公訴棄却を言い渡すべきか（公訴事実基準説）、それとも、いったん器物損壊に訴因変更手続をとった上で公訴棄却とすべきかである（訴因基準説）。これは、前述したように、審判の対象について訴因説をとる以上は、その基準は訴因変更した器物損壊に対して公訴棄却の言渡しをすべきと言える。

その基準時を起訴時と捉える判例として、当初訴因が名誉毀損であり、認定訴因が侮辱の場合（最判昭和31・4・12刑集10-4-540。一審が名誉毀損で有罪とし、控訴審が侮辱で有罪とした事案）、あるいは当初訴因が業務上横領で認定訴因が単純横領の場合（最判平成2・12・7判時1373-143）などがあるが、これらの判例では、認定訴因である侮辱や単純横領について起訴時に既に時効が完成しているため、訴因変更の手続をとることなく直ちに免訴を言い渡すべきとする。この点では、判例は公訴事実基準説をとるのと同じ結論になるが、免訴という形式裁判であるため、わざわざ訴因変更手続をとることなく起訴時の心証を基準にしたものとみることもできるし、また、いずれの事案も当初訴因に予備的に認定訴因が主張されていた、いわゆる「縮小認定」（訴因事実中に既に包含されている事実を認定する、言わば「大は小を兼ねる」認定方法）になることから、これら判例をもって「判例は、審判の対象を公訴事実と捉える」などとの結論を導くのは、正鵠を射ているものとは思わ

れない[2]。

4 訴因と公訴事実

A 訴因制度
[1] 訴因制度の意義——審判の対象
(1) 刑事訴訟の審判対象

　刑事訴訟では、検察官が原告となり、起訴状を作成・提出して公訴を提起する（前述本章1、2節）。そこでは、民事裁判と同様に、法的効果である刑罰権の行使に向けられた要件事実が主張され、裁判所による事実認定の対象が提起されるわけである。旧刑訴法（大正刑訴法）では、この点に関して、「犯罪事実及罪名ヲ示スヘシ」（旧刑訴291条1項）と規定されていたが、現行法では、「公訴事実」の記載に当たり「訴因」を明示すべきことが定められた。「公訴事実」は既に旧法から裁判実務および学説において使用されていた用語であるが、「訴因」は現行法で初めて導入された用語であり、その意義をめぐって従来から議論がなされてきた。

　例えば検察官は、「被告人Xは被害者Aの現金10万円を窃取した」との公訴事実で起訴をしたが、公判において、そのような事実はなく、しかし「XはBを殺害した」という事実が判明した場合（事例①）、または、窃盗ではなく、「XはAから既に預かっていた現金10万円を横領した」という事実が判明した場合（事例②）、裁判所は、それぞれ殺人罪または横領罪で有罪判決を下すことができるか。

　まず事例①は、既に旧法時代も、起訴された窃盗罪と公判で明らかになった殺人罪とは別の犯罪事実であることから、殺人罪で有罪判決を下すことはできないとされていた（別途追起訴が必要である）。これに対して、事例②は、旧法時代は、裁判所は横領罪で有罪判決を下すことができると考えられていた。その理由は、検察官が窃盗罪で起訴したことにより、XがAから現金10万円を奪ったという社会的事象が審判対象として訴訟に上程されたのであり、裁判所は、検察官が起訴状に記載した窃盗罪はなおのこ

と、右社会的事象全体について審判する権限が与えられるものと考えられていたことによる。この社会的事象のことを「公訴事実」と呼び、審判対象は公訴事実であると理解されていたのである。

　しかし、現行法が制定され、公訴事実の記載に当たり「訴因」の明示が要求されることになったことから、事例②の処理について議論が起こった。第1の見解は、旧法時代と同様、依然として公訴事実が審判対象であり、裁判所の審判権限は訴因に拘束されないとした（公訴事実対象説）。この見解は、訴因制度はもっぱら被告人の防御の機会を保障するためのものであり、裁判所の審判権限に旧法時代と比べて変更を加えるものではないと理解したのである。これに対して、第2の見解は、訴因こそが裁判所の審判権限を決定付けるものであり、裁判所は検察官が主張する訴因を超えて審判することはできないと理解した（訴因対象説）。現行法制定当初は、公訴事実対象説も有力に主張されたが、現在では、訴因対象説が通説であり、判例もこれを採用するものと理解されている（最判昭和29・8・20刑集8-8-1249など）。

　このようにして、訴因制度が導入されたことによって裁判所の審判権限の範囲、つまり刑事訴訟における審判対象について旧法時代との変化がもたらされたことになるのであるが、この点は、当事者主義訴訟の徹底と、裁判所の役割の変化とから理解される。まず、現行法の訴訟構造が当事者主義を原則として成り立っていることは、既に前述（第1章[2]）したとおりである。訴因制度は、その顕著な表れとして、刑事訴訟における審判対象の画定に当たり、原告である検察官の主張に強い拘束性を認めるものである。また、裁判所の役割も、これと関連しつつ、さらには憲法における権力分立の意義から、捜査・訴追機関との分断が図られる形で変化した。すなわち、旧法時代は、検察官の起訴に伴う犯罪事象（公訴事実）は常に実体を伴うものであり、裁判所は公判手続において証拠調を通じてその真実を明らかにすることが使命とされていたのであるが（真実発見型訴訟構造）、現行法では、検察官の起訴状における記載はあくまで一方当事者の主張に過ぎず、裁判所は他方当事者である被告人の主張も聴き取った上で、それぞれを公平に評価して判決を下すべき地位に置かれることになったのである（主張吟味型訴訟構造[3]）。

このようにして、訴因制度の導入と、これに伴う刑事訴訟における審判対象に関する問題は、司法に関する憲法の理解とそれに伴う訴訟構造の変化を背景にして、刑事訴訟法の根幹に関わるものである。

(2) 一罪の一部起訴の問題

例えば、強盗罪が疑われるが暴行と財物奪取との間の因果関係を立証することが困難と思われる場合、検察官は窃盗罪として起訴することができるか（事例③）。この事例は、実体的に一罪を構成し得る事実のうち一部分を取り出して起訴するものとして、「一罪の一部起訴」という。このような起訴は、旧法時代のように公訴事実対象説を前提にするならば、法的に何ら問題がない。裁判所は、公訴不可分の原則（後述本章 4 節 C）に基づいて、いずれにせよ一罪全体について審判することができるからである。他方、訴因対象説を前提とするならば、実体と審判対象とがかい離する可能性が生ずるため、このような起訴の適法性が問題となる。

判例は、一罪の一部起訴も原則として適法であるとする（最決昭和 59・1・27 刑集 38-1-136、最大判平成 15・4・23 刑集 57-4-467〔百選 39 番事件〕）。すなわち、「検察官は、立証の難易等諸般の事情を考慮して」訴因を設定することができるのであり、裁判所において、それ以上に審理を及ぼすべき義務はないというわけである。訴因制度は、正にこのようなケースにおいて、訴因の背後にあると疑われる事象について審理から除外すべき機能を持つものである。判例が指摘するとおり、検察官としては、立証の難易さや起訴便宜主義（248 条）の趣旨（前述本章 1 節 B）などを考慮して、自身が適切と判断する犯罪事実を訴因として起訴すれば足りる。

なお、訴因対象説からは、そもそも訴訟上の事実として問題となるのは訴因として訴訟に上程されたもののみであり、これを超えて実体上一罪の関係にあると思われる事象を想定し、起訴された部分をその「一部」と表現することは、必ずしも適切ではない。

[2] 訴因の本質

例えば、当初の訴因は「被告人は被害者をナイフで刺殺した」というものであったが、公判において、被告人の犯行であることは間違いないものの、実は拳銃で銃殺したものであったことが判明した場合、裁判所は、銃

殺の事実を認定して有罪判決を下すことができるか(事例④)。審判対象が訴因であるとして、その本質は何か。事例④はこの点に関わる問題である。

一般に、訴因とは「罪となるべき事実」であると理解されるが、その際、純粋に「事実」的な側面だけをいうのか(事実記載説)、または、「罪となるべき」という点を重視するのか(法律構成説)で、見解が分かれてきた。すなわち、事例④では、被告人の行為は、刺殺と銃殺という点で事実に違いが生じているが、双方はいずれにおいても故意の殺人罪に該当するため法律構成に変化はない(ただし、法律構成説からも、作為犯と不作為犯とでは法律構成が異なるとされている[4])。そこで、特に訴因変更の必要性(後述本章4節B)をめぐり、両説の間で対立してきたわけである。訴因は刑事訴訟の原告である検察官の事実面での主張であるとの理由から、事実記載説が判例・通説となっている(最決昭和40・12・24刑集19-9-827)。

ただし、事実は幅のある概念であり、例えば、犯行時刻が「10時」であるかまたは「10時1分」であるかが問題となる場合、厳密に言えば両者は事実として異なるのであるが、これを概括的に「10時頃」とすれば同じ事実ということになる。結局のところ、訴因変更の必要性は、刑事訴訟における訴因の意義・機能に遡って検討されるべき問題である。

[3] 訴因の役割(機能)と、明示・特定性の要請
(1) 訴因の役割(機能)

訴因は、公訴事実の記載に当たって明示されなければならず、かつ、訴因の明示に際しては、日時・場所・方法等の記載をもってできる限り「罪となるべき事実」を特定して記述されなければならない(256条3項)。この訴因の明示・特定性の要請を満たすためにはどの程度の記述が必要であるかは、従来から、判例・学説において議論が積み重ねられてきた。その前提として、訴因の役割(機能)を確認しておこう。

前述のとおり、訴因は刑事訴訟における審判対象であると理解されるが、それによって、訴因には、①裁判所の審判対象の範囲を画定する機能(識別機能)と、②被告人に対して防御すべき範囲を告知する機能(告知機能)とが与えられることになる。第1に、訴因が審判対象であるならば、逆にそれ以外の事実は審判対象から除外されることになる。したがって、訴因は、

社会に生起した（と仮定される）無数の事実の中から、訴訟の場で審理されるべき事実を選別し、他の事実と識別する機能を持つ。第2に、識別機能によって訴訟で審理されるべき事実が選別されると、被告人側は、その範囲で防御すれば足り、それ以外の事実について争う必要がなくなる。検察官が訴因を明示して審判対象を設定・構成することで、訴因は、訴訟の相手方である被告人に防御すべき範囲を告知する機能も持つ。

訴因の明示・特定性の問題は、訴因に与えられたこの2つの機能を前提に、検討されなければならない。

(2) 訴因の明示性

まず、訴因は、公訴事実の記載に当たって明示されなければならない。訴因は「罪となるべき事実」を指すことから、訴因の明示性は、刑法各則の各構成要件（加えて、客観的処罰条件）および主観的要素（故意に加えて、目的や不法領得の意思など主観的超過要素も含む）に該当する事実を示すことを要請する。刑事裁判は、被告人の犯罪事実に関する嫌疑について、裁判所に当該事実の認定を求めて起訴されるものである。その際、訴因（罪となるべき事実）は、刑罰権発動という法律効果の発生に向けた要件事実（民事裁判でいう請求原因事実）と位置付けられ[5]、原告である検察官がそのすべてを主張すべきことを求められるわけである。具体的には、例えば、殺人罪（刑199条）の公訴事実中に、①被告人が（主体）、②被害者に対して（客体）、③その胸部をナイフで数回刺突し（実行行為）、④出血多量によって（因果関係）、⑤死亡させた（結果）との事実と、⑥故意に該当する殺意の存在が、すべて漏れ落ちなく記載されなければならない。

(3) 訴因の特定性

次に、訴因を明示するに当たっては、「できる限り日時、場所及び方法を以て罪となるべき事実を特定」しなければならない。訴因が特定していなければ、その識別・告知機能を果たすことができないからである。したがって、検察官は、捜査段階で得られた資料や情報をもとに、可能な限り、日時、場所、方法等の事実を具体的かつ詳細に記載しなければならない。もっとも、「できる限り」との文言からは、やむを得ない場合には、必ずしも詳らかにされなくてもよい場合があることも予定されている。例えば、犯行の日時について、出入国管理令違反（密出国の罪）において「昭和27年

4月頃より同33年6月下旬までの間」(事例⑤)、または、覚せい剤取締法違反(自己使用の罪)において「昭和54年9月26日頃から同年10月3日までの間」(事例⑥)と一定の幅をもって記載された場合、なおも訴因の特定性の要請は満たされていると言えるか。

判例は、双方の事案で訴因の特定性は満たされているとする。この問題について、事例⑤(白山丸事件)では、訴因の特定性は「犯罪の日時、場所及び方法は、これら事項が、犯罪を構成する要素になつている場合を除き、本来は、罪となるべき事実そのものではなく、ただ訴因を特定する一手段として、できる限り具体的に表示すべきことを要請されているのであるから、犯罪の種類、性質等の如何により、これを詳らかにすることができない特殊事情がある場合には、前記法の目的を害さないかぎりの幅のある表示をしても、その一事のみを以て、罪となるべき事実を特定しない違法があるということはできない」(最大判昭和37・11・28刑集16-11-1633〔百選A17事件〕)、事例⑥(吉田町覚せい剤使用事件)では、「検察官において起訴当時の証拠に基づきできる限り特定したものである以上、覚せい剤使用罪の訴因の特定に欠けるところはない」(最決昭和56・4・25刑集35-3-116〔百選43番事件〕)と、それぞれ判示されている(その後、傷害致死事件について犯行日時、場所、方法等に関する概括的記載も許されるとした事案として、最決平成14・7・18刑集56-6-307がある)。

学説上は、訴因の特定性に関して、識別説と防御説とが対立してきた。識別説は、他の犯罪事実との識別にとって十分な程度に特定されていれば足りるとするが、防御説は、これに加えて被告人の防御に重要な事実もが明確にされているかどうかを問う。例えば、共謀共同正犯において「共謀の上」とのみ記載され、具体的な謀議の日時等が明確にされていない場合(最大判昭和33・5・28刑集12-8-1718〔百選A43事件〕参照)、防御説は、謀議のみ関与した者にとって謀議の日時等は防御上重要な事実であり、その点が明確にされない限り訴因の特定性は満たされないと主張するが[6]、識別説は、共謀(共犯者間の意思連絡)の存在とそれに基づく実行の事実が明らかであれば識別は果たされており、訴因は特定されているという。識別説が通説であり、そこから、判例の結論も基本的に支持されている。犯行の日時、場所、方法等の記載は、それ自体が罪となるべき事実ではなく、あくまでそ

の特定に必要な限りで明確化が要求されるに過ぎないというわけである。

　識別説を前提に、犯行の日時、場所、方法等の記載は、それ自体に必ずしも明確化が要求されないとしても、他の犯罪事実との識別がなされることは、特定性の必須条件となる。例えば、犯行日時に相当の幅があり、その期間内に複数の同種犯罪の実行が可能という場合、特定性の要請が満たされていないことになる。例えば、窃盗罪等の財産犯や、速度違反等の道交法違反などがこれに当たる。では、前掲事例ではどうか。

　まず、事例⑤では、被告人が実行行為である密出国を行った日時が判明せず、6年以上の幅をもって記載されているが、この事件は、被告人が船で帰国したところを拘束され、その際に所持していた旅券に有効な出国印が押されていなかったというものであった。すなわち、当該帰国に対応する出国は論理的に1度きりしかなく、そのような事情を前提とすると、このような幅のある記載によっても、どの犯罪事実が起訴されているかは十分識別できているのであった。例えば、殺人罪や傷害致死罪の事案でも、被害者は1度しか死亡しないという特徴から、同様に考えることができる。

　では、事例⑥はどうか。ここでは覚せい剤自己使用の実行行為について1週間の幅をもって記載されたのであるが、当該期間内に複数の使用行為が行われる可能性がある。この事案について、学説では、起訴された期間内に複数の使用行為が行われたとしても、これらは全体として包括一罪を構成するものであり、個別の使用行為の日時、場所、方法等の詳細を明確にする必要はないとする見解（包括一罪説）[7]がある（最決平成22・3・17刑集64-2-111は、街頭募金詐欺の事案において、包括一罪性を前提に個別行為の特定を不要としている）。しかし、このような見解は、覚せい剤自己使用罪については、1回の使用ごとに1罪を構成するとする実務の見解に反する。この点は置くとしても、包括一罪は刑法上複数の構成要件に該当する行為をなお一罪として包括するものであり、これは訴訟において個別行為が認定された結果そのように評価できるとするものであって、個別行為の特定性を不要とするものではない。これに対して、実務の罪数処理を前提にしつつ、検察官の訴追意思に着目し、一定期間内に複数の使用行為が疑われる場合でも、そのいずれかを問わず1個の行為を起訴したものとする見解（最低1行為説）や、尿検査から遡って最終の行為を起訴したものとする見解（最終1行為説）

が主張されている。これらの見解によれば、犯行日時等に一定の幅をもった記載がなされたとしても、それぞれの意味での検察官の訴追意思が明らかである限りで、訴因の特定性が肯定されうる。

もっとも、前述のような幅のある記載が許されるのは、あくまで具体的事実を「詳らかにできない特殊事情」があることが前提であり、そうでない限り、「できる限り」の特定性が求められることは確認しておかなければならない。また、そのような場合も、例えば、公判開始後（または公判前整理手続）に求釈明（刑訴規208条）等によって、検察官の訴追意思が前述のような趣旨であることが確認されなければならない。

[4] 訴因の予備的・択一的記載

訴因は、公訴提起の段階で予備的または択一的に複数のものを記載しておくことができる（256条5項）。例えば、窃盗罪で起訴すべき事案において証拠関係から横領罪の可能性もあると判断された場合、検察官は、窃盗罪を主位的訴因として予備的に、またはこれと択一的に、横領罪の訴因も設定しておくことができる（事例⑦）。

事例⑦では、裁判所は、窃盗罪だけでなく横領罪に係る事実も審判することができるが、予備的訴因は順位があるが、択一的訴因は両者が並立しているという違いがある。予備的訴因の場合、あくまで主位的訴因である窃盗罪の審理を優先させ、それが否定される場合に初めて横領罪の審判に移るが、択一的訴因の場合、そのような順位付けはない。

ただし、実務では、公訴提起の段階から検察官が訴因を予備的または択一的に記載することはほとんどない（そもそもそのような不確かな嫌疑のまま起訴することについて、前述本章1節C）。

[5] 訴因変更
(1) 訴因変更の意義

刑事訴訟の審判対象が訴因であるとすると、裁判所は、検察官が主張する訴因を超えて異なる事実について審判することは許されない。例えば、窃盗罪の訴因で起訴されたが公判で実は横領罪だったことが判明した場合、窃盗罪の訴因のままでは横領罪を認定して有罪とすることはできない（事

例⑧)。なぜなら、窃盗罪が訴因として審判対象とされているということは、裁判所に求められた判断は、「窃盗罪の事実が認められるかどうか」であって、「窃盗罪かまたは横領罪か」ではないからである。したがって、上記事例では、そのままの訴因であれば無罪判決を下すしかない。窃盗罪の罪となるべき事実は被害者の占有を侵害することであるが、横領罪が真実であったということは、被害者に財物の占有がなかったということになるからである。

　もっとも、このような場合にいったん無罪判決を下した上で改めて横領罪で起訴からやり直すというのは、時間的にも、作業効率的にも無駄である。被告人にとっても、再起訴されて結局は有罪判決を下されることになるのであれば、負担が大きいばかりである。そこで、このような事態に備えて、公判前または公判の途中で検察官が主張した訴因と裁判所の心証(証拠から推測される事実)とにずれが生じてきた場合、審判対象を変更することが求められる。それが、訴因変更の制度である(312条)。検察官は、公判前または公判の途中で上記のような事態が生じてきた場合、当初の主張を変えて、訴因(または罰条＝以下省略)を追加し、撤回し、または変更することができるのである。これによって、例えば、窃盗罪の訴因にそれと牽連犯の関係にある住居侵入罪を付け加えること(追加)、逆に住居侵入罪と窃盗罪の訴因から前者を取り除くこと(撤回)、または窃盗罪の訴因を横領罪に変更すること(変更＝狭義の変更)ができる。

　訴因変更については、①いかなる場面で必要的となるか(訴因変更の必要性＝後述B)、②どの範囲まで変更することができるか(訴因変更の可能性＝後述C)、③裁判所はどのような役割を求められるか(後述D)という問題がある。

(2) 訴因変更の手続

　訴因変更の手続は、検察官の請求を裁判所が許可するという方法による(312条1項)。訴因は審判対象の設定であり、これは刑事裁判の原告として一方当事者である検察官の権限であるから、訴因の変更に際しても、検察官の主導によるのである。裁判所は、訴因変更の前後で「公訴事実の同一性」が認められる限り、原則として、検察官の請求を許可しなければならない(例外的に不許可とすべき場合について、後述本章4節D)。

訴因変更の請求は、原則として、書面を提出して行い、被告人側にその謄本が送達される。そして、検察官は、公判期日に訴因変更請求書を朗読しなければならない（規209条1項乃至4項）。訴因変更は審判対象の変更であり、起訴状に準じた取扱いが求められるのである。ただし、公判期日に被告人が在廷している場合は、訴因変更を口頭で行うこともできる（規209条6項）。この場合、書面の提出および謄本の送達等の手続は省略することができる。訴因変更は、公判前整理手続の中で行うこともできる（316条の5第2号）。

訴因が変更されると、裁判所の審判対象が変更され、これに伴って被告人側の防御対象にも変動が生ずることになる。そのため、訴因変更によって被告人側の防御に実質的な不利益が生ずるおそれがあるときは、裁判所は、被告人側に十分な防御準備をさせるために必要な期間、公判手続を停止しなければならない（312条4項）。

B 訴因変更の必要性
[1] 訴因の拘束性

前述のとおり、例えば、窃盗罪の訴因で起訴されたが公判の途中で横領罪であることが判明した場合、窃盗罪の訴因のままで横領罪を認定し、有罪判決を下すことはできない。これは、訴因が審判対象であり、裁判所の審判権限が訴因に拘束されることからの帰結である。これを「訴因の拘束性」という。このような場合、訴訟を継続し横領罪について審判するためには、訴因変更が必要になる。

では、「被告人は被害者に暴行し、その犯行を抑圧した上で現金10万円を強取した」との訴因で起訴されたが、公判において、例えば、「被告人が強取したのは10万200円だった」との事実が判明した場合（事例⑨）、または、「被告人は暴行後に初めて財物奪取の意思を生じ、かつ、それ以上の暴行等を加えることなく10万円を奪った」との事実が判明した場合（事例⑩）、やはり訴因変更が必要になるのであろうか。

まず、事例⑨では、被告人が被害者から現金を強取したという点で法的構成に変化はないが、客体である現金について「200円」の違いが生じている。訴因の本質を事実記載に求める事実記載説からは、事実に違いが生じ

ていることから、訴因変更の必要性が問題となる。しかし、訴因は罪となるべき事実であり、識別説を前提にすると、客体の具体的内容（強取した金額）は、犯行の日時、場所等と同じく、これを特定するための要素に過ぎない。そうだとすると、強盗罪の罪となるべき事実がすべて明示されている場合、10万円か10万200円かの違いは罪となるべき事実の特定にとって本質的なものではなく、そもそも「約10万円」といった概括的な記載も許されることからしても、改めて訴因変更の厳格な手続をとる必要はない。裁判所として、当初の訴因のまま「10万200円」と認定してよい。

　他方、事例⑩では、暴行と財物奪取との因果関係が否定されることになれば、強盗罪から窃盗罪へと罪名が変化することになる。それは、当初の訴因から事実が変化したことに伴うものであることから、この場合も、やはり訴因変更の必要性が問題となる（強盗一罪から窃盗＋暴行二罪に変化する点については後述 [3] (2)）。しかし、強盗罪と窃盗罪の事実を比較してみると、強盗罪は①暴行（または脅迫）と②財物奪取とが組み合わされた結合犯であり、本事例の場合、①の事実のみ否定し②の事実だけを認定するものである。このように、「裁判所がその態様及び限度において訴因たる事実よりもいわば縮少 [ママ] された事実を認定するについては、敢えて訴因罰条の変更手続を経る必要がない」（最判昭和26・6・15刑集5-7-1277）。これを「縮小認定の理論」という。縮小認定がなされる場合、裁判所が認定すべき事実は既に当初の訴因に含まれており、これによっても訴因の拘束性に反するものではなく、かつ、被告人にとってもその防御範囲は既に告知されている。つまり、大は小を兼ねるというわけである。ただし、このような縮小認定は、検察官が部分的にせよその処罰を求めて訴追していること、つまり、裁判所の認定すべき事実についてその訴追意思が及んでいることが前提である。したがって、例えば、財産犯である強盗罪の訴因でその一部の事実たる暴行のみを認定するような場合、求釈明により、検察官の訴追意思が暴行のみでも否定されないものであることが確認されなければならない。

[2] 訴因変更が必要となる場合の基準
(1) 従来の議論
　訴因が審判対象であるとの前提から、訴因記載の事実と裁判所の心証と

に違いが生ずると訴因変更が必要となるが、「事実」の内容次第で訴因変更が不要となる場合もある。そうすると、どのような事実にどの程度の変化が生じた場合に訴因変更が必要的となるのかが問題となる。従来、この問題について、特に被告人の防御への影響をどのような形で考慮するかをめぐって検討されてきた。例えば、当初は窃盗罪で起訴され、公判の途中で横領罪に訴因変更されたが、その後の証拠調でやはり窃盗罪であることが判明した場合、裁判所は窃盗罪で有罪認定することができるか（事例⑪）。

判例は当初、「審理の経過に鑑み被告人の防禦に実質的な不利益を生ずる虞れがないものと認めるとき」は訴因変更を要しないとして、訴訟における被告人の具体的な防御態様に着目していた。例えば、窃盗共同正犯で起訴されたが、被告人が自身の行為を窃盗幇助であるとして共同正犯は否認していた事案では、訴因変更を要せず窃盗幇助で有罪認定してよいとされている（最判昭和29・1・21 刑集8-1-71。これを「具体的防御説」という）。しかし、判例はその後、訴訟の具体的経過を考慮することなく、およそ一般的・抽象的に事実を比較して判断するようになった。例えば、「もともと収賄と贈賄とは、犯罪構成要件を異にするばかりでなく、一方は賄賂の収受であり、他方は賄賂の供与であつて、行為の態様が全く相反する犯罪である」として、訴訟の具体的経過に鑑みることなく訴因変更が必要とされている（最判昭和36・6・13 刑集15-6-961。これを「抽象的防御説[8]」という）。

両説から事例⑪を検討すると、まず、具体的防御説からは、当初は窃盗罪として訴因が構成され、その後横領罪に訴因変更がなされているが、当初の訴因設定により、最終的に認定すべき窃盗罪については既に具体的な防御の機会が保障されていたと言える。したがって、横領罪の訴因のままで窃盗罪を認定してよい。これに対して、抽象的防御説からは、訴因変更により設定されている横領罪の訴因と、最終的に認定すべき窃盗罪とを一般的・抽象的に比較することになり、両罪は占有の状態という被告人の防御にとって本質的な部分に変動が生ずるものであることから、訴訟の具体的経過にかかわらず訴因変更が必要になる。

(2) 最高裁平成13年決定

判例はその後、被告人の防御の観点を後退させ、訴因の拘束力を正面から問題とするようになった。例えば、「過失犯に関し、一定の注意義務を課

す根拠となる具体的事実については、たとえそれが公訴事実中に記載されたとしても、訴因としての拘束力が認められるものではない」というのである（最決昭和63・10・24刑集42-8-1079）。そうすると、ここで「訴因としての拘束力」とは如何なる意味か、また、被告人の防御権への配慮は訴因変更の必要性にどのような意味を持つものかといった点が問題となった。

最高裁平成13（2001）年決定（最決平成13・4・11刑集55-3-127〔百選45番事件〕）は、この課題に答えて、訴因変更の必要性に関する基準を明確にしたものである。本件は、被告人が共犯者と共同して、もともと保険金詐欺の共犯であったAを口封じのために絞殺したという事案である。公訴事実における犯行日時、場所等の概括的な記載も問題となったが、特に実行行為者の記載について次のような訴訟経過をたどった。

当初の公訴事実では、「被告人は、共犯者と共謀の上……殺害した」として実行行為者が特定されていなかったのであるが、被告人が共犯者との共犯関係を否認して無罪を主張したため、その点に関する証拠調が行われた末に、「被告人は、共犯者と共謀の上……被告人が……殺害した」との訴因に変更された。しかし、第1審裁判所は、被告人と共犯者との共謀による殺人は認められるとしつつ、最終的に実行行為者が誰であるかを特定することができなかったため、判決では、罪となるべき事実として「被告人は、共犯者と共謀の上……共犯者又は被告人あるいはその両名において……殺害した」と認定したのである。すなわち、変更後の訴因と裁判所が認定した事実との間で、実行行為者について、「被告人」という限りで一致するのであるが、それ以外の「共犯者」および「両名」という部分に齟齬がある。そこで、このような認定の仕方が許されるのか、殺人共同正犯における実行行為者の記載が訴因変更の必要性との関係でいかなる意味を持つものであるかが問題となった。

最高裁は、この問題について、公訴事実の記載を段階的に考察し、①事実に変動が生じた場合に必ず訴因変更を必要とするもの（絶対的要変更事項）と、②訴訟の具体的事情によって必要となるかどうかが相対的に決せられるもの（相対的要変更事項）とに分析して、訴因変更の具体的基準を示した。

すなわち、第1段階の絶対的要変更事項については、「審判対象の画定」という視点から、「殺人罪の共同正犯の訴因としては、その実行行為者がだ

れであるかが明示されていないからといって、それだけで直ちに訴因の記載として罪となるべき事実の特定に欠けるものとはいえないと考えられるから、訴因において実行行為者が明示された場合にそれと異なる認定をするとしても、審判対象の画定という見地からは、訴因変更が必要となるとはいえない」とした。

　そして、第2段階の相対的要変更事項については、被告人の防御の視点を挙げて、「実行行為者がだれであるかは、一般的に、被告人の防御にとって重要な事項であるから、当該訴因の成否について争いがある場合等においては、争点の明確化などのため、検察官において実行行為者を明示するのが望ましいということができ、検察官が訴因においてその実行行為者の明示をした以上、判決においてそれと実質的に異なる認定をするには、原則として、訴因変更手続を要するものと解するのが相当である」とした。

　しかし、この第2段階として問題となる「実行行為者の明示は、前記のとおり訴因の記載として不可欠な事項ではないから、少なくとも、被告人の防御の具体的な状況等の審理の経過に照らし、被告人に不意打ちを与えるものではないと認められ、かつ、判決で認定される事実が訴因に記載された事実と比べて被告人にとってより不利益であるとはいえない場合には、例外的に、訴因変更手続を経ることなく訴因と異なる実行行為者を認定することも違法ではない」としている。すなわち、この場面で問題となる訴因変更は被告人の防御保障という観点から求められるものであるから、訴因変更以外の手段で代替しうるというわけである。これによると、当該事実については、訴訟の具体的経過に鑑みて被告人に不意打ちを与えるものではないと認めうる限りで、かつ、認定事実が明示された事実よりも不利益とならない限りで、訴因変更を要しない。

　本決定が示した基準は、訴因の識別機能を第一義的に捉えたものと評されている。これによると、従来検討の中心に置かれてきた被告人の防御保障の観点は訴因の本質的な問題ではないから、防御上重要な事項についても争点の明確化等の手続がとられれば足り、訴因変更と切り離して処理しうることが明らかにされたのである。

　判例はその後、現住建造物放火罪の事案で、被告人がガスに引火して爆発させたという実行行為に関する事実を相対的要変更事項と位置付けた上

で、「検察官の主張内容、裁判所の求釈明や証拠調における発問等の具体的な審理経過に照らせば、原判決の認定は引火、爆発させた行為についての本件審理における攻防の範囲を超えて無限定な認定をした点において被告人に不意打ちを与えるもの」として、訴因変更を経ることなく公訴事実に記載された実行行為の態様と異なる事実を認定した手続を違法としている（最決平成24・2・29刑集66-4-589）。この決定は、相対的要変更事項の検討から始めているが、実行行為の態様は放火罪においても審判対象の画定に不可欠の事項とは言えないとの判断が論理的に先行しているのであり、平成13年決定の判断基準が実務に浸透している。

(3) 過失犯と訴因

平成13年決定は、訴因変更の必要性に関する明確な判断基準を示したものであるが、これは故意犯の事案であった。この判断基準は、もとより過失犯でも共通して使用されうるものであるが、過失犯はその実体刑法上の要件が刑法規定に明確ではなく、言わば開かれた構成要件として故意犯とは異なる構造を持つ。現在の実務ではいわゆる「新過失論」に基づいて要件事実が立てられており[9]、これを前提に、若干の説明を行っておく。

新過失論によると、過失犯における「過失」とは客観的注意義務（結果回避義務）に違反することであり、予見可能性がその前提として位置付けられる。そこで、過失犯として刑事裁判で審理されるのは、①注意義務を導く根拠となる事実（予見可能性を示す事実）、②具体的注意義務の内容、③注意義務に違反する（過失の）行為態様ということになる。このうち過失犯の実行行為は③であり、①および②はそれを特定するための事項となる。

判例もこのような理解に立ち、例えば昭和63（1988）年決定では、被告人が乗用車を運転中に「当時降雨中でアスファルト舗装の路面が湿潤し滑走しやすい状況であった」から、あらかじめ減速して進行すべき業務上の注意義務があるのに、これを怠った過失により対抗してきた被害者運転の乗用車に自車を衝突させて同人に傷害を負わせたという訴因に対して、原判決が「石灰の粉塵が路面に堆積凝固していたところへ折からの降雨で路面が湿潤し、車輪が滑走しやすい状況にあつた」という事実を認定したことについて、「過失犯に関し、一定の注意義務を課す根拠となる具体的事実については、たとえそれが公訴事実中に記載されたとしても、訴因としての

拘束力が認められるものではないから、右事実が公訴事実中に一旦は記載されながらその後訴因変更の手続を経て撤回されたとしても、被告人の防禦権を不当に侵害するものでない限り、右事実を認定することに違法はない」と判断している。なお、過失の行為態様に関しても、被告人が進路前方を注視せず、進路の安全を確認しなかったという公訴事実において、「進路前方を注視せず、ハンドルを右方向に転把して進行した」という事実が認定された事案において、このような認定は検察官の当初の訴因における過失の態様を補充訂正したにとどまるとの理由で、訴因変更が不要とされている（最決平成15・2・20 裁判集刑 283-335）。

[3] 訴因変更と関連する手続
(1) 争点の変更

例えば、共謀共同正犯の事案で、共謀にのみ関与した被告人に関して、訴因としては記載されていなかった具体的謀議の日時について検察官が「3月12日から14日」と釈明主張したところ、第1審裁判所が特に3月13日および14日の両日に行われた謀議を認定して有罪としたため、被告人側が控訴した場合、控訴審裁判所は、右両日のアリバイ主張を認めつつ、3月12日の謀議への参加を認めて有罪とすることはできるか（事例⑫）。

この事例は、平成13年決定の判断基準によると、共謀共同正犯においては共犯者間の意思連絡（共謀）の存在が審判対象の画定に不可欠の事項であるが、その形成過程である具体的謀議の日時等の事実はこれに当たらないことから、相対的要変更事項の問題となる。もとより、事例⑫ではそもそも謀議の日時が訴因に示されていたわけではないが、被告人の防御の観点からは同種の問題である。

判例は、本事例について、「少なくとも、一二日夜の謀議の存否の点を控訴審における争点として顕在化させたうえで十分の審理を遂げる必要がある」とした上で、上記のような認定は被告人に不意打ちを与えるものとして違法としている（最判昭和58・12・13刑集37-10-1581「日航よど号ハイジャック事件」）。争点顕在化の措置として、具体的には、被告人の防御に重要な事項については検察官に釈明を求めるなどして、被告人が争点として十分な防御をなしうるよう配慮されなければならないのである。

(2) 罪数の変化と訴因の関係

例えば、複数の行為が1個の窃盗罪を構成するとして起訴されたところ、公判審理の結果として複数の窃盗罪を構成することが判明した場合（事例⑬）、または、逆に複数の窃盗罪が併合罪として起訴されたところ、1個の窃盗罪であることが判明した場合（事例⑭）、それぞれ、いかなる手続が必要か。これらは、当初の訴因と裁判所の心証とにおいて罪数関係に変化が生じた事案であり、起訴の個数に関係する問題である。この点について、学説では、訴因の補正を必要とする見解[10]も見られるが、判例は、訴因変更の問題とした上で、被告人の防御に不利益が生じない限り訴因変更なく有罪認定できるとしている（最判昭和29・3・2刑集8-3-217）。

この問題は、事実の変化がある場合と、変化がない場合とに分けて考察すべきである。すなわち、第1に、公訴事実と裁判所の心証との間に事実面で変化がある場合、当初の訴因はそもそも適法なのであって、これを補正すべき理由はなく、訴因変更の問題として処理すれば足りる。その際、1罪が数罪に変化する場合は、訴因変更をした上で、切り離された部分については追起訴が必要となる。他方、数罪が1罪に変化する場合、やはり1罪にまとめた上で、その他の起訴については公訴棄却の決定（339条1項5号）をしておくべきである。第2に、事実に変化がない場合、訴因変更は不要であり、数罪を1罪と認定する場合には、当該公訴事実を1罪の起訴として解釈できる限度でそのまま認定してよい。他方、1罪を数罪と認定する場合には、当初の訴因を補正して、罰条ごとに書き分けさせた上で、有罪認定すればよい[11]。

C 訴因変更の可能性──「公訴事実の同一性」論
[1]「公訴事実の同一性」の機能

訴因変更は、「公訴事実の同一性を害しない限度において」認められる（312条1項）。この範囲内であれば、訴因変更手続を経ることによって、1回の手続で当初の訴因にとどまらず広く犯罪の嫌疑を解明することができる。この「公訴事実の同一性」は1個の事件、同一の事件（以下、「同一事件」）を表す概念であるが、この範囲で訴因変更を可能とすることで、同一事件に関しては1回の訴訟で解決を図ることが可能となるのである。これによ

り、公訴事実に明示された訴因と公判における証拠関係から導かれる裁判所の心証とにずれが生じた場合でも、同一事件である限りで、改めて再起訴をして裁判をやり直すといった迂遠な方法を取る必要がなくなるわけである。

このようにして、公訴事実の同一性の範囲で訴因変更を可能にするという制度は、同一事件について1回の訴訟で解決を可能にさせるものであるが、その反面として、同一事件については1回の訴訟で解決しておかなければならないという義務を伴うものでもある。憲法39条2文は「同一の犯罪」について重ねて刑事責任を問うことを禁止するが（一事不再理原則＝後述第6章3節D）、判例・通説は、この同一の犯罪とは刑訴法上の公訴事実の同一性の範囲と一致すると理解している（最大判平成15・4・23刑集57-4-467〔百選39番事件〕、最判平成15・10・7刑集57-9-1002〔百選97番事件〕など）。これによると、公訴事実の同一性が認められ、訴因変更を通じて1回の訴訟で解決が可能とされる範囲においては、時間的に並行して複数の公訴提起を行うこと（二重起訴）や、時間的に前後する複数の公訴提起を行うことは許されない。

このようにして、「公訴事実の同一性」の概念は、言わば訴訟の枠組みを設定するという重要な機能が与えられている（これ以外にも、公訴時効停止の効果が及ぶ範囲〔前述第3章3節B〕や、捜査段階における一事件の範囲〔前述第2章3節D〕も、基本的に、この公訴事実の同一性を基準として決定される）。

[2]「公訴事実の同一性」の判断基準
(1) 二元的考察法

公訴事実の同一性は、同一の事件については1回の訴訟で解決を可能とさせる概念であるが、これは具体的にどのような基準で判断されるべきか。例えば、窃盗罪の訴因で起訴された事件で、被害金額が10万円から11万円に変更される場合（事例⑮）、②窃盗罪ではなく横領罪に変更される場合（事例⑯）、③窃盗罪に被害者宅への住居侵入罪が追加される場合（事例⑰）、これらの訴因変更は許されるか。

公訴事実の同一性は、一般に、①公訴事実の単一性（1個の事件）と、②狭義の同一性（同一の事件）とに区別して検討される。公訴事実の単一性は、

複数の犯罪が成立する場合になお1回(1個)の手続の対象とできるかという問題であり、狭義の同一性は、両立しない関係にある犯罪が実は審判されるべき事件として同一のものであるかという問題である。両者はそれぞれ次元の異なる問題であり、そのいずれかが肯定される場合に公訴事実の同一性が認められ、訴因変更が許されることになる。

　旧法時代には、「公訴不可分の原則」が妥当し、公訴事実の単一性は狭義の同一性を検討するための前提であると考えられていた。旧法では訴因制度がなく公訴事実(社会的事象)全体が審判対象とされていたが、そのためには、新たに審判に加えられるべき事実が起訴された事件と合わせて単一であり、かつ、同一のものである必要があったのである。しかし、現行法では訴因制度が採用され、裁判所の審判権限もこれによって画されることになったため、訴因の背後に目を向けることはできなくなった。つまり、あくまで変更前後の訴因を相互に比較して、両訴因はなおも単一、または、同一の関係にあるかということで、次元の異なる問題と位置付けられることになるわけである。したがって、訴因変更の可能性を検討するに当たっては、公訴事実の単一性または狭義の同一性のいずれかが肯定されれば足りるのである。

　これにより、事例⑮および⑯は狭義の同一性の問題に、事例⑰は公訴事実の単一性の問題に、それぞれ振り分けられる。

(2) 公訴事実の単一性

　公訴事実の単一性とは、複数の犯罪事実についてなお1個の事件と言えるかどうかという問題である。前述のとおり、旧法時代には裁判所の審判権限が検察官より摘示された事実に限定されず、例えば、常習犯の一部を犯罪事実として起訴された場合、実体法上一罪の関係にあるその余の事実も審判の対象とすることができた(公訴不可分の原則)。しかし、訴因制度を持つ現行法のもとでは、裁判所の審判権限も訴因によって規制され、このような公訴不可分の原則は妥当しないものとなった。公訴事実の単一性も、あくまで検察官が当初主張した訴因を公判の途中でどこまで変更してよいかという問題として理解されるものとなった。

　公訴事実の単一性は、判例・通説によると、もっぱら刑法上の罪数論によって決せられ、刑法上の一罪性に完全に従属する(前掲平成15年10月判

決)[12]。これによると、単純一罪や包括一罪はなおのこと、科刑上一罪（刑54条1項）の場合も公訴事実の単一性が認められることになる。事例⑰では、窃盗罪とこれに追加される住居侵入罪とが牽連犯の関係にあると認められる場合には（また、その限りで）公訴事実の単一性が認められ、訴因変更（訴因の追加）が認められることになる。

常習窃盗罪（盗犯等ノ防止及処分ニ関スル法律2条・3条）も、個別の窃盗行為は相互に併合罪の関係にあるが、常習性が付加されることで一罪となることから、全体として公訴事実の単一性が認められる（いわゆるかすがい現象も同様の結論となる）。ただし、このような帰結は、公訴不可分原則が妥当するのではなく、あくまで変更前後の訴因の比較によって導かれるものである。したがって、実体的には常習窃盗罪の嫌疑が認められる場合でも、検察官が常習性を明示せず複数の窃盗行為を単純窃盗罪として訴因を構成する場合には、両訴因間の単一性は否定されることになる（前掲平成15年10月判決）。

(3) 狭義の同一性

狭義の同一性とは、変更前後の訴因を比較してなおも同一の事件と言えるかどうかという問題である。公訴事実の単一性が刑法上の罪数論と結び付けて論じられてきたのに対して、狭義の同一性は、刑訴法独自の問題として議論されてきた。

判例は、古くから「基本的事実の同一性」という基準を挙げ、変更前後の訴因について日時、場所等の近接性、被害客体の共通性などの有無により判断してきた（基本的事実同一説）。特に双方の事実に非両立（択一）関係が認められる場合、基本的事実の同一性が肯定される傾向にある。例えば、「10月14日ごろ静岡県長岡温泉で、宿泊客Aの背広を窃取した」という窃盗罪の訴因から「10月19日ごろ東京都内で、BからAの背広の処分を依頼され質入れしてやった」という盗品関与罪の訴因へと変更される場合（最判昭和29・5・14刑集8-5-676）、「公務員Aと共謀のうえ、Aの職務上の不正行為に対する謝礼の趣旨で、Bから賄賂を収受した」という加重収賄罪の訴因から「Bと共謀のうえ、右の趣旨で、公務員Aに対し賄賂を供与した」という贈賄罪の訴因へと変更される場合（最決昭和53・3・6刑集32-2-218〔百選46①番事件〕）などで、公訴事実の同一性が認められている。

学説では多様な見解が主張されてきたが、ここでは、狭義の同一性を判

断するための2つの観点を指摘しておきたい。第1に、公訴事実の同一性は1回の訴訟で解決すべき犯罪嫌疑の範囲を画する概念であるから、変更前後の訴因の間で国家の刑罰関心において同一であることが要求される。例えば、被告人が被害者Aから10万円を奪ったという事件で、それが窃盗罪から横領罪への訴因変更が問題となる場合（事例⑯）、当該事象に対する国家の刑罰関心は被告人のAに対する財産犯の処罰という意味で同一であり、1回の訴訟で解決が要求される関係にある。第2に、訴訟上の関心から、被告人の犯罪行為またはそれによって生じたとされる結果に共通性が認められるとき、それらを立証するための証拠もおおよそ共通することから、やはり1回の訴訟で解決することが合理的である。事例⑯では、被告人が行ったとされる犯罪行為は窃盗から横領へと変化しているが、被害者Aが奪われた10万円の現金という結果に共通性が認められるため、その点の立証活動も共通する。このような場合、1回の訴訟を継続することが合理的であるから、同一性が肯定されてよい。

なお、事例⑮の場合、前述のとおり、そもそも訴因変更は必要的ではないが、この場合も検察官が任意に訴因変更を請求することは可能である。したがって、このような事案でも両訴因間の同一性が問題となる。被害額が10万円から11万円に変化した程度では、刑罰関心に違いはなく、証拠関係も基本的に共通する。しかし、10万円から1億円に変化するような場合には、双方の観点で大きな違いが生ずる（また、通常は証拠の共通性も認められない）ため、公訴事実の同一性は否定されることになる。

[3] 原訴因の拘束力

例えば、窃盗教唆犯で起訴されたが、被告人も実行行為に関与したとしてその共同正犯に訴因変更されたところ、さらに被告人は本犯者が窃盗を終了した後に盗品の保管にのみ関与していたという事実が明らかになった場合、現在の訴因である窃盗共同正犯から盗品関与罪への訴因変更は可能か（事例⑱）。これは複数回の訴因変更が行われる場合、確かに最終的に変更される訴因相互の間では公訴事実の同一性が認められるが、当初の原訴因と最終の訴因との間には同一性が否定されるという場合に、原訴因に拘束力を認めて訴因変更は否定されるべきかという問題である。この問題は、

訴因変更の可能性を判断するに当たってのアプローチの違いと関連し、審判対象をめぐる本質的なものである。

　事例⑱では、前提として、刑法上は窃盗教唆犯と窃盗共同正犯とは両立せず、基本的事実関係が共通する関係にある。そして、窃盗共同正犯と盗品関与罪も同様の関係にある。それゆえ、単純にそれぞれの訴因同士を比較することで判断すべきであるとするならば、各段階での訴因変更は可能になる（比較のアプローチ）。他方、原訴因である窃盗教唆犯と最終訴因である盗品関与罪とは事実において両立し、刑法上も併合罪の関係にある（大判明治44・5・2刑録17-745、最判昭和24・7・30刑集3-8-1418）。したがって、狭義の同一性の観点だけでなく、単一性の観点からも、公訴事実の同一性が否定される（帰属のアプローチ）。帰属のアプローチは、訴因変更によって審判対象から除外されたはずの原訴因になおも一定の効力を認めるものであり、言わば訴因の背後に一定の事象を想定して変更前後の訴因がその事象に共通した基盤を持つものであるかどうかを判断するものである。しかし、現行法において、訴因制度はそのような訴因の背後に想定される一定の事象を審判から排除するところに意義がある。それゆえ、帰属のアプローチは否定されるべきであり、比較のアプローチによるべきである。

　比較のアプローチを前提にすると、事例⑱では、公訴事実の同一性は否定されず、訴因変更が認められる。

D　訴因変更に関する裁判所の役割

　訴因は審判対象であり、起訴状におけるその設定から訴因変更に至るまで、基本的に検察官の専権事項とされている。もっとも、裁判所も刑事訴訟手続の主宰者として（最判平成28・12・19刑集70-8-865）、訴因変更が問題となる場面で一定の関与が予定されている。ここでは、①訴因変更請求を不許可とする場合と、②訴因変更を命じる場合とに分けて説明する。

[1] 訴因変更の許否

　検察官が公判の途中で訴因変更を請求した場合、裁判所は、「公訴事実の同一性」が認められる限りで、その請求を許可しなければならない（312条1項）。もっとも、例えば検察官の訴因変更請求が、長期にわたる証拠調が

終了し論告・求刑の直前に申し立てられたような場合も、裁判所は、やはりこれを許可しなければならないのだろうか（事例⑲）。

　ここでは、訴因変更の内容ではなく、その申立ての時機が問題となっている。刑訴法上、この点に関する明示の規定はないが、このような事案では、他方当事者である被告人の利益も考慮されなければならない。裁判所は、訴因変更によって被告人の防御に実質的な不利益が生ずるおそれがあるときは、被告人側の請求に基づいてその充分な防御準備に必要な期間、公判手続を停止しなければならない（312条4項）。さらに、本規定の趣旨からは、検察官が訴因変更を請求した時機が長期の証拠調を経て結審間近であった場合など、公判停止ではもはや被告人に生ずる実質的不利益を除去できず、それによって裁判の公平が損なわれるような場合には、訴因変更請求は不許可とされることになる（福岡高那覇支判昭和51・4・5判タ345-321〔百選A21事件〕）。

　ただし、本福岡高裁那覇支部判決では、検察官が変更請求した事実はそれまでに自ら訴因から除外することを確認していたものであったことや、原訴因については長期の審理を経て被告人側の防御が十分成功したとみられたものであったことが指摘されており、訴因変更の許否が単に時間的な長短で決せられるものではないことが確認されなければならない。学説においても、検察官の訴訟上の権限濫用（規1条1項）や、迅速かつ公平な裁判の原則（憲37条1項）などを根拠にこのような結論を支持する見解が見られる[13]。

　これと関連して、公判前整理手続を経た事件では、一定の制約が認められている。すなわち、公判前整理手続は充実した争点整理や審理計画の策定を図ることを目的とし、それが終了した後は証拠調の請求が制限されることとなっているが（316条の32）、その前提として、主張に関しても一定の制限があるものと考えられている（後述**第4章2節D**）。訴因変更は正に主張の変更に他ならないことから、公判前整理手続の趣旨に反するような申立ては許されない（東京高判平成20・11・18高刑61-4-6〔百選56番事件〕）。ただし、このような場合でも、公判の経過から争点が変移し、それに伴って新たな事実が判明したようなときは、本手続の趣旨にも反せず、また権利濫用にも当たらないことから、請求は許可される（前掲東京高裁平成20年判決）。

訴因変更は控訴審でも行いうるが（最決昭和29・9・30刑集8-9-1565）、その場合も、訴訟の具体的状況や検察官の訴訟態度などから、これが権利濫用に当たり公平な裁判に反するものとみられる場合には、訴因変更請求は不許可とされる（ちなみに、控訴審での訴因変更は、原審に事実認定の誤りや法令違反があって破棄される場合に初めてその効力が生ずる。最判昭和42・5・25刑集21-4-705、最判平成30・3・19刑集72-1-1）。

[2] 訴因変更命令
(1) 訴因変更命令の意義
　訴因の設定およびその変更は検察官の専権事項であるが、審理の経過に鑑みて適当と認められるときには、例外的に、裁判所にも訴因変更を命令する権限が与えられている（312条2項）。これは、審判対象の設定・変更が当事者である検察官に委ねられていることに対して、訴訟の真実発見を目的として、裁判所にも一定の介入権限を認めるものであり、当事者主義を職権主義的に補完する制度である。
　ただし、あくまでその例外的な位置付けからは、本権限はできるだけ抑制的に行使されるのでなければならない。
(2) 訴因変更命令の義務性
　裁判所の訴因変更命令は、刑訴法上は「できる」と規定されている。裁判所は、任意でその命令権限を行使することができるのであるが、審判対象の設定が検察官の専権であることを考慮すると、この権限の行使は抑制的でなければならない。裁判所としては、直ちに訴因変更を命令するのではなく、求釈明の権限を通じて、検察官に訴因変更を促したり勧告することから試みなければならない。その意味で、訴因変更命令は、究極の場面に備えた最終的な手段である。
　このような訴因変更命令の行使は、規定上、裁判所の裁量に委ねられるが、その不行使が違法になることがあるか。例えば、殺人罪の訴因に対して、裁判所として被告人の故意を認めることは困難であるが、証拠関係から重過失致死罪の成立は確実に見込まれるという場合、それにもかかわらず、訴因変更命令を発しないまま無罪とすることによって、審理不尽等を理由に違法とされることはあるだろうか（事例⑳）。

判例は当初、この問題について、「起訴状に記載された殺人の訴因についてはその犯意に関する証明が充分でないため無罪とするほかなくても、審理の経過にかんがみ、これを重過失致死の訴因に変更すれば有罪であることが証拠上明らかであり、しかも、その罪が重過失によって人命を奪うという相当重大なものであるような場合には、例外的に、検察官に対し、訴因変更手続を促し又はこれを命ずべき義務がある」としていた(最決昭和43・11・26刑集22-12-1352)。しかし、その後、同様に事案の重大性と有罪認定の明白性が認められたにもかかわらず、公判審理における検察官の訴因に関する訴訟態度や、これに応じる被告人側の防御活動など諸般の事情に照らして、当該事案では裁判所の訴因変更命令を発する義務はないと判断されている (最判昭和58・9・6刑集37-7-930〔百選47番事件〕)。

判例のこのような傾向からは、事例⑳では、事案の重大性と有罪認定の明白性が認められることを前提に、具体的訴訟経過から裁判所の訴因変更命令の義務性が判断されることとなる。基本的には、裁判所として訴因変更の勧告程度がなされていれば、それ以上に訴因変更命令が義務的となることはない。

(3) 訴因変更命令の形成力

例えば、窃盗罪で起訴されたが、裁判所が審理の経過に鑑みて適当と判断して横領罪に訴因変更を命令した場合、検察官の訴因変更請求がなくても、以後は横領罪を訴因として審判することができるか (事例㉑)、また逆に、検察官が窃盗罪から横領罪に訴因変更を請求したが、横領罪は認定できず原訴因の窃盗罪のままであれば有罪認定できると判断した場合、裁判所は検察官の請求を不許可とできるか (事例㉒)。

前者は、訴因変更命令の効力として、それ自体に形成力 (訴因変更を生じさせる効力) があるかという問題である。刑訴法312条1項の規定上は、検察官の訴因変更請求を裁判所が許可することとなっており、裁判所に訴因変更の最終決定権限があるように読めることから、裁判所が命令を発すると直ちに訴因変更の効力が生ずるという考え方も成り立ちうる。しかし、判例はこの結論を否定し (最大判昭和40・4・28刑集19-3-270〔百選A23事件〕)、学説でも同様に理解されている。これによると、裁判所が訴因変更命令を発しても検察官がこれに従わず訴因変更請求を行わない場合、訴因は依然と

して原訴因のままであり、訴因変更命令によって自動的に新訴因に変更されるものではない。あくまで訴因を設定しまたは変更する権限は検察官にある。したがって、事例㉑では、検察官が命令に応じて訴因変更の請求をしない限り、裁判所は横領罪の訴因について審判することができない。

他方、事例㉒は、裁判所は有罪認定を維持するため検察官の訴因変更請求を不許可とすることができるかという問題である。この問題は、前述した訴因変更命令の形成力を認めるかどうかにかかってくる。これを認める見解に立てば、裁判所の権限で訴因を設定し直すことができる以上、変更させず維持することもできることになる。しかし、判例・通説に従い形成力を否定する見解からは、ここでも、検察官の請求を許可しなければならない。もとより、求釈明を通じて訴因変更を思いとどまるよう勧告することはできるとしても、検察官があえて訴因変更を請求する以上、裁判所としてはこれを不許可として原訴因を維持することはできないのである。したがって、事例㉒では、裁判所として検察官の請求を許可した上で、無罪判決を下すしかない。

コラム 「ディバージョン」

刑法では、殺人や窃盗といった犯罪をすると、これに対して刑罰が科せられることになっています。刑法は実体法として、市民に対する行為規範を示すとともに、これに違反した場合の法的効果を定めているわけです。したがって、刑法規範としては、犯罪と刑罰は不可分のものとして理解することになります。

しかし、絶対的応報刑論のように犯罪と刑罰との絶対的な均衡を求めるような考え方に立つ場合はともかく、刑罰は一定の目的を追求すべきものであり、特に再犯防止を考慮する特別予防論の考え方からは、犯罪に対して必ずしも刑罰が絶対的に必要というわけではありません。例えば、犯人に前科がなく、被害も軽微な事案にまで徹底した刑罰を科すことになれば、国家の財政に対する負担が過剰となるだけでなく、犯人の社会復帰を阻害することにもなりかねません。

このような事案では、刑罰を緩和したり、そもそも刑事裁判で責任を追

及すること自体を回避すべきことが求められるのです。このような考え方をディバージョンと言います。刑法上、執行猶予や仮釈放の制度が用意されていますが、刑訴法上も、微罪処分（246条ただし書）や起訴猶予処分（248条）がディバージョンの考え方に基づいた制度として存在しています。

　近時、このディバージョンの趣旨を考慮しつつ、より効果的な再犯防止策の導入が図られているところです。既に導入されている一部執行猶予制度に加えて、条件付起訴猶予制度も現在検討されています（平成30年9月現在）。ディバージョンは犯罪者の更生を目指すものですが、これが社会で受容されるためには、より効果的な再犯防止策が求められているのです。

もっと知りたい方へ
- 太田達也『刑の一部執行猶予——犯罪者の改善更生と再犯防止〔改訂増補版〕』（慶應義塾大学出版会、2018）
- 武内謙治＝本庄武編『刑罰制度改革の前に考えておくべきこと』（日本評論社、2017）

注）

1) 田宮裕『刑事訴訟法〔新版〕』（有斐閣、1996）219
2) 田宮・前掲注1) 230
3) 鈴木茂嗣『刑事訴訟法〔改訂版〕』（青林書院、1990）15
4) 岸盛一「刑事訴訟法の基本原理」団藤重光編『法律実務講座刑事編〔第1編〕第1巻』（有斐閣、1953）14
5) 辻本典央『刑事手続における審判対象』（成文堂、2015）28
6) 三井誠『刑事手続法Ⅱ』（有斐閣、2003）164
7) 鈴木茂嗣『続・刑事訴訟の基本構造・上巻』（成文堂、1996）279
8) さらに、抽象的防御説の観点に具体的防御説の趣旨をも折衷的に考慮するような判断も見られた（最決昭和55・3・4刑集34-3-89〔百選A19事件〕、最判昭和58・12・13刑集37-10-1581など）。
9) 過失犯に関する近時の理論的検討として、樋口亮介「注意義務の内容確定プロセスを基礎に置く過失犯の判断枠組み（1）～（3）」曹時69巻12号、70巻1号、2号
10) 田宮・前掲注1) 196
11) 鈴木・前掲注3) 119
12) これに反対する見解として、只木誠『罪数論の研究〔補訂版〕』（成文堂、2009）221、辻本（前掲注5)) 123
13) 酒巻匡『刑事訴訟法』（有斐閣、2015）289

知識を確認しよう

問題

(1) 検察官が司法警察員より事件の送致を受けた場合、どのような処理の仕方があるか。また、検察官が不起訴としたが、事件関係者がそれに不服がある場合、どのような措置を講ずることができるか。

(2) 公判の途中で当初の訴因と裁判所の心証（証拠関係）とにずれが生じた場合、検察官は、どのような措置を講ずることができるか。他方、被告人は、自身に有利となる方向で訴因変更を求めることはできるか。

解答への手がかり

(1) 検察官の事件処理全般を問う問題である。まずは、国家訴追主義、起訴便宜主義といった諸原則から、検察官に与えられた権限を整理すること。その上で、事件関係者、特に被害者側がこれに不服を持つ場合、検察審査会などの制度が予定されているが、これらの制度が持つ意味を検討すること。

(2) 訴因変更の意義および手続について、一通りの整理をしておくこと。その際、訴因変更の必要性および可能性に関する判例を踏まえて、検察官がとるべき措置について検討すること。他方、被告人が訴因の設定・変更にどこまで関与できるかは、裁判所の訴因変更命令を通じた介入のあり方を問う問題である。

第4章 公判手続

本章のポイント

1. 本章では、わが国の刑事手続のうち、公判手続について説明する。弾劾主義の規律の下、検察官による公訴が行われ、公判手続は、弾劾主義のほか、当事者（論争）主義の規律の下、中立・公正な裁判官（および裁判員）の面前で、検察官の主張・立証活動と被告人および弁護人の反論・反証活動という両当事者による活動（論争）を通じて進められる。

2. このように日本国憲法が弾劾主義および当事者主義に基づく刑事裁判を求めるものであることから、下位の法規範である刑事訴訟法は、これらの原理を具体化する形で、わが国の公判手続に関する規定を設けている。

3. 本章で公判手続に関する知識・理解を得た後は、裁判所で行われている公判手続を傍聴し、検察官、被告人・弁護人、裁判官・裁判員、裁判所書記官等の活動を観察するなどして、実際に法がどのように運用されているのかを知ってほしい。

1 公判の諸原則

A 口頭主義・弁論主義と直接主義
[1] 口頭主義
　口頭主義とは、当事者の口頭弁論に基づいて裁判をする原則をいう。そして、口頭弁論とは、公判期日に当事者が訴訟資料を口頭で裁判所に提供することをいう。つまり、公判は、検察官および被告人・弁護人が出席する法廷で、両当事者が訴訟資料を口頭で裁判所に提供する形で行われる。

[2] 弁論主義
　弁論主義とは、当事者の訴訟活動に基づいて裁判をする原則をいう。弾劾主義の下、審判対象が検察官によって訴因という形で設定され（256条2項・3項）、この訴因の成否をめぐって公判が展開される。また、当事者主義（憲37条）の下、検察官の主張・立証活動と被告人・弁護人の反論・反証活動という両当事者による活動（論争）によって公判が展開される。つまり、公判は、検察官が設定した訴因（被告人の犯罪事実）の成否について、検察官が主張・立証活動を行い、これに対し、被告人・弁護人が反論・反証活動を行うという形で進められるのである。したがって、裁判所が自ら事実を解明する活動を行うことは、現行法上、予定されていない。
　なお、前出の口頭主義と併せて、口頭弁論主義と言われることもある。

[3] 直接主義
　直接主義とは、裁判所自らが公判廷で証拠や証人を直接調べて評価し、裁判をする原則をいう。そのため、公判外の資料、例えば、証人が公判期日にした証言ではなく、公判期日外であらかじめした供述をまとめた書面（供述代用書面）や、目撃者本人の供述ではなく、その供述を聞いた者が代わりに公判期日でした証言（伝聞供述）に基づいて裁判をすることはできないことになる（320条1項。これを伝聞法則という）。
　わが国の第1審では口頭主義と直接主義に基づく事実認定が予定されており、裁判員制度の導入を契機に、この審理構造が徹底されている（最判平

成 24・2・13 刑集 66-4-482〔百選 100 番事件〕参照)。

B 公開主義
[1] 裁判公開の意義
　憲法 82 条 1 項は、裁判の対審および判決を公開の法廷で行うと規定する。その意義は、裁判の公正さを制度として保障し、裁判に対する国民の信頼を確保することにある (最大判平成 1・3・8 民集 43-2-89)。したがって、裁判の公開は制度的な保障であって、国民に傍聴という形で裁判の公開を求める権利を保障するものではない。

　もっとも、被告人には、裁判の公開を求める権利＝公開裁判を受ける権利が保障されている (憲 37 条 1 項)。これは当事者主義の求めるものである。すなわち、当事者主義に基づく刑事裁判では、検察官の主張に対し、被告人が十分に反論できる機会の確保された公判が提供されなければならない。この点、これまでの歴史で見られる非公開 (秘密裏) による公判の場合、検察官の主張に対して被告人の反論する機会が確保されないまま手続が進められるおそれがあり、また、進められたとしても、公開されていない以上、それは明らかにならない。しかし、国民に開かれた公判であれば、国民の目がある以上、そのようなおそれはなくなり、被告人の反論する機会は確保され、検察官および被告人の両当事者が自らの主張を言い尽くす (論争する) 形で公判を行うことが可能となるのである。

　したがって、裁判の公開は、当事者主義に基づく刑事裁判を成り立たせるための要件の 1 つなので、この要件を満たさずに公判が行われた場合には、絶対的控訴理由となり (377 条 3 号)、また、控訴裁判所は、原判決を破棄しなければならない (397 条 1 項)。

[2] 傍聴に関する規則
　傍聴に関する規則として、裁判所傍聴規則 (昭和 27〔1952〕年 9 月 1 日・最高裁規 21 号) がある。裁判長は、法廷の秩序を維持するため、①傍聴人数の制限、②傍聴人の所持品等の検査および危険物等の持ち込みの禁止措置、③傍聴人の入廷の禁止措置をとることができる (裁判傍聴規)。一方、傍聴人は、裁判長の命令やその命を受けた裁判所職員の指示に従わなければならず

(同2条・3条4号)、①けん騒にわたる行為、②不体裁な行状、③みだりに自席を離れることは許されない(同3条1号〜3号)。

[3] 傍聴人のメモ・法廷の写真撮影・テレビ撮影

法廷で傍聴人がメモを取ることは、権利として保障されていることではない。最高裁は、いわゆるレペタ法廷メモ訴訟(米国ワシントン州の弁護士が、経済法の研究のため、経済事件の公判を傍聴していた際に、メモを取ることの許可を裁判長に求めたが許可されなかったことを理由に国家賠償を請求した事案)において、法廷で傍聴人がメモを取ることは、憲法82条1項の保障する権利ではなく、憲法21条1項の保障する表現の自由に関連して、自己の思想および人格を形成・発展させ、これを社会生活に反映させるために、さまざまな意見・知識・情報を摂取する際の補助行為として性格付けている(前掲最大判平成1・3・8)。

もっとも、通常、法廷で傍聴人がメモを取ることによって、適正かつ迅速な裁判の実現が妨げられるようなことはないので、特段の事情のない限り、傍聴人の自由に任せられている。

また、法廷の写真撮影およびテレビ撮影について、刑事訴訟規則215条は、裁判所の許可を得なければすることができないと規定する。つまり、傍聴人のメモと同様、写真撮影やテレビ撮影を求める権利は保障されてはいない。

同規則215条の合憲性について、最高裁は、いわゆる北海タイムス事件(北海タイムスの写真班員が、強盗殺人事件の公判において、裁判長の許可がないにもかかわらず、裁判官席のある壇上に駆け上がり、裁判長の制止に従わずに、人定質問のために証言台に立っていた被告人の写真1枚を撮影したため、法廷等の秩序維持に関する法律2条1項により過料1,000円に処された事案)において、報道の自由は、憲法21条の保障する表現の自由に属し、取材活動はそのための活動として認められるが、その活動によって法廷の秩序や訴訟関係人の正当な利益を害することは許されないので、法廷における写真撮影等の許可を裁判所の裁量に委ね、その許可に従わない限りこれらの行為をすることができないとする同規則は憲法21条に違反しないと判示した(最大決昭和33・2・17刑集12-2-253)。本決定は取材活動の自由に関わるものであるが、国民の知る権

利という観点からみても、法廷の写真撮影等が刑事訴訟規則の定める一定の制約を受けることは合理的であり、取材活動の場合と変わりはない。

[4] 裁判公開と訴訟記録
　裁判は、法廷における審理を国民が傍聴する形で公開されるだけでなく、当の裁判の訴訟記録を国民が閲覧する形でも公開される。その趣旨は、裁判の過程だけでなく裁判の結果も公開することによって、裁判の公正を担保し、裁判に対する国民の理解を深めることにある[1]。
　なお、最高裁は、憲法21条および82条は刑事確定訴訟記録の閲覧を権利として保障するものではないとする（最決平成2・2・16刑集254-113）。
　誰でも、訴訟記録の保存または裁判所もしくは検察庁の事務に支障がない限り、被告事件の終結後、訴訟記録を閲覧することができる（53条1項）。ただし、弁論の公開を禁止した事件の訴訟記録または一般の閲覧に適しないものとして閲覧が禁止された訴訟記録は、訴訟関係人または閲覧につき正当な理由があって特に訴訟記録の保管者の許可を受けた者に限り、閲覧できる（53条2項）。もっとも、憲法82条2項ただし書に掲げる事件の訴訟記録は、閲覧を禁止することはできない（53条3項）。その他、詳細については、刑事確定訴訟記録法に規定されている（53条4項）。

C　迅速な裁判
[1] 迅速な裁判
　「短い遅延は被告人の利益に、長い遅延は被告人の不利益に」という言葉がある。この言葉が意味するのは、死刑や無期または長期の実刑が予想される事件で、少しでも刑の執行を遅らせたいと考える被告人や、服役後の生活がこれまでの生活とは激変することをおそれ、少しでも収監を遅らせて、少しでも長くこれまでの生活を送りたいと考える被告人にとっては、短い遅延があった方が望ましい場合もある。これに対し、長い遅延の場合、被告人という地位に長くあることによってさまざまな不利益が生じ、その不利益の方が大きくなるということである。被告人が被る不利益として、例えば、公判が開かれるたびに法廷に出頭しなければならないのはもちろんのこと、仕事の制限または失職による収入の減少・喪失、被告人として

公判に付き合わなければならないという心理的・精神的負担、弁護人への報酬の支払いなどが考えられる。そのため、憲法37条1項は、被告人に対し、迅速な裁判を受ける権利を保障しているのである。これも当事者主義の要請によるものである。

また、「裁判の遅延は、裁判の否定である」という言葉もある。この言葉が意味するのは、裁判が長引き、犯罪に対して迅速に刑罰を科すことができなければ、当の犯罪に対する国民の関心が低下し、刑罰の感銘力が薄れ、裁判のもつ意義がなくなったり、証拠の散逸等によって適正な審理ができなくなったりするということである。つまり、迅速な裁判は、被告人だけでなく刑事司法制度上の利益でもあるといえる（1条、規1条1項）。

そこで、現行法上、迅速な裁判を実現するために、次のような方策が用意されている。

まず、被疑事件の処理として、公判請求せずに、起訴猶予という形で刑事手続から外すことである（248条）。起訴猶予には、刑事政策的配慮のほかに、刑事司法制度上の人的・物的資源を確保するという意義もある。ここで節約できた人的・物的資源を、公判審理を必要とする被告事件の訴訟手続に集中させることによって、被告事件の処理を促すことになる。

また、被疑事件の処理として、刑事処分を科すため公訴提起した場合であっても、通常審理よりも簡易な審理手続で行われる簡易公判手続（291条の2）や即決裁判手続（350条の16）、書面審理による略式命令請求（461条）で処理することによって軽微な事件を迅速に処理することができる。

さらに、通常の公判審理の手続においても、起訴状謄本の不送達による公訴提起の失効（271条2項）、第1回公判期日前における訴訟関係人の準備（規178条の2）、公判前整理手続・期間整理手続（316条の2・316条の28）、連日的開廷の確保（281条の6）、公判期日の変更の要求（規179条の4）、裁判所による不相当な期日変更に対する救済（277条）、公判期日の不変更（規182条）、証拠の厳選（規189条の2）、訴訟遅延行為に対する処置（規303条）等が、迅速な裁判を実現する役割を担っている。

なお、裁判の迅速化に関する法律は、第一審の訴訟手続については2年以内のできるだけ短い期間内に終わらせることを求めている（同2条1項）。

[2] 訴訟遅延解消のための方策

このように、法律上、迅速な裁判を実現するためのさまざまな方策が用意されているのであるが、実際に訴訟が遅延した場合にこれを解消・救済するための方策については一切用意されていない。そこで、実際に訴訟が遅延した場合に、裁判所は、いかなる措置を採りうるのかが問題となるのである。そのリーディングケースが、いわゆる高田事件（最大判昭和47・12・20刑集26-10-631〔百選A31事件〕）である。

この事件は、第一審の検察官の立証段階で、約15年にわたって審理が中断したという事案である。中断した理由は、当の被告人らが、別に起訴されていた事件の審理を優先するように求めたのであるが、その別事件の審理が異常に長期間かかってしまったことによる。中断している間、被告人側からは、審理の再開に異議がない旨の意思が表明されたが、審理は再開されず、また、検察官からは、審理促進の申出はなされなかった。

本判決では、①憲法37条1項の法的性格、②被告人の「迅速な裁判を受ける権利」の侵害の有無の判断基準、③侵害があった場合に裁判所がとるべき措置が争点になった。

最高裁は、①について、憲法37条1項は、「具体的規定がなくても、もはや当該被告人に対する手続の続行を許さず、その審理を打ち切るという非常救済手段がとられるべきことをも認めている趣旨の規定である」として、同項の自力実効性を認めた。つまり、憲法37条1項を直接の根拠にして、遅延した裁判を打ち切れることを認めたのである。

また、②について、「審理の著しい遅延の結果、迅速な裁判の保障条項によって憲法がまもろうとしている被告人の諸利益が著しく害せられると認められる異常な事態が生ずるに至った場合」に当たるか否かは、「遅延の期間のみによって一律に判断されるべきではなく、遅延の原因と理由などを勘案して、その遅延がやむを得ないものと認められないかどうか、これにより右（筆者注：憲37条1項）の保障条項がまもろうとしている諸利益がどの程度実際に害せられているかなど諸般の情況を総合的に判断」して決せられるとした。そして、本件では、この基準の下、迅速な裁判を受ける権利の侵害があったことを認めた。

さらに、③について、「審理を打ち切る方法については現行法上よるべき

具体的な明文の規定はないのであるが、……本件においては、これ以上実体的審理を進めることは適当でないから、判決で免訴の言渡をするのが相当である」とした。

ところで、本件は、第一審の検察官の立証段階で公判審理の遅延が生じた事案であった。それでは、被告人側の反証段階であった場合、公判審理が遅延しないように、手続を進めるよう被告人が要求することは求められるのだろうか。確かに、公判は検察官および被告人側の活動によって行われるが、これは、公判の内容に関わるものであって、公判の手続の進行は、訴訟指揮権をもつ裁判所に委ねられている。とすれば、手続の進行を被告人が要求することは求められないと考えるべきであろう。

このように、本判決は、最高裁としてはじめて、憲法37条1項を直接の根拠に、実際に訴訟が遅延した場合、すなわち被告人の「迅速な裁判を受ける権利」が侵害された場合の救済措置を認めたのであるが、これ以降、同項違反を理由に裁判が打ち切られた事例は1件もない。

D 裁判所の訴訟指揮権と法廷警察権
[1] 訴訟指揮権

訴訟指揮とは、訴訟手続の主宰者として訴訟当事者の訴訟行為を規律・整理することをいい、その権限を訴訟指揮権という。

公判期日における訴訟指揮は、裁判長が行う(294条)。例えば、訴訟当事者の尋問や陳述を制限する(295条)、訴訟当事者に対し、釈明を求め、または立証を促す(規208条)、弁論時間を制限する(規212条)などして、公判手続の適正な進行を図る。

当事者主義(憲37条)に基づく刑事裁判は、検察官の主張・立証活動と被告人側の反論・反証活動という両当事者の活動によって成り立つ。そこでは、特に、被告人が、弁護人の助力を得ながら、十分に防御活動を行うことができるように配慮することが求められる。訴訟手続の進行を両当事者の活動にのみ委ねてしまったのでは、被告人の防御活動の機会が十分に確保できないまま手続が進行してしまうおそれもある。そこで、裁判長には、両当事者の訴訟行為を規律し、整理することが求められ、そのための権限が付与されるのである。それゆえ、訴訟指揮権は、裁判所が自ら事実を解

明するために付与された権限では決してない。

　ところで、被告人が防御活動を十分に行うためには、検察官の主張する内容が明示される（256条3項）とともに、検察官側から証拠の開示を受け、自己に不利益な証拠であれば、これと対面して吟味し、自己に有利な証拠であれば、これを自己の防御活動に利用できるようにしなければならない。現在は、後述するように、公判前整理手続および期日間整理手続における証拠開示が整備されているが、かつては、証拠開示の規定を欠いていた。そこで、最高裁は、この訴訟指揮権を根拠にして、「証拠調の段階に入った後、弁護人から、具体的必要性を示して、一定の証拠を弁護人に閲覧させるよう検察官に命ぜられたい旨の申出がなされた場合、事案の性質、審理の状況、閲覧を求める証拠の種類および内容、閲覧の時期、程度および方法、その他の諸般の事情を勘案し、その閲覧が被告人の防御のため特に重要であり、かつこれにより罪証隠滅、証人威迫等の弊害を招来するおそれがなく、相当と認めるとき」に、検察官に対し、その所持する証拠を被告人側に開示するよう命令できることを認めたのである（最決昭和44・4・25刑集23-4-248〔百選A27事件〕）。

[2] 法廷警察権

　裁判長には、法廷における裁判所の職務の執行を妨げ、または不当な行状をする者に対して、法廷の秩序を維持するため相当な処分をする権限が付与されている（裁71条、288条2項）。この権限を法廷警察権という。その目的は、法廷における訴訟の運営に対する傍聴人等の妨害を抑制・排除し、適正・迅速な裁判を実現することにある（最大判平成1・3・8民集43-2-89）。法廷警察権は、訴訟手続で発生する法廷の秩序を乱す行為に即応する形で行使されなければならないので、裁判長の広範な裁量に委ねられるべきものであり、裁判長の措置が、法廷警察権の目的、範囲を著しく逸脱し、またはその方法が甚だしく不当であるなど特段の事情のない限り、違法な公権力の行使に当たらないとされる（前掲最大判平成1・3・8）。

　法廷等の秩序維持に関する法律は、裁判所に対し、法廷の秩序を乱す行為をした者の拘束を認めるとともに（同3条2項）、その者に対する制裁として、決定で、20日以下の監置もしくは3万円以下の過料に処し、または

これを併科することを認めている（同2条1項）。

2 公判準備

A 起訴状の受理および起訴状謄本の送達

検察官の提出した起訴状が、裁判所に到達し、裁判所書記官によって受理された時点で、当該事件は裁判所に係属（裁判所で事件を処理することが決定）することになる。裁判所は、遅滞なく、受理した起訴状の謄本を被告人に送達しなければならない（271条1項、規176条1項）。この送達によって、被告人は、検察官の主張を把握し、防御活動（反論・反証）の準備が可能となる。

B 弁護人の選任
[1] 弁護人選任権の通知

裁判所は、公訴の提起があったときは、遅滞なく、被告人に対し、①弁護人を選任することができる旨（私選弁護権）および、②貧困その他の事由により弁護人を選任することができないときは弁護人の選任を請求できる旨（国選弁護権）を告知しなければならない（272条1項本文。弁護権に関わるその他の告知について、272条2項、規177条本文・178条1項・217条の5・217条の29・222条の16本文・222条の17第1項を参照）。

また、裁判所は、被告人を勾引したときまたは勾留する際も弁護人選任権を告知しなければならないところ（76条1項・77条1項）、弁護権保障の実効性を担保するため、平成28（2016）年5月の法改正で、選任の申出方法や申出先の告知も義務付けた（76条2項・77条2項）。

[2] 国選弁護人の選任

被告人が、貧困その他の事由により私選弁護人を選任することができないとき、裁判所は、その請求により、被告人のため国選弁護人を選任しなければならない（36条本文）。

被告人の請求がないときは、必要的弁護事件（289条）の場合には、裁判

長が職権により国選弁護人を選任するが (289条2項)、必要的弁護事件以外の場合には、被告人が、①未成年者であるとき、②70歳以上の者であるとき、③耳の聞こえない者または口のきけない者であるとき、④心神喪失者または心神耗弱者である疑いのあるとき、⑤その他必要と認めるとき、裁判長が、職権により、国選弁護人を選任する (37条)。したがって、これ以外の場合は、弁護人のいないまま開廷することになる。

このように、現行刑事訴訟法は、弁護人の選任について、いわゆる「積極行使・請求法理」に基づいている。これは、私選であれ国選であれ、弁護人の助力を求めて、自ら積極的に権利を行使した者または弁護人の選任を裁判所に請求した者のみに弁護権を保障すれば足りるとする法理である。最高裁は、最大判昭和 24・11・2 刑集 3-11-1737 および最大判昭和 24・11・30 刑集 3-11-1857 以来、この法理を採用し続けている。

この法理の基礎には、①被告人は弁護権の存在とその内容を知っているものと推定されるから、裁判所に権利告知の義務はない、②弁護権の助力を受けたいのであれば、被告人自ら権利を行使すべきであって、裁判所は被告人の権利行使を妨げなければ足りるのであり、権利行使を援助する必要はない、③被告人が積極的に権利を行使しないのであれば、それは、被告人が権利を放棄したことを意味するという考えがある。この考えによれば、弁護権は被告人にとって「奢侈品(しゃしひん)」にすぎないということになる。

しかし、当事者主義 (憲37条) という基本原理の下においては、弁護権は「必需品」である。すなわち、当事者主義に基づく刑事裁判は、検察官の主張・立証活動と被告人側の反論・反証活動という対抗当事者の論争を通じて進められるが、そこにおいて、法律専門家である弁護人による被疑者への助力がなければ、被告人の防御活動は十分に行うことができず、ひいては、刑事裁判の基本的公正さを欠くことになるのである。

また、権利は放棄できるとしても、被告人は、刑事手続上の諸権利の存在とその内容を十分に認識・理解していないのが通常である。そのような被告人は、そもそも権利を行使することさえ覚束ないのに、権利の不行使をもって権利の放棄とするのは妥当でないのである。

とすれば、被告人に弁護権を告知した上で、被告人が弁護権の存在とその内容を知り、これを放棄した場合の結果を理解し、放棄の明示的な意思

表示を任意に行った場合にのみ有効な権利放棄と捉えて、そうでない限り、弁護人を提供しなければ憲法上の弁護権の侵害になると解すべきである。この考えは、いわゆる「有効放棄法理」と呼ばれるもので、憲法37条3項の母法であるアメリカ合衆国憲法第6修正の下、合衆国最高裁により連邦および州双方の弁護権保障において採用された法理である[2]。

この点、規則178条は、裁判所は、公訴の提起があった場合において被告人に弁護人がいないとき、遅滞なく、被告人に対し、必要的弁護事件については、弁護人を選任するかどうかを、その他の事件については、36条の規定による国選弁護人の選任を請求するかどうかを、それぞれ確かめなければならないとする。有効放棄法理によれば、この弁護人選任照会手続は、まさに憲法37条3項の求めるものということになる。

なお、判例では、被告人による国選弁護人の選任請求が誠実な権利行使といえない場合（最判昭和54・7・24刑集33-5-416〔百選A29事件〕）や、弁護人が在廷して公判審理ができない状態を被告人が生じさせた場合（最決平成7・3・27刑集49-3-525〔百選52番事件〕）には、被告人による弁護人の助力の要求が否定されることがあるとされる。

C 被告人の出頭確保
[1] 召喚
召喚とは、被告人に対し、日時および場所等を指定して出頭を命じる裁判所の命令である（57条）。公判期日には、被告人を召喚しなければならない（273条2項）。召喚は、召喚状によって行われる（62条）。

[2] 勾引
勾引とは、被告人を強制により直接引致する裁判およびその執行をいう。勾引は、①定まった住居を有しないとき、または②正当な理由がなく召喚に応じないとき、または応じないおそれがあるときに行われる（58条）。召喚と同様、勾引状によって行われる（62条・64条）。勾引した被告人は、裁判所に引致した時から24時間以内に釈放しなければならない（59条本文）。

[3] 勾留

　勾留とは、被告人を刑事施設に強制により直接引致する裁判およびその執行をいう。その要件は、①罪を犯したことを疑うに足りる相当な理由があること、②勾留の理由（定まった住居を有しないとき、罪証を隠滅すると疑うに足りる相当な理由があるとき、もしくは、逃亡または逃亡すると疑うに足りる相当な理由があるとき）のいずれかに該当すること、③勾留の必要性があること（被告人や被告事件等に係る諸事情を基に、勾留による公益的利益と被告人が被る不利益を比較衡量し、勾留の相当性があること）である（60条1項。また、87条1項も参照）。起訴後、改めて被告人を勾留する場合は勾留質問を行わなければならないが（61条本文）、勾留中の被疑者が同一の犯罪事実で勾留期間中に起訴された場合は、勾留質問は行われず、自動的に被告人の勾留に切り替わる。勾留の執行は、召喚および勾引と同様、勾留状によって行われる（62条・64条）。期間は、公訴の提起があった日から2か月であり、特に継続の必要がある場合には、具体的にその理由を付した決定で、1か月ごとに、原則として1回、更新できる（60条2項）。

　近時、裁判員制度の施行や弁護活動の活性化などにより、勾留請求却下率や保釈率が上昇傾向にあり、勾留の当否の判断がより厳格になってきている。

[4] 保釈

　保釈とは、保証金を納付させ、被告人の勾留の執行を停止し、被告人を拘禁状態から解放する裁判とその執行をいう。保釈には、権利（必要的）保釈、裁量（職権）保釈および義務的保釈がある。権利保釈は、保釈の請求があったときに、89条の各号に当たらない限り、保釈しなければならない場合をいう（89条）。これに対し、裁量保釈は、裁判所が適当と認めるときに保釈できる場合をいう（90条）。裁量保釈が認められるためには被告人の釈放を相当とする特別の事情が必要であるとされており、その有無は被告人や被告事件等に係る諸事情を総合考慮して判断される。なお、90条は、平成28（2016）年5月の法改正で、裁量保釈の判断の際に考慮すべき諸事情として実務上確立している解釈を明記する形で改正された。

　また、義務的保釈は、勾留が不当に長くなったときに、裁判所が、請求

または職権により、保釈しなければならない場合をいう（91条1項）。

　裁判所は、保釈の可否を決定する場合、検察官の意見を聴かなければならない（92条1項）。また、保釈を許す場合には、犯罪の性質および情状、証拠の証明力ならびに被告人の性格および資産を考慮して、被告人の出頭を保障するに足りる相当な保証金額を定めなければならない（93条1項2項）。保釈の執行は、保証金の納付があった後に行われる（94条1項）。

　保釈された者が、刑の言渡しを受けその判決が確定した後、執行のため呼び出しを受け正当な理由がなく出頭しないとき、または逃亡したときは、検察官の請求により、決定で、保証金の全部または一部が没取される（96条3項）。

　さらに、保釈を許す場合には、被告人の住居を制限するなど適当と認める条件を付すこともできる（93条3項）。

　裁量保釈の可否を決定する場合、勾留の基礎となっている被告事実以外の余罪について考慮することが許されるのか。勾留の効力は、その基礎となっている事実についてのみ及ぶとする考え方（事件単位説）によれば、余罪について考慮することは許されないことになろう。この問題について、最高裁は、勾留の基礎となっている被告事実の事案の内容や性質、あるいは被告人の経歴、行状、性格等の事情を考察するための一資料として余罪を考慮することも許されると判示した（最決昭和44・7・14刑集23-8-1057〔百選A28事件〕）。

　従来、保釈率や保釈請求率は低下傾向にあったが、裁判員制度の施行に伴い、連日的な開廷のもと、公判廷での充実した防御活動を行うためには被告人と弁護人の綿密な打ち合わせを要することから、保釈の運用の見直しを求める提言などもあって、近時の保釈率は上昇傾向にある。

D　事前準備手続と公判前整理手続
[1] 事前準備手続

　公判において、当事者主義の下、検察官の主張・立証活動と被告人側の反論・反証活動が活発に行われるようにするためには、事前に準備をしておく必要がある。そのための手続が事前準備手続である（規178条の2）。

(1) 裁判所の事前準備

　裁判所は、検察官および弁護人が準備のため相互に連絡することができるように、必要があるときは、裁判所書記官に命じて、検察官および弁護人の氏名を相手方に知らせるなどの措置をとらせる（規178条の3）。

　また、裁判所は、充実した公判審理を行うため相当と認めるときは、あらかじめ、検察官または弁護人に対し、審理に充てることのできる見込みの時間を知らせなければならない（規178条の5）。

　さらに、裁判所は、裁判所書記官に命じて、検察官または弁護人の準備の進行状況の確認および進行促進の処置をとらせたり（規178条の14）、適当と認めるときは、第1回公判期日前に、検察官および弁護人を出頭させて、公判期日の指定など訴訟の進行に関し必要な事項について打ち合わせを行わせたりする（規178条の15第1項本文）。ただし、事件につき予断を生じさせるおそれのある事項にわたることはできない（同項ただし書）。

(2) 検察官および弁護人の事前準備

　検察官は、事前準備として、①299条に基づく証拠書類および証拠物を閲覧する機会の提供、②299条に基づく証拠書類および証拠物について、326条の同意をするかどうかまたはその取調べの請求に関し異議ないかどうかの見込みの確認（規178条の6第1項）のほか、③被告事件に関し押収している物について、被告人および弁護人が準備のため利用できるようにするための押収物の還付・仮還付（222条1項・123条）を行わなければならない（規178条の16）。

　これに対し、弁護人は、事前準備として、①被告人その他の関係者との面接などによる事実関係の確認、②299条に基づく証拠書類および証拠物について、326条の同意をするかどうかまたはその取調べの請求に関し異議ないかどうかの見込みの通知、③299条に基づく証拠書類および証拠物の提示を行わなければならない（規178条の6第2項）。

　また、検察官および弁護人ともに、299条に基づく証人の氏名および住居の相手方への通知（規178条の7）、第1回公判期日で取り調べられる見込みのある者の在廷の確保（規178条の13）を行わなければならない。

(3) 事前準備手続の問題点

　このように、事前準備手続は、充実した公判審理がなされるように種々

の手立てを講じているのであるが、後述する公判前整理手続に比べると、争点および証拠の整理を行うには不十分であった。特に、裁判員裁判の実施という観点からみれば、より不十分であったといわざるを得ない。そこで、より一層の準備手続が求められることになったのである。

[2] 公判前整理手続（期日間整理手続も含む）
(1) 創設に至る経緯
　平成13（2001）年6月に公表された『司法制度改革審議会意見書』の中で、「刑事裁判の充実・迅速化」に関して、「真に争いのある事件につき、当事者の十分な事前準備を前提に、集中審理（連日的開廷）により、裁判所の適切な訴訟指揮の下で、明確化された争点を中心に当事者が活発な主張立証活動を行い、効率的かつ効果的な公判審理の実現を図る」ことの必要性が指摘された。そして、そのための新たな準備手続として、①第1回公判期日前に十分な争点整理を行い、明確な審理の計画を立てられるような、裁判所が主宰する新たな準備手続、②充実した争点整理のため、証拠開示の時期・範囲等に関するルールの法令による明確化と、新たな準備手続の中で、必要に応じて、裁判所が開示の要否を裁定することが可能な仕組みの創設が提言された。この提言を受けて、検討の結果、平成16（2004）年5月の法改正で導入されたのが、公判前整理手続である。

(2) 概要
　公判前整理手続は、裁判所が、充実した公判の審理を継続的、計画的かつ迅速に行うため、第1回公判期日前に、事件の争点および証拠の整理を行う準備手続である（316条の2第1項）。通常の裁判の場合には、裁判所が必要と認めるときに当事者の請求（平成28〔2016〕年5月の法改正で追加）または職権で行われる（316条の2第1項）が、裁判員裁判の場合には、必ず行わなければならない（裁判員49条）。裁判員裁判の場合、短期間で集中的に審理するためには事前準備が不可欠だからである。

　公判前整理手続には、検察官および弁護人の出頭が求められる（316条の7）が、被告人の出頭は求められない（316条の9第1項）。

　公判前整理手続において、裁判所には、十分な準備が行われるようにするとともに、できる限り早期に終結させることが（316条の3第1項）、訴訟

関係人には、相互に協力するとともに、その実施に関し、裁判所に進んで協力することが（316条の3第2項）、それぞれ求められている。

公判前整理手続では、①審理予定の策定（規217条の2）、②争点および証拠の整理（316条の13ないし316条の24）、③証拠開示に関する裁定（316条の25ないし316条の27）が行われる。

なお、第1回公判期日後にも準備手続を行うことができ、これを期日間整理手続という（316条の28第1項）。この場合、公判前整理手続に関する規定が準用される（316条の28第2項）。

(3) 争点および証拠の整理

争点および証拠の整理は、原則として、次のような流れで行われる。

まず、検察官は、公判期日において証拠により証明しようとする事実（証明予定事実）を記載した書面を、裁判所に提出し、被告人および弁護人に送付する（316条の13第1項前段）。そして、検察官は、証明予定事実を証明するために用いる証拠の取調べを請求する（316条の13第2項。これを検察官請求証拠という）。その上で、検察官は、検察官請求証拠を、速やかに、被告人または弁護人に対し、開示する（316条の14第1項）。

なお、開示後、検察官は、被告人または弁護人から請求があったとき、検察官が保管する証拠の一覧表を交付しなければならない（同条2項〜5項）。これは、被告人側にこの後の手続で証拠の開示請求をする際の手掛かりを与え、公判前整理手続の進行をより円滑・迅速なものにするために、平成28（2016）年5月の法改正で導入された手続である。

また、検察官は、①検察官請求証拠以外の証拠で、②316条の15第1項の各号に掲げる証拠（類型証拠）の類型のいずれかに該当し、かつ、③特定の検察官請求証拠の証明力を判断するために重要であると認められるものについて、④被告人または弁護人から開示請求があった場合に、⑤重要性の程度その他の被告人の防御の準備のために当該開示をすることの必要性の程度ならびに当該開示によって生じるおそれのある弊害の内容および程度を考慮し、相当と認めるとき、速やかに、被告人または弁護人に対し、開示する（316条の15第1項）。

なお、平成28年5月の法改正で、争点および証拠の整理をより円滑・迅速なものにするため、類型証拠が拡大された（同条1項8号・9号、同条2項

次に、被告人または弁護人は、証明予定事実を記載した書面の送付と検察官請求証拠および類型証拠の開示を受けたときは、検察官請求証拠について、326条の同意をするかどうかまたは取調請求に異議がないかどうかの意見を明らかにする（316条の16第1項）。その後、被告人または弁護人は、証明予定事実その他の公判期日においてすることを予定している事実上および法律上の主張を、裁判所および検察官に対し、明らかにする（316条の17第1項）。そして、証明予定事実を証明するために用いる証拠（被告人側請求証拠）の取調べを請求する（同条2項）。さらに、被告人または弁護人は、被告人側請求証拠を、速やかに、検察官に対し、開示する（316条の18）。

次いで、検察官は、被告人側請求証拠の開示を受けたときは、被告人側請求証拠について、326条の同意をするかどうかまたは取調請求に異議がないかどうかの意見を明らかにする（316条の19第1項）。その後、検察官は、①検察官請求証拠および類型証拠以外の証拠で、②被告人側の証明予定事実に関連するもの（争点関連証拠）について、③被告人または弁護人から開示請求があった場合に、④関連性の程度その他の被告人の防御の準備のために当該開示をすることの必要性の程度ならびに当該開示によって生じるおそれのある弊害の内容および程度を考慮し、相当と認めるとき、速やかに、被告人または弁護人に対し、開示する（316条の20第1項）。

最後に、裁判所が、検察官および被告人または弁護人との間で、事件の争点および証拠の整理の結果を確認して、手続が終了する（316条の24）。

なお、争点関連証拠の開示が終わった後、検察官および被告人または弁護人は、証明予定事実の追加または変更をすることができ、この場合、それぞれ、証明予定事実を証明するために用いる証拠を、新たに相手方に対し、開示することになる（316条の21・316条の22）。

(4) 証拠開示に関する裁定

裁判所は、検察官請求証拠および被告人側請求証拠の開示に際して、当事者の請求がある場合、証拠の開示の必要性の程度ならびに証拠の開示によって生じるおそれのある弊害の内容および程度その他の事情を考慮して、必要と認めるときは、開示の時期もしくは方法を指定したり、条件を付したりするなどの措置をとることができる（316条の25第1項）。

また、裁判所は、検察官が検察官請求証拠、類型証拠または争点関連証

拠を開示していない、または、被告人側が被告人側請求証拠を開示していないと認められる場合には、当該証拠の開示を命ずることができる（316条の26第1項。これを証拠開示命令という）。

さらに、開示方法等の指定や証拠開示命令の決定をするに当たり、必要があると認めるときは、検察官、被告人または弁護人に対し、当該証拠の提示を命じたり（316条の27第1項。これを証拠提示命令という）、検察官に対し、その保管する証拠で、裁判所の指定する範囲に属するものの標目を記載した一覧表の提示を命じたりすることもできる（316条の27第2項）。

なお、被告人側が検察官に対し開示請求できる「検察官手持ち証拠」の範囲について、3つの最高裁判例（最決平成19・12・25刑集61-9-895、最決平成20・6・25刑集62-6-1886、最決平成20・9・30刑集62-8-2753〔百選54番事件〕）が示された。いずれの事案も、検察官が現に保管していない証拠の開示が問題となったのであるが、最高裁は、有効かつ効率的な争点整理と証拠調の実施という証拠開示制度の趣旨を踏まえ、必ずしも検察官が現に保管している証拠だけでなく、①当該事件の捜査の過程で作成され、または入手した書面等であること、②公務員が職務上現に保管していること、③検察官において入手が容易であることという3要件を満たす証拠については証拠開示命令の対象となるとした。これらの判示により、証拠開示制度の趣旨によりかなった形で公判前整理手続を行うことができることになった。

(5) 手続終了後の証拠調請求の制限

手続終了後は、当事者は、「やむを得ない事由」によって請求することができなかったものを除き、「証拠調」を請求することができない（316条の32第1項）。これは、その後の公判で新たな証拠調請求を無制限に認めてしまうと、公判前整理手続で争点および証拠を整理した意味を失わせ、充実した公判審理を継続的、計画的かつ迅速に行うことができなくなるためである。ただし、裁判所が必要と認めるときは、職権で証拠調が行われる場合がある（同条2項）。

これに対し、被告人を含む当事者がその後の公判で新たな「主張」をすることは制限されていない。もっとも、一定の場合には、295条1項により制限されることがありうる（裁判所が被告人質問における弁護人の質問と被告人の供述を制限した事案について、最決平成27・5・25刑集69-4-636〔百選57番事件〕

参照)。

(6) 弾劾主義および当事者主義との関係

このように、公判前整理手続は、充実した公判審理を継続的、計画的かつ迅速に行うという趣旨の下で成り立っており（316条の2第1項）、そこでの証拠開示制度は、有効かつ効率的な争点整理と証拠調の実施という趣旨のもとで行われる。しかし、このような証拠開示のあり方は、弾劾主義および当事者主義との関係でも必要不可欠なものであると説明される[3]。

すなわち、弾劾主義の下では、検察官が被告人の犯罪事実に関わるすべての立証責任を負っているので、まずはじめに、検察官が、その具体的な主張と、立証する上でその主張の支えとなる証拠を明らかにすることが求められる。つまり、検察官による証明予定事実の提示と検察官請求証拠の取調べの請求および開示は、弾劾主義が求めるものということになる。

また、当事者主義の下では、検察官の主張・立証活動に対して、被告人側が反論・反証活動を十分に行うことのできるような手続でなければならない。そのためには、検察官の証拠の証明力を十分に吟味できなければならず、また、被告人側が反証する上でその反論を支える証拠の利用が認められなければならない。つまり、検察官請求証拠の証明力を判断するために重要な類型証拠の開示と被告人側の証明予定事実に関わる争点関連証拠の開示は、当事者主義が求めるものということになる。

なお、被告人側による証明予定事実の提示と請求証拠の開示は、弾劾主義に反しない。確かに、犯罪事実について、被告人は反論・反証義務を負わず、検察官がすべての主張・立証義務を負う。しかし、検察官の主張・立証活動により被告人側にとって不利な事実認定がなされるおそれのある状況になった場合、そこでは検察官の主張・立証義務は尽くされていることになり、その結果として、被告人の犯罪事実が推論されるのである。その推論を破るためには、被告人側は反論・反証しなければならないことになるが、これは、推論により事実上求められるものにすぎず、義務付けられたことによるものではない。そのため、検察官の証明予定事実の提示と検察官請求証拠および類型証拠の開示の後に、被告人側に、証明予定事実の提示と請求開示の開示を求めても、弾劾主義に反しないのである。

(7) 起訴状一本主義（予断排除原則）および黙秘権との関係

　起訴状一本主義(256条6項)に見られるように、現行法は、予断排除原則を採用している（280条1項・296条ただし書、規187条1項ただし書・198条2項など）。他方、公判前整理手続では、第1回公判期日前に、検察官の証明予定事実つまり主張を聴き、検察官請求証拠などの証拠に接することになる。そこで、公判前整理手続は予断排除原則に反するのではないかが問われよう。そもそも、予断排除原則は、裁判官が、一方当事者（検察官）の主張とそれを支える証拠のみを吟味し、それを基に、公判前に一定の心証を形成して公判に臨むことを防止するものである。しかし、公判前整理手続は、争点および証拠の整理をするための手続であって、裁判所が心証を形成するための手続ではない。また、公判前整理手続は、検察官だけでなく、被告人または弁護人も参加して行われる手続であり、一方当事者の主張とそれを支える証拠のみを基に行われるわけではない。したがって、公判前整理手続は予断排除原則に反しないのである[4]。

　また、公判前整理手続では、被告人側に証明予定事実の提示と請求証拠の開示が求められており、その上、公判前整理手続で取調請求しなかった証拠については、やむを得ない事由によって請求することができなかったものを除き、公判で取調請求することができない（316条の32第1項）。一方、被告人は、自己負罪拒否特権および黙秘権が保障されている（憲38条1項）。そこで、被告人に、証明予定事実の提示と請求証拠の開示を求めることは、被告人の自己負罪拒否特権および黙秘権を侵害するのではないかが問われよう。まず、自己負罪拒否特権ひいては弾劾主義に反しないのは、前述したとおりである。次に、黙秘権については、公判前整理手続で求められる主張とそれを支える証拠は、いずれ、公判で求められるものである。主張とそれを支える証拠をいつ示すかということまでの自由まで黙秘権は保障していない。したがって、公判前整理手続は自己負罪拒否特権および黙秘権を侵害しないのである[5]。

　この点について、最高裁は、「316条の17は、被告人又は弁護人において、公判期日においてする予定の主張がある場合に限り、公判期日に先立って、その主張を公判前整理手続で明らかにするとともに、証拠の取調べを請求するよう義務付けるものであって、被告人に対し自己が刑事上の責任を問

われるおそれのある事項について認めるように義務付けるものではなく、また、公判期日において主張をするかどうかも被告人の判断に委ねられているのであって、主張をすること自体を強要するものでもない。」と判示し、同条は憲法38条1項に違反しないとした（最決平成25・3・18刑集67-3-325〔百選55番事件〕）。

コラム　証拠開示の重要性

　日本国憲法37条が体現する当事者主義の下では、被告人が、自己に不利益な証拠の証明力について十分に吟味を加えるとともに、自己に有利な証拠を用いながら反論・反証を行うことのできる機会を確保することが求められています。そのためには、これまで述べてきたように、検察官から被告人側への証拠開示が重要となります。このように、証拠開示の重要性を日本国憲法が示唆しているにもかかわらず、その下位の法規範である刑事訴訟法は、公判前整理手続が創設される以前、証拠開示に関する規定を十分に整備していませんでした。

　例えば、40条は、弁護人は、公訴の提起後、裁判所において、訴訟に関する書類および証拠物を閲覧・謄写できると規定していますが、刑事訴訟法は、同時に、起訴状一本主義を採用していますので（256条6項）、検察官側の証拠に接することはできないのです。その他、証拠開示に関わる規定はありますが（99条2項、180条、299条1項、300条）、いずれも十分とはいえませんでした。

　このような刑事訴訟法の規定状況のため、最高裁は、一定の条件の下、訴訟指揮権に基づく証拠開示を認めましたが、これも一部の証拠に限られていました。そのため、公判前整理手続が創設される以前は、検察官が、被告人側の求めに対し、任意に応じる場合を除き、検察官から被告人側への証拠開示は十分になされていませんでした。

　したがって、公判前整理手続における証拠開示制度は、わが国の刑事裁判を日本国憲法の求める内容に近づけるものといってよいでしょう。

　ところで、公判前整理手続における証拠開示制度は、検察官側のすべての証拠開示を求めていないのは、なぜでしょうか。それは、被告人側によ

って証拠破壊・隠滅がなされるおそれも考えられるからです。残念ながら、常に、被告人側が正当な反論・反証活動を行うとは限りません。そこで、前述のとおり、刑事訴訟法は、被告人側からの請求を基に、証拠開示に伴う弊害も考慮しながら、検察官から被告人側への証拠開示を行うこととしているのです。

3 冒頭手続

　公判廷は、裁判官および裁判所書記官が列席し、検察官が出席するとともに（282条2項）、被告人および弁護人が出頭しなければ開廷できないのが原則である（286条・289条1項）。

　まず、裁判長は、検察官の起訴状の朗読に先立ち、被告人に対し、人違いでないことを確かめる質問（人定質問）をしなければならない（規196条）。その後に、検察官による起訴状の朗読が行われる（291条1項）。

　次に、裁判長は、被告人に対し、①終始沈黙しまたは個々の質問に対し陳述を拒むことができる旨（黙秘権）、②その他裁判所の規則で定める被告人の権利の保護に必要な事項を告知（規197条）した上で、被告人および弁

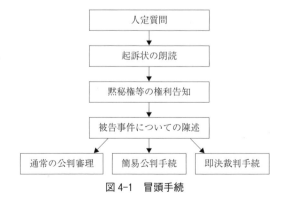

図4-1　冒頭手続

護人に対し、検察官が起訴状で示した公訴事実について陳述する（罪状認否）機会を与えなければならない（291条3項）。

4 証拠調手続

A 冒頭陳述と請求・決定の手続
[1] 冒頭陳述

証拠調の始めに、検察官は、これから証拠に基づいて証明しようとする事実を明らかにしなければならない（296条本文）。これを冒頭陳述という。冒頭陳述は、起訴状よりも具体的かつ詳細な、①犯罪事実、②犯罪事実と被告人を結びつける事実、③情状に関する事実から構成される。

その後の公判は、冒頭陳述で示された検察官の主張の成否をめぐって展開されることになる。それゆえ、証拠とすることができない資料または証拠として取調べを請求する意思のない資料に基づいて、裁判所に偏見または予断を生じさせるおそれのある事項を述べてはならない（296条ただし書）。

検察官が冒頭陳述をした後、裁判所は、被告人および弁護人にも、これ

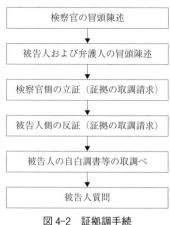

図 4-2 証拠調手続

から証拠に基づいて証明しようとする事実を明らかにさせることができる（規198条1項）。また、被告人または弁護人は、公判前整理手続を経た事件の場合には、証拠に基づいて証明しようとする事実その他の事実上および法律上の主張を明らかにしなければならない（316条の30前段）。いずれについても、検察官の冒頭陳述と同様、裁判所に偏見や予断を生じさせるおそれのある事項を述べてはならない（規198条2項、316条の30条後段）。

なお、公判前整理手続を経た事件の場合、裁判所は、規則217条の29の定めるところにより、当該公判前整理手続の結果を明らかにしなければならない（316条の31第1項）。

[2] 証拠調請求

わが国の刑事裁判は、当事者主義に基づいており（憲37条）、検察官の主張・立証活動と被告人側の反論・反証活動（両当事者による論争）で成り立つ。そのため、証拠調は、原則として、当事者の請求によって行われる（298条1項）。裁判所の職権証拠調（298条2項）は、検察官の立証に合理的な疑いが残る場合に、これを明確にする形で行われるにすぎない。

なお、最高裁は、裁判所の職権証拠調について、裁判所には、原則として、職権で証拠調をする義務または検察官に立証を促す義務はないが、検察官の不注意によって証拠の提出に遺脱があることが明白な場合には、検察官にその提出を促す義務があるとしている（最判昭和33・2・13刑集12-2-218〔百選A26事件〕）。しかし、これは、当事者主義という基本原理の下では、極めて例外的な場合に限るものと理解すべきである。

わが国の刑事裁判は、弾劾主義にも基づいており、検察官が、犯罪事実（訴因）のすべてについて、合理的な疑いをいれない程度にまで立証しなければならない。つまり、検察官が立証できない限り、被告人が有罪になることはないのであるから、検察官の立証が先行しなければならないことになる。そこで、まず、検察官が、事件の審判に必要と認めるすべての証拠の取調べを請求しなければならず（規193条1項）、その後、被告人が証拠の取調べを請求する（規193条2項）。

証拠調請求に際しては、証人の場合は、あらかじめ、相手方に対し、その氏名および住居を知る機会を、証拠書類および証拠物の場合は、あらか

じめ、相手方に閲覧する機会を与えなければならない（299条1項本文）。

また、検察官は、検察官面前調書のうち、不一致供述に当たる供述書・供述録取書（321条1項2号後段）については、必ず、取調べを請求しなければならない（300条）。検察官が申請した証人の証言と、その証人が検察官の取調べでした供述に不一致が認められる場合、その証言の信用性に問題が生じることになるので、これを判断する必要があるからである。

さらに、被告人の自白については、犯罪事実に関する他の証拠が取り調べられた後でなければ取調べを請求できない（301条）。これは、補強法則の趣旨（憲38条3項、319条2項）を受けた規定である。

[3] 証拠決定

裁判所は、①証拠調請求の適法性、②請求された証拠の証拠能力および③証拠調の必要性を調査し、決定で、証拠の採否を決する（規190条1項）。決定に際しては、必ず、相手方または弁護人の意見を聴かなければならない（規190条2項）。また、決定に際し必要があれば、証拠書類または証拠物の提示を命ずることができる（規192条）。さらに、伝聞証拠については、証拠とすることに同意するか否かを相手方に確認する。

B 証拠調の実施

[1] 証人尋問

(1) 証拠方法が証人の場合、証拠調は尋問によって行う（304条）。法律の規定では、まず、裁判長または陪席の裁判官が尋問し、その後、取調べを請求した当事者が尋問し、次いで、相手方当事者が尋問することになっている（304条1項2項、規200条・201条・203条）。しかし、裁判所は、適当と認めるとき、両当事者の意見を聴き、尋問の順序を変更することができる（304条3項）ので、実務上は、まず、取調べを請求した当事者が主尋問をし、その後、相手方当事者が反対尋問をし、次いで、取調べを請求した当事者が再主尋問をする（規199条の2第1項）。裁判長の許可があれば、さらに尋問することもできる（規199条の2第2項）。

主尋問は、立証すべき事項およびこれに関連する事項について行われ（規199条の3第1項）、証人の供述の証明力を争うために必要な事項について行

うこともできる（規199条の3第2項）。また、原則として、誘導尋問することはできない（規199条の3第3項）。

　反対尋問は、主尋問に現れた事項、これに関連する事項、証人の供述の証明力を争うために必要な事項および（裁判長の許可を条件に）自己の主張を支持する新たな事項について行うことができる（規199条の4第1項・199条の5第1項）。また、主尋問と異なり、必要があるときは、誘導尋問することができる（規199条の4第3項）。

　再主尋問は、反対尋問に現れた事項、これに関連する事項および（裁判長の許可を条件に）自己の主張を支持する新たな事項について行うことができる（規199条の7第1項・第3項・199条の5第1項）。また、主尋問と同様、誘導尋問することはできない（199条の7第2項）。

(2)　憲法37条2項が保障する証人審問権の目的は、当事者主義の下で、検察官が立証のため取調べを請求した自己に不利益な証人に対し、被告人が、証人と対峙（対決）し、反対尋問によってその証言の信用性について争い、反論・反証活動を十分に行う機会が確保できるようにすることにある。そのため、証人の証言を証拠として利用する場合には、証人自らが法廷に出廷し証言することが求められることになり、証人からあらかじめ聴き取った供述内容をまとめた書面や証人の供述を聴いた者が代わりに行った法廷の証言は、原則として、証拠として利用できないということになる（320条1項。これを伝聞法則という）。

(3)　証人（特に被害者）は、事実認定のため公判で証言を求められることがあるが、被告人や傍聴人の面前であることに伴う不安や圧迫などのため、安心して証言することができないおそれもある。そこで、証人を保護するため、法律上、種々の措置が規定されている。すなわち、①証人への付添い（157条の4）、②証人尋問の際の証人の遮へい（157条の5）、③ビデオリンク方式による証人尋問（157条の6）、④開示された証拠の適正な管理と目的外使用の禁止（281条の3～281条の5）、⑤証人の氏名および住所その他の者を特定させることになる事項（証人等特定事項）の公開の法廷での秘匿（290条の3）、⑥尋問や陳述の制限（295条）、⑦証人等の身体・財産への加害行為等の防止のための配慮（299条の2）、⑧証人等の氏名・住居の開示に係る条件付与等の措置又は代替的呼称等の開示措置（299条の4～299条の7）、⑨被

告人の退廷（304条の2）、⑩傍聴人の退廷（規202条）などである。

このうち③については、平成28（2016）年5月の法改正で、裁判官および訴訟関係人が在席する場所と同一構内以外の場所に証人を出頭させて実施することも認められた。なお、②および③について、措置の内容や被告人の防御への影響に鑑みれば、裁判の公開を保障する憲法82条1項・37条1項、被告人の証人審問権を保障する憲法37条2項前段に違反しないとした判例がある（平成28年5月の法改正前の規定に係る最判平成17・4・14刑集59-3-259〔百選67番事件〕）。

⑤は、従来、性犯罪等の被害者について氏名等の特定事項（被害者特定事項）の秘匿が認められていたところ（290条の2）、平成28年5月の法改正で、同様の措置を証人にも認めたものである。なお、被害者特定事項の秘匿について、当の事項は公開すべき裁判の本質的部分に当たらないので、その秘匿は裁判の非公開とはならず、憲法32条・37条1項に違反しないとした判例がある（最決平成20・3・5判タ1266-149〔百選A30事件〕）。

⑧は、加害行為等を防止するとともに、証人等の安全の確保および供述の負担軽減をし、より充実した公判審理の実現を図るため、平成28年5月の法改正で導入したものである。なお、両措置は、その要件や手続に鑑みれば、被告人の証人審問権を保障する憲法37条2項前段に違反しないとした判例がある（最判平成30・7・3刑集72-3-299）。

(4) 平成28年5月の法改正では、証人の勾引要件について、証人が正当な理由なく「召喚に応じないとき」の他に、「〔召喚に〕応じないおそれがあるとき」が加えられた。これにより、証人が正当な理由なく召喚に応じないおそれのあることが事前に判明しているときには、不出頭を確認するための公判期日を開かなくても（召喚の手続をとらなくても）勾引することができるようになった。

[2] 刑事免責制度

平成28（2016）年5月の法改正で導入されたこの制度は、証人に対し、刑事免責を付与することによって自己負罪拒否特権（憲38条1項）を失わせて供述を義務付け、その供述を他の者の有罪を立証するための証拠に用いる制度である（157条の2〜157条の3）。刑事免責のかたちとしては、行為免責

（供述者を当の関連犯罪で訴追して刑事責任を問うことはしない）と使用免責（供述者の当の供述及びこれを契機に得られた証拠を使用しない）の2つが考えられるが、わが国は後者のみを採用した。

　一般的に、証人は、証言義務を課されているが（最判昭和27・8・6刑集6-8-974）、自己負罪拒否特権が保障されているため、自己が刑事訴追を受けたり有罪判決を受けたりするおそれのある場合には、証言義務が免除されて証言を拒むことができる（146条）。このとき、自己負罪拒否特権が証言義務を免除する「盾」になっているのであるから、刑事免責を付与して自己の刑事訴追や有罪判決のおそれを取り除けば、自己負罪拒否特権を失わせて証言義務を課すことが許されることになる。

　刑事免責制度は、共犯事件や組織犯罪等の犯罪において、共犯関係や犯罪組織における各人の役割分担や実態を解明し、主犯格や上位者を検挙するため、他の共犯者や下位者の供述を証拠に用いる場合に利用されるものであり、従来、その整備の必要性が指摘されていた。

　また、最高裁は、いわゆるロッキード事件丸紅ルート判決において、「我が国の憲法が、その刑事手続等に関する諸規定に照らし、このような制度の導入を否定しているものとまでは解されないが、刑訴法は、この制度に関する規定を置いていない。……これを採用するかどうかは、これを必要とする事情の有無、公正な刑事手続の観点からの当否、国民の法感情からみて公正感に合致するかどうかなどの事情を慎重に考慮して決定されるべきものであり、これを採用するのであれば、その対象範囲、手続要件、効果等を明文をもって規定すべきものと解される。」と判示していた（最大判平成7・2・22刑集49-2-1〔百選66番事件〕）。

　刑事免責制度と類似した制度に捜査・公判協力型協議・合意制度（350条の2以下）がある。協議・合意制度は、検察官と被告人・弁護人の協議およびその結果としての合意を必要とするが、刑事免責制度は、そのような協議や合意を必要とせず、検察官の請求と裁判所の決定で、一方的に当の証人に刑事免責を付与して証言義務を課すことができる。また、協議・合意制度の対象犯罪は限定されているが、刑事免責制度の対象犯罪に限定はない。

　当の証言内容の信用性は、偽証罪（刑169条）による刑罰の警告（規120条）

と被告人側の反対尋問によって確保される。

[3] 被告人質問

　弾劾主義の下では、被告人には自己負罪拒否特権が保障されており、被告人は検察官の立証活動に協力する義務を負わない。そのため、一般の証人とは異なり、被告人に証言を求める権利はない。それゆえ、被告人が任意に供述をする場合に、必要とする事項について、被告人の供述を求めることができるだけである（311条2項）。また、質問は、原則として、裁判長が行うこととし（同項）、陪席の裁判官、検察官、弁護人、共同被告人またはその弁護人は、裁判長の許可を条件に質問できるだけである（311条3項）。被告人は、常に、弁護人の助力を得ながら、自己の防御活動に影響が生じない範囲で、質問に対して回答することができる。

[4] 証拠書類と証拠物

　証拠方法が証拠書類の場合、証拠調は取調べを請求した者による朗読によって行う（305条1項）。ただし、裁判長は、当事者の意見を聴き、相当と認めるときは、要旨を告知させることもできる（規203条の2）。

　なお、書類そのものが証拠物の場合には、朗読または要旨の告知に加え、展示が必要となる（307条・306条・305条）。

　証拠方法が証拠物の場合、証拠調は取調べを請求した者による展示によって行う（306条1項）。

　憲法37条2項は「証人」と対決して審問する権利を保障する。かつては、証人の証言が最良の証拠であったことによるものであるが、現在は、証人だけでなく証拠書類や証拠物も重要な証拠となっている。それゆえ、憲法37条2項は、証人をはじめとする自己に不利益な証拠と対決・対面し、その証明力を吟味する権利となっている。

5 手続の分離と併合・停止と更新

A 公判の分離・併合

公判の分離とは、1人の被告人が複数の事実で一括して起訴されている場合、または複数の被告人が1通の起訴状で一括して起訴されている場合に、裁判所が、適当と認めるときに当事者の請求または職権で、または被告人の権利を保護するため必要があるときに職権で、公判を分割して別個の手続で審理する決定をいう（313条）。

これに対し、公判の併合とは、1人の被告人が複数の事実で別途に起訴されている場合、または複数の被告人が別途に起訴されている場合に、裁判所が、適当と認めるときに当事者の請求または職権で、複数の公判を併せて1つの手続で審理する決定をいう（313条1項）。

B 公判の停止・更新

公判の停止とは、①被告人が心神喪失の状態にあるとき、②被告人が病気のため出頭することができないとき、③犯罪事実の存否の証明に欠くことのできない証人が病気のため公判期日に出頭することができないとき、当事者や医師の意見を聴いた上で、公判手続を停止する決定をいう（314条）。なお、訴因変更の際に、被告人の防御に実質的な不利益を生ずるおそれがあると認めるときは、被告人または弁護人の請求により、被告人に十分な防御の準備をさせるために必要な期間、公判手続を停止することもある（312条4項）。

なお、被告人が心神喪失により訴訟能力を欠くことを理由に公判手続が停止された後、訴訟能力の回復の見込みがなく、公判手続の再開の可能性がないと判断される場合には、裁判所は、338条4号に準じて、判決で公訴を棄却することができるとした判例がある（最判平成28・12・19刑集70-8-865）。

公判の更新とは、①公判手続の途中で裁判官が代わったとき（315条本文）、②開廷後、被告人の心神喪失により公判手続を停止したとき（規213条1項）、③開廷後、長期間にわたり開廷しなかった場合において必要があると認めるとき（規213条2項）、④簡易公判手続の決定が取り消されたときに、一定

の手続 (規 213 条の 2) を経た上で、前の公判手続を引き継ぐことをいう。ただし、判決の宣告をする場合、更新は不要である (315 条ただし書)。

6　最終弁論

　証拠調が終了した後、検察官は、事実および法律の適用について意見を陳述しなければならない (293 条 1 項、規 211 条の 2)。この検察官による裁判所に対する最終的な意見の陳述を論告という。論告は、通常、①公訴事実の認定 (公訴事実が証拠調で取り調べた証拠によって証明されていること)、②情状 (求刑の根拠となる事情)、③適条 (適用される刑罰法規の条文)、④求刑 (検察官が相当と考える刑罰) の順序で行われる。

　論告の後は、弁護人および被告人による意見の陳述が行われる (293 条 2 項、規 211 条・211 条の 2)。この意見の陳述を、弁護人につき最終弁論、被告人につき最終陳述という。最終弁論の内容は、論告に対応している。最終陳述では、通常、当該事件に対する被告人の心境等が述べられる。

　論告および最終弁論・最終陳述は、当事者主義に基づく公判で展開される検察官の主張・立証活動と被告人側の反論・反証活動の締めくくりである。これによって審理は終了 (結審) し、後は判決の宣告を残すのみとなる。

　なお、弁護人の最終弁論に関して、被告人が審理の終盤で全面否認に転じたのに、弁護人が被告人の従前の供述を前提に有罪を基調とする最終弁論をして、裁判所がそのまま審理を終結させたことの適法性が問題となった事例がある (最決平成 17・11・29 刑集 59-9-1847 〔百選 53 番事件〕)。

7　判決の宣告

　判決の宣告は、公判廷で行われる (342 条)。公判廷は、裁判官および裁判所書記官が列席し、検察官が出席する (282 条 2 項) とともに、被告人が出頭

しなければ開廷できないのが原則である (286条)。なお、判決の宣告に弁護人の出頭は求められていない (最判昭和30・1・11刑集9-1-8参照)。

判決の宣告では、裁判長が (規35条1項)、主文および理由の朗読または主文の朗読および理由の要旨の告知を行わなければならない (規35条2項)。なお、死刑判決の場合は、通常、主文の朗読が最後に行われる。

有罪判決を宣告する場合には、被告人に対し、上訴期間 (14日) および上訴申立書を差し出すべき裁判所を告知しなければならない (規220条)。また、保護観察に付する場合には、保護観察の趣旨その他必要と認める事項を説示しなければならない (規220条の2)。さらに、判決の宣告後、被告人の将来について適当な訓戒をすることができる (規221条)。

8 公判調書

A 公判調書の作成

公判期日における訴訟手続については、公判調書を作成しなければならない (48条1項)。作成する目的は、「公判期日における審判に関する重要な事項を明らかにし、その訴訟手続が法定の方式に従い適式に行われたかどうかを公証することによって、訴訟手続の公正を担保することや、上訴審に原判決の当否を審査するための資料を提供することなどにある」(最決平成27・8・25刑集69-5-667)。公判調書は、公判期日に出席した裁判所書記官が作成して (裁60条)、規則44条に規定される事項を記載し (48条2項)、裁判所書記官の署名押印と裁判長の認印によって完成する (規46条1項)。

弁護人は常に閲覧できる (40条1項) が、被告人は、弁護人がないときに限られる (49条前段)。つまり、弁護人があるとき、被告人は閲覧できない。このように被告人の閲覧権が制約されているのは、公判調書が毀損されるおそれをできる限り少なくするためである[6]。当事者は、公判調書の記載の正確性について異議を申し立てることができる (51条1項前段)。

B 公判調書の証明力

公判期日における訴訟手続で公判調書に記載されたものは、公判調書のみによって証明することができる（52条）。その趣旨は、上訴審で、原審の公判手続が問題となった場合に、無限に証明の方法を許すと収拾がつかなくなるおそれがあるので、公判調書に記載された事項は、事前にその正確性を担保した上で、専ら公判調書で証明させようとすることにある[7]。

9 簡易手続

A 簡易公判手続

[1] 意義

簡易公判手続は、冒頭手続の罪状認否において、被告人が有罪である旨の陳述をした訴因について、その後の審理が比較的緩やかな規律の下での証拠調手続によって行われる手続である。その趣旨は、公判手続を迅速かつ効率的に進めるために、被告人が有罪である旨を陳述した自白事件と有罪を認めずに争う旨を陳述した否認事件とを区別して審理し、自白事件について節約できた人的・物的資源を否認事件に集中的に充てることにある。

[2] 条件

簡易公判手続が行われるのは、①死刑または無期もしくは短期1年以上の懲役もしくは禁錮に当たらない事件で、②被告人が有罪である旨の陳述をした訴因に限り、③検察官、被告人および弁護人の意見を聴いた上で、④裁判所が決定した場合である（291条の2）。また、裁判長は、決定するに先立って、⑤被告人に対し、簡易公判手続の趣旨を説明し、被告人の陳述がその自由な意思に基づくかどうか、および291条の2に定める有罪の陳述に当たるかどうかを確かめなければならない（規197条の2）。

[3] 内容

証拠調手続では、検察官の冒頭陳述（296条）は行われず、証拠調に関す

る諸規定（297条、300条～302条、304条～307条）も適用されないので、適当と認める方法で証拠調をすることができる（307条の2）。また、伝聞法則も、原則として適用されない（320条2項本文）。

なお、簡易公判手続の決定が取り消されたときは、原則として、公判手続を更新しなければならない（315条の2本文）。

このように、一見すると通常審理に比べて利用しやすい手続のように見えるが、近年では、その利用率は極めて低くなっている。事実、平成28（2016）年中に、地方裁判所および簡易裁判所において簡易公判手続の決定がなされた人員は237人にとどまり[8]、これは、自白人員[9]の0.5％にすぎない[10]。

利用率が低い理由として、対象事件が限定されていることのほか、次のような簡易公判手続の問題点が指摘されている[11]。すなわち、①簡易公判手続によっても事実認定を行うことに変わりはなく、検察官が請求すべき証拠の量は通常の公判審理と変わらない、②通常の公判審理であっても、被告人が公訴事実を認めている場合、証拠書類の取調べに同意するので（326条参照）、証拠調の大部分が書面の取調べで済む上、取調べも要旨の告知という簡略化がなされ時間もかからない、③これに対し、簡易公判手続の場合、有罪の陳述に当たるか否かを確かめる手続、手続の趣旨説明、簡易公判手続によることの相当性の判断等、煩瑣な手続があるので、あえて簡易公判手続による魅力がない、④いったん簡易公判手続を決定し証拠調をしても、簡易公判手続を取り消した場合には、手続をやり直さなければならないということである。このような問題点があったことから、事件を簡易かつ迅速に処理するための新たな手続が求められることになった。

B 即決裁判手続
[1] 即決裁判手続制度の導入

平成13（2001）年6月に公表された『司法制度改革審議会意見書』の中で、「刑事裁判の充実・迅速化」に関して、「争いのある事件とない事件を区別し、捜査・公判手続の合理化を図ることは、公判の充実・迅速化の点で意義が認められる」とされた。そして、その具体的な方策について、英米における有罪答弁制度（アレインメント）のほか、現行の略式請求手続と簡易公

判手続の見直しも含めて、さらに検討することになった。その後、「裁判員・刑事検討会」における検討を経て、平成16 (2004) 年3月の法改正で導入されたのが、即決裁判手続制度 (350条の16～350条の29) である。

即決裁判手続制度の趣旨は、争いのない明白かつ軽微な事件について、簡略な手続で証拠調を行い、即日の判決の言渡しを原則とするなど、簡易かつ迅速に公判審理および裁判を行うことで、手続の合理化・効率化を図ることにある (最判平成21・7・14刑集63-6-623〔百選59番事件〕)。

平成28 (2016) 年中に検察官が公判請求した人員 (8万7,735人) のうち、即決裁判手続の申立てのあった者は387人 (0.4%) であった[12]。

また、即決裁判手続により審判の行われた終局人員を罪名別に見ると、覚せい剤取締法違反が180人 (49.2%) と一番多く、次いで、大麻取締法違反が101人 (27.6%)、入管法違反が27人 (7.4%) となっている[13]。

[2] 即決裁判手続の申立て

即決裁判手続は、死刑または無期もしくは短期1年以上の懲役もしくは禁錮に当たらない事件について、検察官が、事案が明白であり、かつ、軽微であること、証拠調が速やかに終わると見込まれることその他の事情を考慮し、相当と認めるときに、公訴の提起と同時に申し立てることによって行われる (350条の16第1項)。

もっとも、検察官は、申立てに先立って、被疑者に対し、即決裁判手続の説明のほか、通常の公判審理を受けられることを告知した上で書面による同意を得なければならない (350条の16第2項・第3項・第5項)。その際に、弁護人が選任されている場合には、弁護人の書面による同意または意見の留保も必要となる (350条の16第4項・第5項)。また、被疑者は、同意の当否を判断するに当たって、貧困等の事由により弁護人を選任できない場合には、国選弁護人の選任を求めることができる (350条の17)。

[3] 即決裁判手続による公判手続

冒頭手続の罪状認否において、被告人が被告事件について有罪である旨の陳述をした場合に、裁判所は、即決裁判手続による審判を決定しなければならない (350条の22)。なお、公判期日は、弁護人が法廷に出頭していな

ければ開くことができない (350条の23)。

証拠調手続では、簡易公判手続と同様、検察官の冒頭陳述 (296条) は不要で、証拠調に関する諸規定 (297条・300条～302条・304条～307条) も適用されず、適当と認める方法による証拠調が可能である (350条の24)。また、伝聞法則も、原則として適用されない (350条の27本文)。

判決は、簡易公判手続と異なり、できる限り、即日に言い渡さなければならず (350条の28)、また、判決で懲役または禁錮を言い渡す場合には、必ず、執行猶予の言渡しをしなければならない (350条の29)。

第一審判決に対しては、簡易公判手続と異なり、事実誤認 (382条) を理由に控訴できず (403条の2第1項)、控訴裁判所は、事実誤認を理由に破棄できない (403条の2第2項)。また、上告裁判所も、判決に影響を及ぼすべき重大な事実誤認 (411条3号) を理由に破棄できない (413条の2)。

この点につき、①即決裁判手続で事実誤認を理由とする控訴が制限されているのは、裁判を受ける権利を保障する憲法32条に違反する、②即決裁判手続は、刑の執行猶予の言渡しが必要なために安易な虚偽自白を誘発しやすいので、自白法則を規定する憲法38条2項に違反するとして、即決裁判手続制度の合憲性が争われた。

最高裁は、①について、(ア) 事実誤認を理由に上訴を認めると、必要以上の証拠調が行われ、その結果、制度趣旨を損なうおそれがあること、(イ) 即決裁判手続の選択は、被告人の自由意思に基づくものであること、(ウ) 被告人には、即決裁判手続の同意につき弁護人の助言を得る機会が保障されていること、(エ) 即決裁判手続では科刑に制限があることを挙げて、合理的な理由に基づく上訴制限であることを理由に、また②については、被告人に対する手続保障が図られていることを理由に各主張を退けて、即決裁判手続制度の合憲性を認容した (前掲最判平成21・7・14)。

なお、平成28 (2016) 年5月の法改正で、①一定の理由により即決裁判手続の申立てを却下する決定がなされた事件について、その決定後、証拠調が行われることなく公訴が取り消された場合、または、②一定の理由により即決裁判手続による審判の決定が取り消された事件について、その取消しの決定後、証拠調が行われることなく公訴が取り消された場合、340条の規定にかかわらず、同一事件について再起訴することができるようにな

った (350条の26)。

　従来、即決裁判手続の対象となる自白事件であっても、同意の撤回等のため通常の公判で否認事件としての審理になることも見据えて綿密な捜査が行われるのが通例となっており、自白事件の起訴に至るまでの簡易迅速な処理が実現していなかった。

　他方、公訴を取り消した場合に同一事件について再起訴するためには、公訴取消し後に犯罪事実についての新たに重要な証拠を発見したことを必要とするという制限がある (340条)。

　そこで、自白事件の捜査段階の簡易迅速化を図るとともに、即決裁判手続の活用を促すため、340条の制限規定にかかわらず、検察官において公訴を取り消し、再捜査をした上で再起訴することができるよう改正された。

C　略式手続

　略式手続は、簡易裁判所の管轄に属し、100万円以下の罰金または科料を科しうる事件について、被疑者の同意の下、検察官の請求により、簡易裁判所で行われる公判前の手続である (461条)。検察官の請求を受けた簡易裁判所は、法廷を開かずに、検察官の提出した資料 (証拠書類および証拠物など) だけを調査して、罰金または科料を科す (461条)。この簡易裁判所の判断を、口頭弁論を経ずになされるので (43条参照)、略式命令という。

　平成28 (2016) 年中に検察官が起訴した人員 (35万2,669人) のうち、公判請求された者は8万7,735人 (24.9%) にとどまるのに対し、略式命令請求された者は26万4,934人 (75.1%) に及ぶ[14]。これを罪名別で見ると、道路交通法違反が17万3,936人 (65.7%) と大半を占めており、次いで、運転過失致死傷罪が4万5,789人 (17.3%) となっている[15]。

　過去5年間の統計を見ても、毎年、起訴された人員のうち、約80％程度は、略式命令請求で処理されている[16]。

　なお、略式命令に対しては、略式命令を受けた者または検察官は、事実の認定、法律の適用、量刑等の点で不当と認めたとき、その告知を受けた日から14日以内に、正式裁判の請求をすることができる (465条1項)。

D　交通事件即決裁判手続

　交通事件即決裁判手続は、交通に関する刑事事件（道交8章の罪に当たる事件）について、迅速かつ適正な処理を図るために設けられた手続である（交通裁判1条・2条）。被告人の同意の下、検察官の請求により、簡易裁判所において即日に期日が開かれ、公判前の特別手続で審判を行い、罰金または科料を科すことができる（同3条）。

　昭和29（1954）年に創設されて以来、かつては利用されていたものの、昭和38（1963）年の交通切符制度の導入および昭和42（1967）年の交通反則通告制度の導入に加え、前述のように、対象事件の大部分が略式手続で処理されることになったため、昭和54（1979）年以降は、ほとんど利用されていない。

注）
1) 河上和雄ほか編『注釈刑事訴訟法〔第3版〕第1巻』（立花書房、2011）609
2) 渥美東洋『レッスン刑事訴訟法（中）』（中央大学出版部、1986）73
3) 渥美東洋『全訂刑事訴訟法〔第2版〕』（有斐閣、2009）328
4) 椎橋隆幸『刑事訴訟法の理論的展開』（信山社、2010）308
5) 椎橋・前掲注4）305
6) 河上ほか・前掲注1）586
7) 河上ほか・前掲注1）595
8) 「平成28年における刑事事件の概況（上）」法曹時報70巻2号162
9) 「自白人員」とは、地裁（法定合議事件を除く）および簡裁における終局人員のうち、公訴事実の全部について自白した人員をいう（前掲注8）162頁。
10) 前掲注8）162
11) 川出敏裕「即決裁判手続の創設」現代刑事法68号22
12) 前掲注8）163
13) 前掲注8）164
14) 前掲注8）117
15) 前掲注8）119
16) 前掲注8）118

知識を確認しよう

【問題】

(1) 公判審理に著しい遅延が生じた場合、裁判所は、いかなる措置を採りうるか。

(2) 国選弁護人の選任に際して被告人の「請求」を求めている36条は、憲法37条3項に照らして、妥当なものといえるか。

(3) 公判前整理手続における証拠開示制度と証拠開示のもつ意義を説明しなさい。

【解答への手がかり】

(1) 憲法37条1項の法的性格を明らかにした上で、被告人の「迅速な裁判を受ける権利」の侵害の有無の判断基準、侵害があった場合に裁判所が採りうる具体的な措置の内容を示す必要がある。

(2) 憲法37条が体現する当事者主義の内容を明らかにした上で、当事者主義に基づく刑事裁判における弁護権保障の意義を基に、36条の妥当性について論じる必要がある。

(3) 公判前整理手続における証拠開示は、どのような趣旨の下で行われるのかを説明した上で、当事者主義に基づく刑事裁判において、証拠開示がどのような意義をもつのかを説明する必要がある。

第5章 証拠法

本章のポイント

　本章では、第4章4節「証拠調手続」に関連する刑事訴訟上のルールを取り扱う。
1. 被告人が起訴された後、その有罪無罪は、刑事裁判で決定される。刑事裁判で行うのは、証拠による事実認定である。
2. 事実認定は、裁判所が証拠を用いて行う（証拠裁判主義）。裁判所が特定の事実の認定について、証拠として用いることができる資格について証拠能力の規制があり、関連性が問題とされるほか、自白法則、伝聞法則、および、判例・学説上認められている違法収集証拠排除法則がある。次に、証拠の評価の仕方について、現行法は、裁判官など判断者の自由な判断に委ねるという自由心証主義がとられている。さらに、立証が尽きた後、裁判所が、事実が認められるか否か不明のときにいかなる判断を下すかに関し、挙証責任のルールがある。

1 刑事訴訟法における証拠の運用原則

A 証拠の意義と種類
[1] 証拠と証明
(1) 証拠の意義

　刑事訴訟では、検察官が起訴した犯罪事実が存在していたか否かを裁判所が検察官と被告人らが法廷に提出した証拠によって判断する。

　証拠とは、事実認定の基礎とすることのできる資料をいう。例えば、被告人Aが、出刃包丁で被害者Vを刺し殺した殺人事件で起訴され、同事件の訴訟において、Aの自白(「私が、Vを出刃包丁で刺し殺しました」との供述)や、AがVを出刃包丁で刺すところを見ていたWがいれば、Wの証言(「AがVさんと口論した後、持っていた出刃包丁で『殺してやる』と怒鳴りながら、Vさんのお腹を何度も刺しました」と公判で証言した場合)や、Wの供述が記載された書面(捜査段階で、Wが司法警察員や検察官に対し、同様の話をし、その内容が書面とされている場合)などが、犯罪事実を直接証明する証拠となる。

　また、Vのお腹に出刃包丁が刺さっていた状態でVの死体が発見されたとすると、その出刃包丁は、V殺害の凶器である(証拠物)。また、その出刃包丁を調べた結果、その柄に、Vの血で印章付けられたAの指紋が付着していたとすると、その結果を記載した指紋照会結果回答書も、これらの証拠を通じて、Aが犯人であることを証明する証拠となる。

　証拠資料の供給源となるもの(証人W、証拠書類、証拠物など)を証拠方法といい、証拠方法の取調べによって得られる内容そのもの(Wの証言、Wの供述が記載された書面の記載内容、出刃包丁の形状、指紋照会結果回答書の記載内容など)を証拠資料という。

(2) 証拠の種類

　証拠については、いろいろな観点に基づき、分類がなされる。

①直接証拠と間接証拠

　主要な証明すべき事実(主要要証事実、主要事実、または、単に要証事実)を直接立証するか否かの違いによる区別である。

　直接証拠とは、主要事実を直接証明する証拠をいう。先ほどの例でA

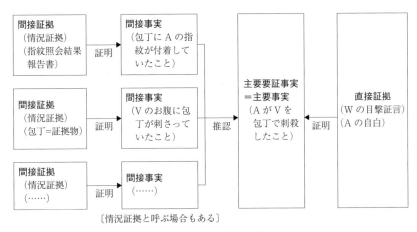

図5-1 証拠による立証のプロセス

による殺人の犯行を主要事実とする目撃者Wの証言などである。これに対し、間接証拠とは、主要事実を推認させる事実(間接事実)を証明する証拠をいう。先ほどの例でVのお腹に刺さっていた包丁や、包丁に付着していた指紋などである。Vの死体のお腹に包丁が刺さっていた事実(間接事実)から、Vが包丁により刺殺されたことが推認され、また、その包丁にVの血で印章された指紋(間接証拠)が残っていたことから被告人がVが出血した直後に包丁を持っていた事実(間接事実)を証明し、その事実からAがVを包丁で刺殺したこと(主要事実)を推認するような場合である。なお、間接証拠を情況証拠と呼ぶ場合があるが(判例は、この用語例に従っていると思われる。最判平成22・4・27刑集64-3-233〔百選61番事件〕等。)、間接事実も含め情況証拠という場合もある(図5-1)。

②実質証拠と補助証拠

証明対象による区別である。実質証拠とは、犯罪事実の存否の証明に向けられる証拠をいう。先ほどの例の証拠は、いずれも、実質証拠である。これに対して、実質証拠の証明力の強弱に影響を及ぼす事実(補助事実)を証明する証拠を補助証拠という。なお、補助証拠のうち、実質証拠の証明力を弱める証拠を弾劾証拠という。先ほどの例で目撃者Wの視力が弱いことを証明する証拠(例えば、Wが犯行目撃の直前に受けた健康診断で、視力が裸

眼で0.01だったことを示す健康診断結果）などである。
③供述証拠と非供述証拠
　過去の事実の痕跡が、人の知覚に残ったか否かによる区別である。
　供述証拠とは、言語またはこれに代わる動作によって表現された供述（認識・判断の叙述）が証拠となるものをいう。先ほどの例のAの自白や目撃者Wの証言である。これに対し、物の存在、状態などを証明するための供述証拠以外の証拠を非供述証拠という。先ほどの例の犯行に使用された凶器である包丁などである。供述証拠と非供述証拠を区別する実益は、伝聞法則（320条以下）の適用があるか否かである。
④本証と反証
　挙証責任を負う当事者が請求した証拠か否かによる区別である。
　本証とは、要証事実について挙証責任を負っている者がその事実を証明するために提出する証拠をいい、その相手方が提出する証拠を反証という。刑事訴訟では、検察官が犯罪事実の挙証責任を負うことから、通常は検察官が提出する証拠が本証であり、被告人側が提出する証拠が反証である。
⑤人的証拠と物的証拠
　証拠を取得する際の強制処分の違いによる区別である。
　人的証拠とは、証拠方法が自然人である場合の証拠をいい、それ以外の場合を物的証拠という。人的証拠を取得する強制処分は、召喚、勾引であり、物的証拠を取得する強制処分は、押収である。
⑥人証（証人など）、物証（証拠物）、書証（証拠書類）
　証拠調の方法の違いによる区別である。
　人証とは、口頭で証拠を提出する証拠方法をいい、証人、鑑定人、被告人などが当たる。証拠調の方法は、尋問（304条）または質問（311条）である。物証とは、その物の存在および状態が証拠資料になる物体をいい（先ほどの例の包丁など）、証拠調の方法は、展示（306条）または検証（128条）である。書証とは、その記載内容が証拠資料となる書面をいい、証拠調の方法は、朗読または要旨の告知（305条、規203条の2）である。なお、書証のうち、その記載内容のほかにその存在ないし状態自体も証拠となるもの（例えば、脅迫罪における脅迫文書など）を証拠物たる書面といい、この場合の証拠調の方法は、展示および朗読（または要旨の告知）である（307条、規203条の2）。

(3) 証明とは

　証明とは、証拠によって過去に存在した事実の存在を推認させ、その事実について裁判官に一定の心証を抱かせることをいう。

　実際の刑事裁判で扱われる事件は、過去に起こった出来事（事実）である。裁判所は、犯行が行われた状況を目撃したわけではないし、テレビドラマの回想シーンのように、殺した場面の画像が残っているということも（ほとんど）ないため、検察官が、いくらAがVを殺したと主張しても、それを即座に認定できるわけではない。裁判所は、訴訟の当事者（主に検察官）が法廷に提出する証拠を見て、その証拠から、実際にそのような事実（犯罪事実）が過去に行われたかどうかの心証を抱くことになる。そのような心証を裁判所が抱いた場合には、証明があったとされる。

[2] 証明と疎明
(1) 刑事訴訟における証明

　それでは、刑事訴訟で、どのような心証を裁判官に抱かせた場合に、「証明があった」といえるか。

　訴訟法上の証明は、自然科学者の用いる実験に基づく論理的証明ではなく、いわゆる歴史的証明である。論理的証明は、「真実」そのものを目標とし、反証をいれる余地がないのに対して、歴史的証明は、「真実の高度な蓋然性」で満足せざるを得ない。しかし、刑事訴訟では、有罪判決が言い渡されれば、被告人には刑事処罰という重大な人権制約が科されることから、有罪認定には、合理的な疑いを差し挟む余地のない程度の証明（確信）、すなわち、このような心証を裁判所に抱かせることが必要である。この「合理的疑いを差し挟む余地がない」というのは、「反対事実が存在する疑いを全く残さない場合をいうものではなく、抽象的な可能性としては反対事実が存在するとの疑いをいれる余地があっても、健全な社会常識に照らして、その疑いに合理性がないと一般的に判断される場合には、有罪認定を可能とする趣旨である」（最決平成19・10・16刑集61-7-677〔百選60番事件〕参照）。

(2) 証拠の優越

　これに対し、民事訴訟では、財産や身分に関する権利義務の存否などを問題とすることから、疑いを肯定する証拠が否定する証拠を上回る程度の

心証を裁判所が抱いている場合（証拠の優越）に証明があったとされる。また、刑事訴訟においても、犯罪の核心となるべき事実（厳格な証明の対象）については、確信が必要であるが、訴訟法上の事実（自由な証明の対象と解するのが一般）については、証拠の優越で足りると解するのが一般の理解である。

(3) 疎明

ほかに、証明には、一応確からしいという心証を抱いている場合（推測）があり、刑事訴訟法上、疎明で足りると定められている場合（19条3項・206条1項・227条2項など）には、推測で足りる。

[3] 証拠能力と証明力

証拠は、証拠調手続を経た後ではじめて裁判官の心証に影響を及ぼす。刑事訴訟では、証拠調をすることが許容される要件と、許容された後に裁判官の心証に影響を及ぼしうるための要件を区別する。

証拠能力とは、一定の資料が証拠となりうる資格のことをいう。証拠能力があってはじめて、証拠として取り調べることができることから、証拠の許容性ともいう。証拠能力の有無は、法律によって定められているのが原則であり、裁判官が自由に判断することは許されない。そのほか、明文はないが、要証事実を推認させるに必要な最小限度の証明力もない証拠は、証拠能力を否定し排除すべきであり、これを関連性の法則と呼ぶ。

これに対し、証明力とは、問題となっている事実の認定にその証拠がどの程度有効に役立つかどうかという、証拠がもつ実質的価値のことをいう。証明力には、当該証拠が要証事実の立証にいかなる意味を与えるかという狭義の証明力と、その証拠の信用性が含まれる。これらの点については、裁判官が自由に判断することができる（318条、自由心証主義）。

B 証拠裁判主義

[1] 証拠裁判主義の意義

317条は「事実の認定は、証拠による」として、証拠裁判主義を規定する。これは、神による裁判など、証拠によらない裁判を排斥し、訴訟において問題となる事実は証拠に基づいて認定されなければならないという近代刑事裁判の原則を示すとともに、有罪とするために自白を必ず要求するよう

な自白中心の裁判を否定する意義がある。

　しかし、このような自明のことを規定したにとどまらず、現行法は、証拠能力および証拠調手続に関しての規定を整備していることから、犯罪事実は、法律が使用することを認めた証拠（証拠能力ある証拠）により、法律が要求する手続によらなければ認定できないという実質的意義を有すると解すべきである。

　そこで、317条の「事実」とは、訴訟で問題とされるすべての事実ではなく、「犯罪事実」を意味し、また、「証拠」とは、「証拠能力があり、かつ適式な証拠調を経た証拠」を意味する。これらを合わせ、317条は、犯罪事実を認定するためには証拠能力があり、適式な証拠調を経た証拠で行わなければならないこと（いわゆる厳格な証明）を規定したといえる。

[2] 厳格な証明と自由な証明

　厳格な証明とは、刑事訴訟法で定められた手続に従って取り調べられた証拠による証明のことであるが、317条にいう犯罪「事実」は、審判対象が検察官の具体的事実の主張であることから、「刑罰権の存否及び範囲に関する事実」（実体法上の事実）である（通説）。すなわち、犯罪事実そのもの（構成要件該当事実、違法性・有責性の存否を基礎付ける事実）のみならず、処罰条件や処罰阻却事由（例えば、刑244条における直系血族である事実など）、法律上の刑の加重減免事由（累犯前科（最大決昭和33・2・26刑集12-2-316〔百選A32事件〕）、心神耗弱、過剰防衛など）も含まれる。

　これに対し、自由な証明とは、厳格な証明の一部が欠けた証明のことをいうが、その対象は、厳格な証明の対象となる事実以外の事実で、刑事訴訟法上、「疎明」の対象とされていないものすべてであり、かつ、その証明の程度は、証拠の優越で足りると解するのが一般の理解である。自由な証明には、証拠能力の制限がないが、任意性のない供述を証拠として用いることは許されないことから、実際には、伝聞法則の制約がないことに意味がある[1]。争いはあるが、自由な証明の対象の主なものは、証拠能力の有無を証明する際の訴訟法上の事実（訴訟法の適用要件である事実をいう。例えば、訴訟条件、証拠能力の要件など。供述の任意性につき、最判昭和28・10・9刑集7-10-1904）、情状事実などである。

ただし、情状は、犯情（犯行動機・目的、手段・方法・態様、被害の程度など）と狭義の情状（被告人の年齢、性格、前科・前歴、生活状況など被告人側の事情、被害回復、被害弁償、処罰感情など被害者側の事情、社会的影響など）に大別され、犯情は、犯罪事実そのものであるから厳格な証明の対象となるのは当然であり、自由な証明の対象となるのは、狭義の情状である。情状については、量刑の証拠の項目でも論じる。

[3] 証明の必要のない事実（不要証事実）

事実認定の際に、厳格な証明の対象であっても、常に証明が必要であるわけではない。代表的なものは以下のとおりである。

(1) 公知の事実

公知の事実とは、世間一般の人が疑いをもたない程度に知れわたっている事実をいう。例えば、歴史上の事実（例えば、東日本大震災が発生し、極めて甚大な被害であったこと）などである。誰もが当然の前提と考えて行動しても不都合はなく、証拠で認定しなくても裁判の公正を損なう危険がないからである。

(2) 裁判所に顕著な事実

裁判所に顕著な事実とは、裁判所が職務上知りえた事実で、その真実性を確信しうる程度のものをいい、批判もあるが、判例は証明を不要としている（最判昭和30・9・13刑集9-10-2059）。

(3) 推定事実

推定とは、一定の前提事実が証明された場合、それとは別の事実（推定事実）を認定することをいう。推定には、①事実上の推定と、②法律上の推定がある。

①は、前提事実から推定事実を推認することが経験則上一般的に合理的場合をいい、例えば、窃盗事件が発生した直後にある者が盗まれた被害品を所持していた場合（前提事実）、その者を窃盗犯人である（推定事実）と認定する場合などである。これは、前提事実が証明された場合に、推定事実が存在すると考えることが、経験則・論理則上、合理的と認められる場合であり、自由心証主義の一場面にすぎない。これに対し、②は、前提事実が証明されたときに、法律の規定により、推定事実が証明されたものと扱う

ことをいう（例えば、人の健康に係る公害犯罪の処罰に関する法律5条など）。②の場合は、本来推定事実を証明しなければならないところを前提事実の立証があれば、挙証責任の転換を認めることになることから、前提事実から推定事実を推定することが合理的であり、かつ、前提事実が立証されれば裁判所が必ずそれに拘束されるものではなく、そのような認定をしてもよい（許容的推定）という意味にとどめてはじめて認められるとする立場が有力である。

C 挙証責任

[1] 挙証責任

　刑事裁判において、証拠調を尽くしても、その事実の存否が不明な場合がある。その場合にも、裁判所は、存否が不明な点の判断を回避することはできず、その事実の存否について、いずれかの判断を下さなければならない。挙証責任とは、このような真偽不明の場合に、不利益な判断を受ける当事者の地位をいう。刑事裁判の証拠調が終了した段階で機能する。

　刑事訴訟では、検察官が挙証責任を負うのが原則である。刑事訴訟は、国家（検察官）が、被告人に対する刑罰権の存在を主張して、被告人の人権に刑事処罰という厳しい制約を求める手続であることから、その刑罰権の根拠となるべき事実については、検察官が挙証すべきである。さもないと、被告人が罪を犯したからではなく、訴訟のやり方がまずかったから処罰されることになりかねないからである。憲法31条（適正手続の保障）も、当然、これを前提としていると解されるし、「疑わしきは被告人の利益に」、「被告人は無罪と推定される」という各法格言はこのことを示している。

　検察官が挙証責任を負担する事実は、犯罪構成要件該当事実の存在、違法性阻却事由・責任阻却事由・処罰阻却事由の不存在、刑の加重減免事由の不存在など、刑罰権の存否および範囲に直接影響するすべての実体法的事実である。

　なお、不利益な認定を受ける当事者は、訴訟の各場面で、立証活動を行う。すなわち、検察官は、合理的な疑いを超えるまでに被告人の犯罪の立証をしなければ、被告人が無罪となるため、訴訟開始時は、当然検察官が立証活動を行う。検察官が立証活動を行えば、被告人は、これに反証しな

い限り有罪となってしまうので、それを防ぐため、立証活動を行う必要が生じる。被告人がこの立証活動を行い、検察官の立証を揺るがした場合には、再度検察官が立証活動を行う必要が生じる。このような訴訟の各場面における立証の必要ないし立証の負担を形式的（ないし主観的）挙証責任、前述の挙証責任を実質的（ないし客観的）挙証責任と呼ぶこともあるが、形式的挙証責任は、あくまでも、事実上の負担にすぎず、特に法的な責任ではない[2]。

[2] 証拠提出責任

　検察官は、違法性阻却事由・責任阻却事由等についても挙証責任を負う。
　しかし、これらの事実は通常存在しないことから、必ず検察官が立証しなければならないとすれば、時間と労力の無駄である。そこで、これらの事由を刑事裁判で争点とする場合、被告人側で何をなす必要があるのかが問題となる。この場合、被告人が単に、正当防衛（刑36条）が成立すると言いさえすれば検察官がその不存在をすべて立証しなければならないとするのは不合理である。そこで、この場合、被告人側で、違法性阻却事由等が存在するかもしれないという疑いを生じさせるに足りる一応の証拠を提出する必要があると解する学説が有力であり[3]、このときの被告人側の責任を証拠提出責任という。

[3] 挙証責任の転換

　前述のとおり、刑事訴訟では、原則として検察官に挙証責任があるが、例外的に被告人側に分配することが許される。被告人に挙証責任を分配することを挙証責任の転換という。しかし、挙証責任の転換はあくまで例外であることから、被告人に挙証責任を負担させる合理的な理由がなければならない。刑法上、挙証責任の転換を認めた規定として、①名誉毀損罪における真実性の証明（刑230条の2）、②同時傷害（刑207条）がある。①名誉毀損罪は、本来、摘示事実の真実性の有無を問わず成立するが、表現の自由（憲21条）への配慮から、特に、公共の利害に関する事実に関する事項については、公益目的をもってなされ、摘示事実が真実であるなどの要件を満たした場合に処罰しないものとされており、この事実の挙証責任を被告

人に負わせてもさほど不合理ではない。②同時傷害の場合、傷害の軽重および傷害を発生させた者につき、挙証責任を被告人に負わせたものであるが、この種の事犯では証明が困難であること、被告人が挙証責任を果たすべき部分を除いてもなお、犯罪として相当の当罰性があることから、合理性があるものといえる。

D 自由心証主義
[1] 自由心証主義の意義
318条は「証拠の証明力は、裁判官の自由な判断に委ねる」と規定し（裁判員法でも同様の規定を置いている（裁判員62条））、自由心証主義を定める。

自由心証主義は、証拠の証明力の評価の仕方は、裁判官および裁判員の自由な判断に委ねる主義である。かつては、特定の証拠、例えば自白がなければ有罪とできないものとし、証拠の証明力の評価の仕方を法定していたこともあった（法定証拠主義）。しかし、有罪にするために自白を要求すれば、自白を得るため拷問が行われるなど弊害も生じた。そこで、そのような考えは排され、裁判官など判断者の理性を信頼する自由心証主義が規定された。

[2] 証拠の証明力の評価
自由心証主義にいう「自由」とは、証拠の証明力の評価の仕方について、何ら法律による形式的な制限を受けないことを意味する。

ただし、自由心証主義は、裁判官（および裁判員）の理性的な判断を信頼したものであるから、その判断は、論理則・経験則に基づく、合理的なものでなければならないという、いわば内在的制約がある。

[3] 自由心証主義の合理性を担保する制度
この内在的制約にとどまらず、裁判官（および裁判員）の自由心証主義を適正かつ合理的なものにするために、①事件に関係のある裁判官（および裁判員）を裁判から排除する除斥・忌避・回避の制度（20条・21条、規13条、裁判員17条）、②予断の排除を定めた起訴状一本主義（256条6項）、当事者に主張・立証の機会を保障し（298条1項・308条）、裁判官の公平な判断を可能と

する当事者主義訴訟構造、③自由心証の対象となる証拠を法廷で用いることができないものとする証拠能力の制度（いわば「制限された自由心証主義」といえる）、④有罪判決を言い渡した証拠の標目の摘示（335条）、⑤誤った心証形成を事後的に是正する上訴審の制度などがある。

また、自白偏重による誤判を防止するため、自由心証主義の唯一の例外として、補強法則（憲38条3項、319条2項）を定める。

E 関連性

証拠が要証事実の存否の証明に役立ちうる性質を関連性という。自然的関連性、法律的関連性に分けて論じられるのが一般である。

[1] 自然的関連性

自然的関連性とは、当該証拠が要証事実を立証する必要最小限度の証明力を有することをいう。うわさに関する記事など、自然的関連性がない証拠を法廷で取り調べても無駄であるし、時間を浪費するにすぎないからである。

自然的関連性の有無で特に問題となるのは、科学技術の発展に伴い、さまざまな科学技術を駆使して作成された証拠（科学的証拠）が要証事実の存否について、必要最小限度の証明力を有するかである。

判例・裁判例は、ポリグラフ検査結果回答書（最決昭和43・2・8刑集22-2-55）、筆跡鑑定（最決昭和41・2・21判時450-60〔百選64番事件〕）、声紋鑑定（東京高判昭和55・2・1東高刑時報31-2-5）、警察犬による臭気選別（最決昭和62・3・3刑集41-2-60〔百選65番事件〕）などについて、具体的事案に即し、証拠能力を肯定する。

この科学的証拠の中で、近年、特に重要性を増しているのがDNA型鑑定である。

DNA型鑑定とは、DNAの塩基配列の個人差を利用して個人識別を行う鑑定をいう。人の細胞内に存在するDNA（デオキシリボ核酸）を形成しているアデニン（A）、グアニン（G）、シトシン（C）、チミン（T）という4種類の塩基配列の多型性に着目し、これを鑑定対象として分析することで、個人識別を行うものである。鑑定対象がDNAというだけで、原理的には、そ

の型数を判別する点で、血液を対象とする血液型鑑定と同様であるが、DNA の型数の方が、血液型よりも圧倒的に多く、識別の精度が高いと考えればよい。

　DNA 型鑑定は、人の遺伝情報とは関わりのない DNA の部位の多型性に着目する鑑定である。そこで、被検査者の遺伝情報というプライバシーを侵害することはなく、主として、その技法が、必要最小限度の証明力を有するものか問題とされる。判例は、DNA 型鑑定の一手法につき、「(当該事件で実施された MCT118 型という DNA 部位を対象とする DNA) 鑑定は、その科学的原理が理論的正確性を有し、具体的な実施の方法も、その技術を習得した者により、科学的に信頼される方法で行われたと認められる。したがって、右鑑定の証拠価値については、その後の科学技術の発展により新たに解明された事項等も加味して慎重に検討されるべきであるが、なお、これを証拠として用いることが許される」と判示した（最決平成 12・7・17 刑集 54-6-550〔百選 63 番事件〕）。

　科学的証拠の証拠能力を認めるためには、その原理が、当該科学的分野において一般に承認されていることまでは必要なく、①科学的法則を応用した技術に理論的妥当性があること、②その技術を特定の状況で正当に用いたことが必要であり、これらの要件を満たせば、自然的関連性を認めてよい。ただし、その証明力の判断は慎重でなければならない。

[2] 法律的関連性

　法律的関連性とは、証拠が事実認定を誤らせ（事実誤認）、あるいは、偏見・争点の混乱・手続の遅延などをもたらすおそれがないことをいう。自然的関連性がある証拠でも、このような危険があれば証拠能力を否定する。法律的関連性につき、自白法則（憲 38 条 2 項、319 条 1 項）、伝聞法則（320 条以下）のほか、被告人の前科・余罪などによるいわゆる悪性格立証がここで問題となる。悪性格立証は、例えば、被告人の前科を立証し、その事実だけから被告人が犯人であるとする立証であり、これを認めると、①不当偏見の危険（本来十分な推認力がないのに被告人を犯人だと推認させる危険）、②不公正な不意打ちの危険（これが許容されると被告人は過去のあらゆる非行を防御しなければならなくなる）、③争点混乱の危険（性格や類似事実の有無に争点が拡散する）

がある。そこで、このような立証を原則として禁止し、証拠能力を否定するのである。

しかし、前科証拠を被告人と犯人の同一性の証明に用いる場合、犯罪手口など前科に係る犯罪事実が顕著な特徴を有し、かつ、それが起訴に係る犯罪事実と相当程度類似するようなものであるときには、証拠能力が肯定される（最判平成24・9・7刑集66-9-907〔百選62番事件〕）。犯罪手口自体で両者の犯人が同一であることが合理的に推認されるからである。

また、犯罪の故意など主観的要素を同種前科で立証する場合、既に客観的事実およびそれと犯人の結びつきが他の証拠で立証されているようなときには、証拠能力が肯定される（最決昭和41・11・22刑集20-9-1035参照）。この場合も、同種行為が犯罪行為となり、犯罪が成立することが分かっていたことが合理的に推認されるからである。

F 量刑の証拠

刑事裁判では、その審理を通じて被告人の有罪・無罪が決定され、有罪判決の場合は、刑の言渡しがなされる。しかし、わが国の実際の刑事裁判では、有罪率が極めて高く、かつ、事件の大半は、被告人が事実関係を認めているいわゆる自白事件であるから、事件の争点が、有罪を前提とした上での被告人の量刑になることが多い。量刑とは、一般に処断刑の範囲内で具体的に宣告刑を決定することをいう。すなわち、犯罪事実について厳格な証明が行われ、有罪認定がなされた後に問題となるのが、量刑問題である。量刑の資料や基準につき規定はないが、量刑は、被告人が行った行為に対する責任（行為責任）が基本であり、犯情（犯行動機・目的、手段・方法・態様、被害の程度など）が当然考慮される。しかし、刑罰は被告人の再犯防止、改善・更生をも目的とする。そこで、犯情に加えて、再犯可能性などを基礎付けるいわゆる狭義の情状事実（被告人の年齢、性格、前科・前歴、生活状況など被告人側の事情など）も考慮する必要がある。このように、量刑を行う際には、多種多様な事情を考慮する必要があり、適正な量刑を行うためには、それに対応して、多くの資料を用いて判断する必要がある。

ここで問題になるのは、余罪（起訴された事実に対して、起訴されず処罰されていない犯罪事実）を量刑資料として用いることができるかである。この点、

最大判昭和 41・7・13 刑集 20-6-609 は、①「起訴された犯罪事実のほかに、起訴されていない犯罪事実をいわゆる余罪として認定し、実質上これを処罰する趣旨で量刑の資料に考慮し」「被告人を重く処罰することは許されない」が、②「量刑は、被告人の性格、経歴および犯罪の動機、目的、方法等すべての事情を考慮して、裁判所が法定刑の範囲内において、適当に決定すべきものであるから、その量刑のための一情状として、いわゆる余罪をも考慮することは、必ずしも禁ぜられるところではない」として、余罪を量刑のための一資料として考慮できることを認めた。批判もあるが、この基準を基に量刑事情として余罪を考慮しているのが実務である。

2 自白

A 自白の意義

自白とは、自己の犯罪事実の全部または一部を認める被告人の供述である。不利益事実の承認の一種である（322 条 1 項）。自白は、犯罪事実を直接証明するものであり（直接証拠、前述した図 5-1 参照）、犯罪を行った本人自身があえて自己に不利な内容を供述するものであるから、一般に信用性が高いものといえ、証拠の中でも極めて重要である。かつて、自白が「証拠の女王」などと呼ばれていたことも十分理解できる。

しかし、重要だからこそ、捜査機関は、それを得ようとするために、被疑者・被告人の人権を侵害してまで自白を得ようとしたり、また、自白を重視するあまり、ほかの証拠の収集をおろそかにする危険もある。

そこで、自白について、特別に規制する必要があり、憲法、刑事訴訟法は、自白の証拠能力と証明力に関して特別に規定を設けた。

B 自白の証拠能力（自白法則）

[1] 排除の根拠

憲法 38 条 2 項は、「強制、拷問若しくは脅迫による自白又は不当に長く抑留若しくは拘禁された後の自白は、これを証拠とすることができない」、

319条1項は、「強制、拷問又は脅迫による自白、不当に長く抑留又は拘禁された後の自白その他任意にされたものでない疑のある自白は、これを証拠とすることができない」とそれぞれ規定し、不任意自白について証拠能力を否定する（自白法則）。

不任意自白の証拠能力を否定する根拠につき、視点を供述者の心理状態に当て、①そのような自白は虚偽である可能性が高く、信用性が乏しいことから、そのような証拠の証拠能力を否定することで、事実誤認を避けようという説（虚偽排除説）、②任意性のない自白は、供述の自由を中心とする被告人の人権が侵害される違法な圧迫のもとでなされたものであるから、そのような自白の証拠能力を否定することで、供述の自由を中心とする被告人の人権を擁護するとする説（人権擁護説）があり、この両者を併せ考える立場（任意性説）が通説である[4]。さらに、視点を供述者の心理状態から、捜査機関側に移し、③自白採取の過程に違法がある場合に、その自白を排除するとする説（違法排除説）も主張されている。これらの自白法則の根拠は、相互に排斥し合うものではなく、いずれかの見解に立って統一的に説明する必要はない。そこで、事案に応じて、各立場から複眼的に任意性の有無を判断すれば足りる。最高裁判所判例には、これらの理解・立場のいずれに立つか明示したものはない。

なお、近年、自白法則については、任意性説に立ち、自白採取過程の違法性については、319条の解釈から離れて、違法収集証拠の排除法則（排除法則、後述）を適用する立場（二元説、東京高判平成14・9・4判時1808-144〔百選73番事件〕）も有力である[5]。

[2] 任意性が問題となる主な事例

①被疑者が、起訴・不起訴の決定権をもつ検察官の、自白すれば起訴猶予にする旨の言葉を信じ起訴猶予を期待してなした自白（最判昭和41・7・1刑集20-6-537〔百選70番事件〕。証拠能力を否定）。

②捜査官が被疑者を取り調べるに当たり、共犯者が自白した旨の偽計を用いたため、被疑者が心理的強制を受け、その結果虚偽の自白が誘発されたおそれのある場合の自白（いわゆる切り違い尋問による自白）（最大判昭和45・11・25刑集24-12-1670〔百選71番事件〕。差戻審で証拠能力を否定）。

③手錠をかけたままの取調べによる自白（最判昭和38・9・13刑集17-8-1703〔百選A33事件〕。「反証のない限りその供述の任意性につき一応の疑いをさしはさむべきであると解する」と判示しつつ、当該事案では、証拠能力を肯定）。

④黙秘権を告知しないでなされた取調べによる自白（浦和地判平成3・3・25判タ760-261〔百選72番事件〕。「黙秘権の告知がなかったからといって、そのことから直ちに、その後の被疑者の供述の全ての任意性が否定されることにはならない」と判示しつつ、黙秘権告知が取調期間中一度もなされなかった当該事案では、証拠能力を否定）。

⑤取調手続が違法であった場合の自白（東京高判平成14・9・4判時1808-144〔百選73番事件〕。9泊の宿泊を伴う連続10日間の取調べが行われた事案につき、前述した二元説の立場に立ち、自白法則適用の前に、違法収集証拠排除法則を適用し、取調べは明らかに行き過ぎで、違法は重大であり、違法捜査抑制の見地からしても証拠能力を付与することは相当でないとして証拠能力を否定）。

⑥接見制限と自白（最決平成1・1・23判時1301-155、判タ689-276〔百選74番事件〕。接見交通権の制限があったことを肯定しつつ、証拠能力を肯定）。

[3] 任意性の立証

　自白の任意性についても、自白を証拠として提出する検察官が挙証責任を負担する（本章1節C参照）。任意性が争われた場合、それを立証する方法として、①被告人質問、②捜査官の証人尋問、③取調べ状況を録音・録画した記録媒体の証拠調等が行われるのが通常であるが、取調べ等の録音・録画による記録が義務付けられている事件では、検察官には、取調べ状況を録音・録画した記録媒体の証拠調を請求する義務がある（301条の2）。

C 自白の証明力（補強法則）
[1] 補強法則の意義・趣旨

　憲法38条3項は、「何人も、自己に不利益な唯一の証拠が本人の自白である場合には、有罪とされ、又は刑罰を科せられない」と規定し、319条2項は、「被告人は、公判廷における自白であると否とを問わず、その自白が自己に不利益な唯一の証拠である場合には、有罪とされない」と規定し、自白の証明力を制限する。被告人について有罪を認定するためには、自白

のほかに自白以外の証拠（補強証拠）を必要とする証拠法則を補強法則という。

　自白に補強証拠を要求しているのは、自白偏重による誤判を防止することにある。すなわち、自白は、真相をすべて知る犯行を行った張本人である被疑者・被告人の供述であることから、一般に信用性が高い。しかし、自白が重要な証拠であることから、その信用性を裁判所が過大評価するおそれがないわけではなく、万が一の誤判を防ぐために、自白内容を確認できるほかの証拠（補強証拠）を要求しているのである。この補強法則は、前述した自由心証主義（318条）の唯一の例外である（最大判昭和33・5・28刑集12-8-1718 練馬事件）。

コラム　2つの補強法則

　自白に補強証拠が要求される場合には、①自白の証明力が十分な場合と、②それが不十分な場合があります。①の場合には、自由心証主義（318条）に従って判断すれば、本来自白だけで有罪判決を言い渡せるはずですが、憲法38条3項、319条2項により補強証拠が要求されているので、それはできません。この場合には、補強法則に「自由心証主義の例外としての補強法則」という独自の意味があることになります（田宮教授は、これを「本来の補強法則」と呼んでいます）。これに対し、②の場合は、自白だけでは、そもそも証明が不十分な場合ですから、その自白だけで、合理的な疑いを超える証明がなされていないことから、有罪判決を言い渡すことがそもそもできないことは当然です。そこで、②の場合は、特別な独自の補強法則ではなく、「自由心証の一部としての補強法則」といいます（田宮教授は、「みせかけの（疑似）補強法則」と呼んでいます）。本文では、「自由心証主義の例外」である①の場合の「本来の補強法則」について説明しました。学習の際には、この両者を混同しないよう注意してください。

もっと知りたい方へ
- 田宮裕『刑事訴訟法〔新版〕』（有斐閣、1996）353以下
- 大阪刑事実務研究会編『刑事証拠法の諸問題（上）』（判例タイムズ社、2001）358〔杉田宗久〕

[2] 補強の範囲など

自白の補強証拠は、犯罪事実との関係で必要とされるが、すべての事実に対応して補強証拠が必要とは解されておらず、犯罪構成要件の全部にわたってもれなくこれを裏付ける必要はなく、犯罪の客観的側面につき、被告人がまったく架空の犯罪により処罰されるのではないという程度に自白に関する事実の真実性を保障しうるものであれば足りる（実質説、判例の立場。最判昭和 23・10・30 刑集 2-11-1427）。犯罪の主観的側面（故意、目的）や主体的側面（被告人が事件を犯した犯人であるかどうか）については、補強証拠がない場合が多く、補強証拠は必要ない。ちなみに、通説は、犯罪の客観的側面（罪体）の全部または重要な部分に補強証拠が必要と解している。最判昭和 42・12・21 刑集 21-10-1476〔百選 77 番事件〕は、道路交通法違反（無免許運転）被告事件で、「無免許運転の罪においては、運転行為のみならず、運転免許を受けていなかつたという事実についても、被告人の自白のほかに、補強証拠の存在することを要するものといわなければならない」旨判示した。この判決を、罪体説をとったものと評価する者もいるが、運転行為自体は、犯罪行為ではなく、無免許の事実に補強証拠がなければ当該犯罪が存在したことの真実性が保障されないことから、実質説でも無免許の事実に補強証拠を要求すると考えられ、判例の立場の実質説の延長に位置すると考えられる。

なお、補強証拠を要求する趣旨からすれば、補強証拠となりうるのは、自白から実質的に独立した証拠であることが必要であるが、補強すべき自白と別個独立したものと評価できる書面であれば、被告人自身が作成した書面でも補強証拠となりうる場合がある（最決昭和 32・11・2 刑集 11-12-3047〔百選 A35 事件〕）。

[3] 自白の取調請求

また、301 条は、自白を証拠として裁判所で取り調べる場合、「犯罪事実に関する他の証拠が取り調べられた後でなければ、その取調べを請求することはできない」と規定し、補強法則の趣旨を手続的に保障している。

なお、他の証拠と同時に自白調書の取調請求がなされても、自白調書よりも前に他の証拠が取り調べられた以上、本条に違反しない（最決昭和 26・

5・31 刑集 5-6-1211）。

D　公判廷の自白

　憲法38条3項は、補強証拠を要求する自白につき、「本人の自白」と規定するのみで、これに、公判廷における自白が含まれるか否か明らかではない。この点、公判廷における自白にも補強証拠を要求するのが多数説である。判例は、旧法下の事件ではあるが、「公判廷における被告人の自白は、身体の拘束をうけず、又強制、拷問、脅迫その他不当な干渉を受けることなく、自由の状態において供述されるものである」などと判示し、補強証拠を不要としている（最大判昭和23・7・29刑集2-9-1012〔百選A34事件〕）。現行法は、319条2項で「公判廷における自白であると否とを問わず」補強証拠を要求したことから、現在、公判廷における自白のみで被告人を有罪とすることはできない。この議論は、公判廷の自白だけで有罪を認定した場合に、上告できるか（上告理由は憲法違反に限られる。405条1号）、法を改正し、アレインメント（有罪答弁制度）を導入することができるかなどの議論について意味をもつ。

E　共犯者の自白と補強法則

　被告人とともに罪を犯したと述べる共犯者の供述を、講学上、共犯者の自白という[6]。憲法38条3項では「本人の自白」、319条2項では「被告人」の「自白」に補強証拠を要求している。共犯者は、自己の責任を免れあるいは軽減するために、関係のない他人を自己の犯罪に引き込む危険があり、しかも、自己の犯罪に他人を引き込む供述の場合には、犯罪行為に関する供述部分は真実で、犯行の主体だけを入れ替える供述であることから、その供述が虚偽であることを明らかにすることは難しい。そのため、共犯者の供述を他の共犯者に対する証拠として用いる場合にも補強法則を用いる必要があるのではないかが問題となる。

　この点、共同審理を受けていない単なる共犯者、共同審理を受けている共犯者（共同被告人）を問わず、共犯者の供述は、「本人の自白」、「被告人の自白」に含まれ、共犯者の供述だけで、被告人を有罪とすることはできず、被告人を有罪とするためには、補強証拠を必要とする見解もある。

しかし、この解釈は、憲法38条3項、319条2項の文言に反するし、共犯者の自白に補強証拠を要求しても被告人と犯人の同一性について補強を要求しない通常の見解に立つ以上、共犯者の供述の危険性を防止することはできない。

単なる共犯者はもちろん、共同被告人である共犯者であっても、本人との関係ではあくまで「第三者」であり、純然たる証人とその本質を異にするものではない。共犯者の供述は、「本人の自白」、「被告人の自白」に含まれず、補強証拠は不要である（前掲最大判昭和33・5・28）。そこで、共犯者2名以上の自白によって被告人を有罪と認定することも可能である（最判昭和51・10・28刑集30-9-1859〔百選78番事件〕）。ただし、その信用性の判断は慎重でなければならない。

3 伝聞証拠

A 伝聞法則
[1] 伝聞証拠と伝聞法則

320条1項は、「第321条乃至第328条に規定する場合を除いては、公判期日における供述に代えて書面を証拠とし、又は公判期日外における他の者の供述を内容とする供述は証拠とすることはできない」と規定する。公判期日における供述に代わる書面（供述代用書面＝供述書・供述録取書）および公判期日外における他の者の供述を内容とする供述（伝聞供述）で、その供述内容の真実性を立証しようとするものを、伝聞証拠という。この伝聞証拠の証拠能力を原則として否定する証拠法則を伝聞法則といい、320条は、伝聞法則を定める。

例えば、甲が被害者Vを路上で、出刃包丁をVのお腹に刺して殺害したという殺人事件で起訴され、甲がこの事実について、「Vが私（甲）の方に向かってきたので、出刃包丁がVのお腹に刺さってしまった」という弁解をしているときに、当該犯罪日時ころ、その場を通りかかったWが、「甲がVの肩を片手で押さえ、出刃包丁をVのお腹をめがけて何度も突き刺

していた」という供述を捜査段階で検察官に対して行い、その内容を検察官が聞いた上で、書面に録取していたとしよう（この書面は、Ｗの検察官の面前における供述を録取した書面で、「検面調書」、「PS」などと呼ぶ）。また、Ｗが話した事実が書面化されておらず、Ｗがそのような話をしたことを知人のＸが聞き、甲の裁判でＸが証人としてＷから聞いた話を証言したとしよう。Ｗの検面調書に記載されている事実や、ＷがＸに話した事実が真実であれば、甲がＶの肩を片手で押さえて、お腹をめがけて、殺傷能力がある出刃包丁で、人の生命維持活動に必要な臓器が存在しているお腹（身体の枢要部）を、意図的に突き刺したという事実が認められる。

　伝聞法則は、この例に即していうと、このような公判廷外におけるＷ（他の者）の供述を内容とする書面（Ｗの検面調書）や公判期日外におけるＷの供述を内容とするＸの供述を証拠として用いることを原則として否定する法則である。

　供述証拠は、人間が、五官の作用で、ある事実を知覚し（知覚）、これを記憶し（記憶）、記憶どおりに誠実に表現し（表現）、適切な言葉で知覚した事実を述べる（叙述）という過程をとる（表現、叙述をまとめて「叙述」と呼ぶ場合もある）。知覚に関しては、見間違い、聞き間違いということが起こりうるし、記憶に関しては、人の記憶には限界があり、時の経過とともに、記憶した内容が薄れたり、その後の体験などに影響されたりして、記憶が変容してしまうおそれもある。表現に関しては、表現する場所にいる人の影響などにより、自己が記憶していることを誠実に表現できていないおそれがあるし、叙述に関しては、記憶とは異なった内容を述べてしまうおそれがある。つまり、供述証拠には、知覚・記憶・表現・叙述の各過程に誤りが混入する危険がある。

　このような供述の各過程に誤りがないかどうかは、①供述者本人（Ｗ）を公判廷に証人として出頭させ、宣誓をさせ、記憶に反する証言をすれば、偽証罪で処罰される旨の告知をした上で、②相手方当事者の反対尋問（憲37条２項参照）により、見間違いがないか、正確に記憶が保持されているかどうか、外部的影響を受けないで証言できているか、言い間違いがないかなどにつき、十分吟味する必要がある。英米法上、「伝え聞きは証拠とならず」という証拠法則があり、その根拠としては、当事者の反対尋問権の保

障に求められている[7]。わが国の伝聞法則の規定についても、同様の観点から説明されるのが一般的である。

[2] 伝聞法則と直接主義

ところで、裁判所自らが公判廷で証拠や証人を直接調べて評価し、裁判をする原則を直接主義といい、これは大陸法、特にドイツ法の原則である[8]。直接主義の下では、③裁判所は、直接、証人Wの態度などを注視しつつ供述を吟味できる。

しかし、伝聞書面や伝聞証言では、そのような吟味を行う機会がないことから、その正確性の保障がない。

伝聞法則を定めたといわれる320条以下には、反対尋問権の保障が問題とならない被告人の供述（322条）も、伝聞法則の例外とする規定が置かれていること、321条2項の書面は、既に反対尋問に相当する供述を吟味する機会があったとみることができる。そこで、わが国の伝聞法則は、当事者の反対尋問権の保障の観点だけではなく、副次的に大陸法系の直接主義の要請も考慮し、正確な事実認定を目標としたといえる[9]（図5-2）。

そこで、前述した①〜③のいずれもがわが国の伝聞法則の根拠として考慮されているというべきである。

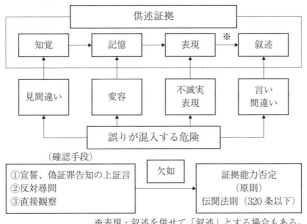

図5-2　わが国の伝聞法則

[3] 伝聞証拠の意義

既に述べたとおり、伝聞証拠とは、公判期日における供述に代わる書面および公判期日外における他の者の供述を内容とする供述（原供述）で、その供述内容の真実性を立証しようとするものをいい、伝聞法則は、当該供述を供述内容が真実であるということを証明する証拠として利用する場合に適用される。同じ供述を証拠として利用する場合でも、当該供述を供述内容が真実であること以外を証明する証拠として利用する場合には、非伝聞（伝聞法則の不適用）となる。以下、非伝聞の代表的な類型を挙げる[10]。

(1) 言葉が要証事実となっている場合

例えば、Wの「Aが『甲がVのお腹をナイフで刺したのを見た』と言っていた」という内容の供述を、本当に甲がVのお腹をナイフで刺したことを立証するのではなく、Aがそのような供述をして、甲の名誉を毀損したことを立証する場合。この場合には、Aに反対尋問するなどして、供述の過程を吟味する必要はなく、Aの言葉を聞いていたWに対する反対尋問などのテストを行い、本当にAがそのようなことを言ったか否か確認すれば足りる。

(2) 行為の言語的部分

例えば、乙が丙にお金を渡した際に、「はい、借りたお金」などと供述していたときに、乙の現金受渡し行為を借金の返済と認定する場合。この場合、乙の「はい、借りたお金」という言葉は、形式的には言葉でも、実質的には乙の行為の一部といえ、この言葉は、その真意が問題となるわけではなく、それ自体では多義的な行為の意味が明らかになるにすぎないからである。そこで、丙の尋問で確認すれば足り、乙の反対尋問で供述の経過を吟味する必要がない。

(3) 情況証拠である言葉

種々のケースがあるが、①供述者の精神状態を推論する場合（例えば、「私は、キリストです」という供述から、供述者が本当にキリストであるかではなく、供述者の精神の異常を推論する場合）、②供述者が当該事実を知っていたことを推認する場合（例えば、ブレーキ不良による交通事故を起こした車を運転していた者が事故前に、「この車はブレーキが故障している」という発言をした場合、事故車が本当にブレーキが故障しているか否かではなく、運転者がブレーキが故障している事実を知っ

ていたことを推認する場合）などがある。

　このように、伝聞証拠となるか否かは、要証事実との関係で相対的に決まるといえる（最判昭和38・10・17刑集17-10-1795白鳥事件参照）。

> **コラム　要証事実について**
>
> 　要証事実については、既にいろいろな箇所で「証明すべき事実」と説明しましたが、この意味をしっかり把握しないと、伝聞法則は、理解できないと思われますので、ここで説明します。伝聞証拠となるか否かについては、「要証事実」との関係で相対的に決まります。要証事実は、立証趣旨とは異なります。立証趣旨は、当該証拠の取調べを請求する当事者がその証拠によって立証しようとする事実（規189条1項、316条の5第5号）ですが、要証事実は、その証拠で証明できる事実です。最決平成17・9・27刑集59-7-753〔百選83番事件〕は、電車内の隣に座っている被害者に対してなされた痴漢事件の捜査で、被告人・被害者が警察署内で行った犯行再現・被害再現実況見分の結果を記載した実況見分調書等について、検察官が「犯行再現状況」、「被害再現状況」という立証趣旨で証拠調請求したところ、「本件両書証は、捜査官が、被害者や被疑者の供述内容を明確にすることを主たる目的にして、これらの者に被害・犯行状況について再現させた結果を記録したものと認められ、立証趣旨が「被害再現状況」、「犯行再現状況」とされていても、実質においては、再現されたとおりの犯罪事実の存在が要証事実になるものと解される」と判示しました。すなわち、検察官の立証趣旨どおりで考えると、検察官は、この証拠で、被害ないし犯行を再現したことそれ自体を立証しようと考えていたことになります。確かに、実際事件が行われた現場で被害ないし犯行を再現したとすれば、被疑者ないし被害者の説明を前提として、被害ないし犯行を再現できたことそれ自体を立証することで、実際にそのような被害ないし犯行が物理的に可能であったことを立証することができるといえます。しかし、判例の事案は、被害ないし犯行の再現が、警察署内の廊下の長椅子ないし取調室のパイプ椅子を用いてなされており、現場と客観的状況がまったく異なります。そのような状況では、実際に、犯行を行うことが可能かどうかわかりません。

つまり、被害ないし犯行を再現したことそれ自体を立証することで、立証できることは皆無といってもよいでしょう。むしろ、このような再現で立証できることは、「被害が本当にあったことないし犯行が本当になされたこと」を被害者ないし被疑者が身振り手振りを含めて供述したことと考えざるを得ません。これがこの証拠の要証事実です。このように、要証事実とは、「その証拠が立証するものと見ざるを得ないような事実」のことをいいます。

伝聞法則を学習する際は、当該証拠の要証事実が何であるかをしっかり把握し、当該証拠が伝聞証拠なのか非伝聞証拠なのか事案を具体的に分析してしっかり考えることが重要です。

もっと知りたい方へ
- 大阪刑事実務研究会編『刑事証拠法の諸問題（上）』（判例タイムズ社、2001）60〔三好幹夫〕
- 『刑事訴訟法判例百選〔第5版〕』（有斐閣、1986）178〔金築誠志〕
- 酒巻匡「伝聞証拠をめぐる諸問題(1)〜(3)」法教304・137、305・81、306・64
- 古江頼隆『事例演習刑事訴訟法〔第2版〕』（有斐閣、2015）333以下

(4) 心理状態供述

例えば、人の意思・計画など、人の心理状態を記載したメモなどを、本当にその意思・計画を有していたことを立証する場合、供述内容の真実性を立証しようとする場合であるから、当該メモも伝聞証拠の定義に当てはまるように思われる。そこで、この証拠を伝聞証拠と解する見解もあるが、心理状態の供述は、通常の知覚、記憶、表現、叙述を前提とする供述証拠と異なり、知覚、記憶を欠落するのであるから、その作成が真摯になされたことが証明されれば、必ずしも原供述者を反対尋問し、反対尋問によりその信用性をテストする必要性はない（東京高判昭和58・1・27判時1097-146、判タ496-163〔百選79番事件〕）。そこで、心理状態供述は、理論上は、伝聞証拠と位置付けられるが、いわば政策的判断として伝聞法則が適用されない（非伝聞）ものと解されている[11]。

B 伝聞法則の例外

[1] 伝聞法則の例外を認める許容条件（理論的根拠）

　前述のとおり、伝聞証拠の証拠能力を原則として排除するのは、伝聞証拠には、尋問の際の宣誓、反対尋問および裁判官による供述者の観察がそれぞれ欠如するからである。

　しかし、そのような吟味をしなくても、①供述のなされた状況によっては信用性が肯定できる場合（信用性の情況的保障）もあるし、②それを用いなければならない必要性がある場合（必要性）には、その例外を認める必要がある。伝聞例外を認める理論的根拠は、この信用性の情況的保障と必要性に求められる。320条1項も、「第321条乃至第328条に規定する場合を除いては」と規定し、伝聞法則の例外を認めている。

　なお、321条以下の条文の中には、必ずしも、伝聞例外といえない規定（325条・328条）や、別の理由を加味して伝聞例外とされている規定（321条の2）もある（表5-1）。

[2] 被告人以外の者の供述書・供述録取書、供述

　供述書とは供述者自身がその供述内容を記載した書面をいう。これに対し、供述を録取した書面（供述録取書）とは、供述者以外の者が供述者の供述を録取した書面をいい、通常は供述調書をさす。検面調書（PS）や司法警察員の面前における供述録取書（「員面調書」、「KS」などと呼ぶ）が代表である。供述録取書（調書）は、原供述者の供述を聞いた者がそれを書面にするという作成過程をとっている。すなわち、①原供述者の供述（供述内容の吟味が必要）→②それを聞いた者による書面の作成（この点にも記載内容の吟味が必要）という過程をとることから、二重の伝聞である。刑事訴訟法は、②の伝聞性については、原供述者の署名または押印があることで解消され、その場合には、①の伝聞性のみを問題とすればよいものとしている。

(1) 裁判官の面前における供述録取書（裁面調書）

　第1回公判期日前の証人尋問調書や他事件の公判調書中の証人の供述を記載した部分（証人が証人自身の刑事事件で、被告人として供述した供述録取書も含む。最決昭和57・12・17刑集36-12-1022〔百選A36事件〕）などがここにいう裁面調書に含まれる。

表 5-1 伝聞法則の例外

条　文				例外要件
321 条 （供述者＝ 被告人以外）	1 項 （供述書・ 供述録取書）	1 号（裁面調書）	前段	供述不能
			後段	相反性
		2 号（検面調書）	前段	供述不能
			後段	①相反性 ②（相対的）特信情況
		3 号（それ以外—原則型）		①供述不能、②不可欠性、 ③（絶対的）特信情況
	2 項	前段	（当該事件の公判期日 外または公判期日の 供述録取書）	無条件
		後段	（裁判所・裁判官の検 証調書）	
	3 項（捜査機関の検証調書）			真正供述
	4 項（鑑定書）			真正供述
321 条の 2	（ビデオリンク方式による証人尋問調書）			無条件（ただし、供述者を尋 問する機会の付与必要）
322 条 （被告人の 供述書・ 供述録取書）	1 項前段			①不利益事実の承認 ②任意性
	1 項後段			（絶対的）特信情況
	2 項			任意性
323 条 （特信文書）				（該当すれば）無条件
324 条 （伝聞供述）	1 項（被告人の供述の伝聞供述）			322 条準用
	2 項（被告人以外の供述の伝聞供述）			321 条 1 項 3 号準用
326 条 （同意書面）				①同意 ②相当と認めるとき
327 条 （合意書面）				無条件
328 条 （弾劾証拠）				自己矛盾供述（判例・通説）

この場合、供述者が①死亡、精神もしくは身体の故障、所在不明もしくは国外にいるため、公判準備もしくは公判期日において供述することができない場合（供述不能）、または、②公判準備もしくは公判期日（以下「公判期日等」という）において前の供述と異なった供述をした（相反供述）をした場合に、例外として証拠能力を認める（321条1項1号）。裁判官の面前での供述であることから、信用性の情況的保障が高く、供述者の死亡等のため供述を再現できない場合や供述者が公判期日等でこれと異なる供述をしたときのように、伝聞証拠を用いる必要性が高いことから、供述不能のみで証拠能力を認めたものである。

(2) 検察官の面前における供述録取書（検面調書）

　捜査段階で作成された参考人（被害者、目撃者等）の検面調書などがここにいう検面調書に含まれる。

　この場合、供述者が、死亡、精神もしくは身体の故障、所在不明もしくは国外にいるため、公判期日等で供述できない（供述不能の）場合には、証拠能力を認める（321条1項2号前段）。学説上批判が強いが、検察官は公益の代表者であることから、正確な供述を録取するよう努めるはずであり、信用性の情況的保障は一応あると考えられることから、供述不能のみで証拠能力を認めたものである。

　なお、判例は、条文上の例外要件を満たした場合でも、退去強制によって出国した者の検面調書について、検察官において供述者がいずれ国外に退去させられ公判期日等で供述することができなくなることを認識しながら殊更そのような事情を利用しようとした場合や、裁判官または裁判所がその供述者について証人尋問の決定をしているにもかかわらず強制送還が行われた場合など、前段書面として証拠請求することが手続的正義の観点から公正さを欠くと認められるときには、証拠能力が否定される余地があるとする（最判平成7・6・20刑集49-6-741〔百選81番事件〕）。

　また、①供述者が、公判期日等で前の供述と相反するか実質的に異なる供述（相反供述）をした場合に、②公判期日等の供述よりも、検察官の面前における供述の方を特に信用すべき情況（相対的特信情況）がある場合に限り、証拠能力が認められる（321条1項2号後段）。相反供述をした場合（①）にも、検面調書を使用する必要性はあるが、前段の場合に比べればその必

要性が高いとはいえないので、相対的特信情況がある場合（②）に限り、証拠能力を認めた。特信情況を判断するに当たっては、本条が証拠能力の要件として必要とされていることから、判断資料としては、供述がなされた際の外部的付随事情を基準にすべきであるが、2つの供述の比較を問題としなければならないことからすると、検面調書における供述内容が理路整然としているなど、その供述の内容自体によってそれが信用性ある情況の存在を推知させる事由とすることもできる（最判昭和30・1・11刑集9-1-14〔百選A38事件〕参照）。

(3) その他の供述録取書、供述書

捜査段階で作成された参考人の員面調書（KS）や、参考人自身が作成した供述書などがこの書面の代表的なものである。この場合、①供述者が、死亡、精神もしくは身体の故障、所在不明もしくは国外にいるため、公判期日等で供述できない（供述不能の）場合に、②犯罪事実の存否の証明に欠くことのできないものであり（不可欠性）、③その供述が特に信用すべき情況でなされたものである場合（絶対的特信情況）に限り、証拠能力が認められる（321条1項3号）。条文の位置からわかりづらいが、伝聞例外の理論的根拠が典型的に当てはまる、伝聞例外の原則型である。この場合、比較すべき供述の対象がないことから、特信情況（③）は、絶対的特信情況であり、その供述がなされた際の外部的付随事情から個別具体的に判断する必要がある。

(4) 公判準備または公判期日における供述録取書

①当該事件の手続における公判期日外の証人尋問調書、②公判手続更新前の公判期日の公判調書中の証人尋問調書がこれに当たる。

いずれの場合も、当事者による反対尋問の機会が保障されており、単に事実認定を行う裁判官が公判廷で証人の態度を見るという直接主義の要請を満たしていないにすぎないことから、無条件で証拠能力が認められる（321条2項前段）。

(5) 検証調書

検証とは、場所、物または人について、強制的にその形状・性質を五官の作用で感知する処分をいう。検証の性質上、技術性・専門性が高く、検証官が詳細に記憶することが困難であり、口頭で供述させるよりも検証直

後に書面の形式で記載した方が正確であり、信用性を担保できる。

それに加え、裁判所または裁判官が行った検証は、裁判所・裁判官が関与しており、検証結果に信用性がある上、当事者の立会いが認められており（142条、113条）、実質的に反対尋問権が認められていることから、無条件で証拠能力が認められる（321条2項後段）。

これに対し、検察官、検察事務官または司法警察員などの捜査機関の検証結果を記録した書面は、その「供述者」すなわち調書作成者が、公判期日で証人尋問を受け、「真正」に作成されたことを供述したときに、証拠能力が認められる（321条3項）。前述した検証の性質からすれば、書面を用いる必要性が認められるが、捜査機関の検証は、裁判所などに比べ必ずしも公平な第三者とはいえないことなどから、信用性の情況的保障の程度に差がある。したがって、作成者が「作成」の「真正」を証言することを要件とした。作成の真正とは、単に偽造されたものではないこと（作成名義の真正）のみならず、記載内容が正確であること（記載内容の真正）も含む。また、検証が強制処分として行われたものでも、任意処分で行われたもの（実況見分）でもその実質は同一であることから、321条3項の「検証調書」には、任意処分として行われた実況見分調書も包含される（最判昭和35・9・8刑集14-11-1437〔百選A39事件〕）。

なお、捜査機関によって検証や実況見分が行われる際に、被疑者、被害者および目撃者などを立ち会わせ（立会人）、その結果、検証調書に立会人の発言が記載される場合がある。この立会人の発言部分については、その要証事実が何かにより、区別して考えるべきである。

検証の際に立会人を立ち会わせるのは、通常、検証や実況見分の対象を確定する必要があるからであり（現場指示）、その場合には、立会人の指示は検証官が行う検証の動機ないし手段にすぎないので、その部分に独自の要証事実が観念されず、検証調書や実況見分調書と一体として考えれば足りる。これに対し、検証や実況見分の動機ないし手段を超え、立会人の発言をその発言内容の真実性を立証するためのものとしか考えられない場合（現場供述）には、立会人の指示に独自の要証事実が観念される。そこで、現場供述部分は、立会人の検証官に対する供述を録取した供述録取書の性格をもつため、321条3項の検証調書の伝聞例外の要件のみならず、検証官

および立会人の別に応じて、321条1項2号ないし3号または322条の要件などを満たす必要がある（前掲最決平成17・9・27、前掲コラム参照）。

(6) 鑑定書

　鑑定とは、特別の知識・経験に属する法則、またはその法則を具体的な事実に適用して得た判断を裁判所に報告することをいう。そこで、321条4項が適用される書面は、裁判所が鑑定を命じ、裁判所の面前で宣誓するなどした鑑定人が作成した鑑定書を指す。

　鑑定書については、「前項と同様である」と規定し（321条4項）、捜査機関による検証調書と同様の要件、すなわち、鑑定人が、公判期日で証人尋問を受け、真正に作成したことを供述することで、証拠能力を認める。鑑定は、検証と同様、性質上、専門性・技術性が高く、口頭で供述させるよりも文書による方が正確であり、信用性が高いといえるからである。

　この鑑定としての性質からすると、捜査機関に鑑定を嘱託された鑑定受託者（223条1項）の作成した鑑定書についても、321条4項を準用して、同条の要件を充足すれば、証拠能力が認められる（最判昭和28・10・15刑集7-10-1934〔百選A40事件〕）。判例は、医師の診断書についても、同条の準用を認めるほか（最判昭和32・7・25刑集11-7-2025）、火災原因の調査、判定に関して特別の学識経験を有する私人が燃焼実験を行ってその考察結果を報告した書面についても、同条の準用を認めている（最決平成20・8・27刑集62-7-2702〔百選84番事件〕）。

(7) ビデオリンク方式による証人尋問調書

　ビデオリンク方式の証人尋問が第1回公判期日前の証人尋問や、証拠保全請求による証人尋問で行われた場合に、その記録媒体を添付した証人尋問調書は、本来であれば、321条1項1号の要件を具備しなければ証拠とできないはずであるが、宣誓がなされ、裁判官による直接観察はなされていること、刑事事件の審理において、再度証言を求められることによる証人の心理的精神的負担を軽減するという証人保護の要請から321条1項1号の要件を満たさなくても、証拠とすることを認めた（321条の2第1項）。ただし、相手方の反対尋問権への配慮から、事後的に、反対尋問の機会を与えなければならない（321条の2第1項ただし書）。

(8) 特信文書

　書面の性質上、類型的に信用性の情況的保障が高い場合は、そのような書面と認められる限り無条件で証拠能力が認められる（323条）。①戸籍謄本、公正証書謄本その他公務員がその職務上証明することができる事実についてその公務員の作成した文書（323条1号）、②商業帳簿、航海日誌その他業務の通常の過程において作成された書面（323条2号）（医師作成の診療録（カルテ）も含まれる）、③前2号に掲げるもののほか特に信用すべき情況の下で作成された書面（323条3号）である。③は、①、②の書面に準ずべき書面でなければならない。銀行支店次長が業務上の個人的備忘録として記録した日誌を323条3号書面と認めた裁判例がある（東京地決昭和53・6・29判時893-3〔百選85番事件〕）。

(9) 伝聞証言

　324条2項は、被告人以外の者の公判準備または公判期日における供述で被告人以外の者（伝聞証人）の供述をその内容とするものについては、伝聞例外の原則型である321条1項3号を準用する。供述不能、不可欠性および絶対的特信情況の要件を具備すれば、伝聞証言についても、証拠能力が認められる。証言する者が、検察官でも、321条1項2号ではなく、同条1項3号の要件具備を要求する点に注意すべきである。

[3] 被告人の公判廷外供述を内容とする書面・供述

(1) 被告人の供述書・供述録取書

　被告人自身の供述書・供述録取書については、①被告人に不利益な事実の承認を内容とするときには、供述の任意性が認められる限り、②それ以外を内容とするときには、特信情況がある場合に限って、それぞれ証拠能力が認められる（322条1項）。

　被告人の供述の場合、被告人自身による反対尋問はありえないし、被告人は、公判廷でいつでも自己の言い分を供述できることから、①の場合は、直接主義の点を考慮し、②の場合は、検察官の反対尋問権を考慮し、それに代わる特信情況（絶対的特信情況）を要件とした。

　なお、①の任意性は厳密に言えば自白以外の不利益事実の承認において意味があり、自白の場合は、319条により、任意性が要求される。

また、被告人の当該事件の公判準備または公判手続更新前の公判調書中の供述は、任意性がある限り、証拠能力が認められる（322条2項）。

(2) 被告人の供述を内容とする伝聞証言

被告人の公判廷外供述を内容とする第三者の公判準備または公判期日の供述（伝聞証言）については、322条の規定が準用される（324条1項）。

[4] 供述の任意性の調査

321条〜324条の規定により証拠とすることができる証拠であっても、あらかじめ、その供述が任意になされたものであることを確認した後でなければ証拠とすることができない（325条）。争いはあるが、325条は、証明力に関する規定であり、必ずしも、その調査を証拠調前にする必要はない（最決昭和54・10・16刑集33-6-633〔百選A41事件〕）。

[5] 当事者の同意・合意と公判廷外供述を内容とする伝聞証拠の証拠能力

(1) 当事者の同意がある場合

検察官および被告人が証拠とすることに同意した書面または供述は、その書面が作成されまたは供述のされたときの情況を考慮し裁判所が相当と認めるときに限り、証拠能力が認められる（326条1項）。

同意の性質につき、反対尋問権を放棄する意思表示であると解する見解も有力である。しかし、反対尋問が問題とならない自白調書にも同意がありうること、また、書証について同意した上で、同意書面の証明力を争うために、当該供述者の証人尋問を請求することも実務上行われていることの説明に窮する。むしろ、同意は、320条1項により証拠とすることができない伝聞証拠に証拠能力を付与する当事者の積極的な訴訟行為であると解すべきであり、これが実務の立場といえる。同意は、証拠の一部分に限ってすることもできる。実務では、証拠書類について、まず、当事者の同意の有無を確認し、同意がない場合にはじめて、321条1項以下の要件の有無を検討する取扱いをしているほか、それを前提としている規定もあり（316条の15第1項5号ロ、316条の16第1項）、重要な規定である。

また、326条1項の「相当」性も証拠能力の要件であり、「相当と認めるときに限り」とは、証拠とすることに同意のあった書面または供述が任意

性を欠きまたは証明力が著しく低い等の事由があれば証拠能力を取得しない趣旨を規定したものである（最決昭和29・7・14刑集8-7-1078）。

被告人が出頭しないでも証拠調ができる場合（284条・285条・286条の2・341条）には、同意があったものとみなされる（326条2項）。被告人の真意いかんにかかわらず、訴訟の進行が阻害されることを防止するために設けられた規定であり（最決昭和53・6・28刑集32-4-724）、擬制同意と呼ばれる。

(2) 当事者の合意

検察官および被告人または弁護人が合意の上、文書の内容または公判期日に証人として出頭すれば供述することが予想される内容を、書面に記載したものを合意書面といい、当然に証拠能力が認められる（327条）。裁判員裁判実施前には、その活用が期待されたが、実際には、ほとんど利用されていない。

[6] 弾劾証拠

328条は、「第321条乃至第324条の規定により証拠とすることができない書面又は供述であつても、公判準備又は公判期日における被告人、証人その他の者の供述の証明力を争うためには、これを証拠とすることができる」と規定する。328条の証拠にいかなる証拠が含まれるのか問題となる。

328条の文言からすると、伝聞書面、伝聞供述に制限はないとも読める。しかし、それでは、証明力を争う証拠として用いるのであれば、伝聞法則の適用を免れ証拠とできることになり、伝聞法則を空洞化する危険がある。328条は、公判準備または公判期日における被告人、証人その他の者の供述が、別の機会にしたその者の供述と矛盾する場合に、矛盾する供述をしたこと自体の立証を許すことにより、供述者が公判準備または公判期日におけるその者の供述の信用性の減殺を図ることを許容する趣旨のものであることから、同一人の自己矛盾供述に限られるというべきである（最判平成18・11・7刑集60-9-561〔百選87番事件〕）。その意味では、本条は、伝聞例外の規定ではなく、非伝聞（伝聞法則の不適用）の場合を注意的に規定したものといえる。

C 伝聞法則の運用上の問題点
[1] 共同被告人の供述
(1) 共同被告人の供述の問題点
　共同被告人とは、共同審理を受ける複数の被告人のことをいう。この場合、1人の被告人Aに対し、もう一方の被告人Bの供述を証拠として用いる場合、Aから見ればBは第三者であるため、Bの供述を求めるためには、Bを証言義務のある証人として召喚することが考えられる。他方、Bも被告人である以上、黙秘権が保障されていることから（311条1項）、その取扱いが問題となる。

(2) 公判期日における供述を用いる場合
　共同被告人Bを共同被告人のまま証人とすることは被告人の黙秘権を侵害するおそれがあり許されない。Bを証人とするためには、弁論を分離し（313条）、手続から離脱させて行うことが必要である。
　また、Bを被告人のまま質問した場合、Bには黙秘権があることから、十分な反対質問を行えないおそれがあるが、Bが反対質問にも供述し、事実上反対尋問権が確保されていれば、Bの供述に証拠能力を認めることができる。

(3) 公判期日外の供述を求める場合
　この場合、共同被告人Bは、Aから見れば、あくまで「第三者」であることから、Bの供述証拠を証拠とするためには、322条の被告人（A）自身に関する伝聞例外の規定を適用する必要はなく、321条1項の被告人（A）以外の者の供述に関する伝聞例外の規定のみにより証拠能力を判断すべきである。

[2] 写真・録音テープ
　犯人の犯行の状況およびそれと接着した前後の状況を撮影した現場写真については、撮影の過程に改ざんなど人為的な操作が加わる危険がある。そこで、これを供述証拠（検証調書に準じて考える）と解し、証拠能力を認めるためには、321条3項所定の撮影者の証人尋問が必要であると解する見解もある（供述証拠説）。しかし、写真は、機械的方法で一定の事実の痕跡がフィルムおよび印画紙に残されたものであり、人の知覚、記憶、表現・叙

述の過程はなく、その法的性格は非供述証拠である。そこで、当該写真自体またはそのほかの証拠により事件との関連性が認められれば証拠能力が認められ、撮影者の証人尋問が必ず必要なわけではない（非供述証拠説。最決昭和59・12・21刑集38-12-3071〔百選89番事件〕）。

犯行現場での音響などを録音した現場録音テープも、現場写真と同様、事件との関連性が認められれば証拠能力が認められる。

ただし、被疑者・被害者らが犯行・被害を再現した様子を撮影した写真やその状況を録音したテープは、要証事実によっては、動作で供述を再現したもの、供述そのものと考える余地があり、その場合には、供述録取書に準じ、供述証拠として伝聞法則の適用を受ける。この場合、写真や録音テープに署名押印はないが、撮影・録音の過程は機械的操作によってなされることから、再現者の署名押印は不要である（前掲最決平成17・9・27参照）。

[3] 再伝聞

例えば、Aの検面調書中の供述（伝聞供述）にBの供述が含まれており、Bの供述内容が真実であることの証明としてこの検面調書を利用する場合、再伝聞という。伝聞供述の中にさらに伝聞供述が含まれていることから、「再」伝聞といわれる。

再伝聞証拠の証拠能力については、刑事訴訟法上直接の規定がない。そこで、再伝聞証拠の証拠能力を否定する見解もある。しかし、320条1項が伝聞例外の場合を除いては、「公判期日における供述に代えて」伝聞書面ないし伝聞供述を証拠とすることができないとしていることから、伝聞例外に該当する場合には、その供述がいわば、「公判期日における供述」に代わったことになると解釈することができるし、当該再伝聞証拠を用いる必要がある場合も考えられる。そこで、再伝聞は、伝聞が重なっている各過程に、321条ないし324条の伝聞例外の要件を具備するのであれば、その証拠能力を認めてよい。判例も、共同被告人の検面調書中に被告人からの伝聞が含まれている場合に、321条1項2号・324条（1項）により、被告人に対する証拠とすることができるとしている（最判昭和32・1・22刑集11-1-103〔百選88番事件〕）。

4 違法収集証拠の排除法則

A 違法収集証拠の排除法則の意義

違法に収集された証拠（例えば、犯人から殺人事件の凶器であるナイフを法の定める差押えの要件がないのに、無令状で差し押えた際のそのナイフなど）の証拠能力を否定する原則を違法収集証拠の排除法則（または単に「排除法則」）という。排除法則については、憲法・刑事訴訟法上、明文の規定がない。特に、違法収集証拠とされる証拠が非供述証拠である場合[12]、証拠収集過程に違法があっても、その証拠の証明力自体には何ら影響がなく、実体的真実発見のためには排除する必要がないともいえる。かつて、判例はそのような姿勢をとっていた（最判昭和 24・12・13 裁判集刑 15-349）。

しかし、適正手続の保障を定めた憲法 31 条の下で、実体的真実発見も被告人の手続上の権利を不当に侵害するものであってはならないのは当然であり、学説はもちろん、後述するとおり、判例（最判昭和 53・9・7 刑集 32-6-1672〔百選 90 番事件〕など）も排除法則の適用を肯定している。

B 排除法則の根拠と基準

排除法則を認めるとしても、その根拠と基準については、争いがある。

まず、排除法則の根拠については、①規範説（違法収集証拠を用いることは、適正手続の保障に反するとする説）、②司法の廉潔性説（違法収集証拠を用いることは、廉潔であるべき裁判に対する国民の信頼を破るとする説）、③抑止効説（違法収集証拠を排除することが将来の違法捜査を抑止する上で最善であるとする説）などが主張されている。

また、証拠排除の基準については、違法基準説（証拠収集に伴う一定の違法を基準に証拠を排除する説）と相対的排除説（一定の違法と排除を連動させずに、証拠収集手続の違法以外の諸事情も併せて比較衡量し、排除の妥当性を個別事案ごとに判断する説）がある。

この点、最高裁判所は、覚せい剤取締法違反で職務質問を受けた者に対する所持品検査により覚せい剤を差し押えた手続を違法とした上で、下記のとおり判示したが（前掲最判昭和 53・9・7。（ア）（イ）は筆者が挿入）、違法な

手続で差し押えられた覚せい剤の証拠能力は肯定した。

「違法に収集された証拠物の証拠能力については、憲法及び刑訴法になんらの規定もおかれていないので、この問題は、刑訴法の解釈に委ねられているものと解するのが相当であるところ、刑訴法は、『刑事事件につき、公共の福祉の維持と個人の基本的人権の保障とを全うしつつ、事案の真相を明らかにし、刑罰法令を適正且つ迅速に適用実現することを目的とする。』（同法1条）ものであるから、違法に収集された証拠物の証拠能力に関しても、かかる見地からの検討を要するものと考えられる。ところで、刑罰法令を適正に適用実現し、公の秩序を維持することは、刑事訴訟の重要な任務であり、そのためには事案の真相をできる限り明らかにすることが必要であることはいうまでもないところ、証拠物は押収手続が違法であつても、物それ自体の性質・形状に変異をきたすことはなく、その存在・形状等に関する価値に変りのないことなど証拠物の証拠としての性格にかんがみると、その押収手続に違法があるとして直ちにその証拠能力を否定することは、事案の真相の究明に資するゆえんではなく、相当でないというべきである。しかし、他面において、事案の真相の究明も、個人の基本的人権の保障を全うしつつ、適正な手続のもとでされなければならないものであり、ことに憲法35条が、憲法33条の場合及び令状による場合を除き、住居の不可侵、捜索及び押収を受けることのない権利を保障し、これを受けて刑訴法が捜索及び押収等につき厳格な規定を設けていること、また、憲法31条が法の適正な手続を保障していること等にかんがみると、証拠物の押収等の手続に、（ア）憲法35条及びこれを受けた刑訴法218条1項等の所期する令状主義の精神を没却するような重大な違法があり、（イ）これを証拠として許容することが、将来における違法な捜査の抑制の見地からして相当でないと認められる場合においては、その認拠能力は否定されるものと解すべきである」。

判例は、1条の解釈から排除法則を肯定し、排除の根拠について、違法捜査の抑制の見地から見た排除相当性を基準としていることから、抑止効説（③）と親和性が高いといわれている。また、排除相当性については、（ア）違法の重大性と（イ）排除相当性を要求していることから、手続の違法性のみを判断基準としておらず、事案ごと柔軟に違法性を判断できる相対的排

除説を採用した。

判例はこの基準を維持するも（最判昭和61・4・25刑集40-3-215〔百選91番事件〕など）、違法収集証拠の証拠能力を否定する事案は長らくなかった。その後、窃盗を理由とする違法逮捕が行われ、その後に行われた採尿手続により入手した尿の鑑定書の証拠能力について、「本件逮捕には、逮捕時に逮捕状の呈示がなく、逮捕状の緊急執行もされていない（逮捕状の緊急執行の手続が執られていないことは、本件の経過から明らかである。）という手続的な違法があるが、それにとどまらず、警察官は、その手続的な違法を糊塗するため、前記のとおり、逮捕状へ虚偽事項を記入し、内容虚偽の捜査報告書を作成し、更には、公判廷において事実と反する証言をしているのであって、本件の経緯全体を通して表れたこのような警察官の態度を総合的に考慮すれば、本件逮捕手続の違法の程度は、令状主義の精神を潜脱し、没却するような重大なものであると評価されてもやむを得ないものといわざるを得ない。そして、このような違法な逮捕に密接に関連する証拠を許容することは、将来における違法捜査抑制の見地からも相当でないと認められるから、その証拠能力を否定すべきである」と判示し、排除法則に基づき、鑑定書の証拠能力を否定する判断をするに至った（最判平成15・2・14刑集57-2-121〔百選92番事件〕）。

C 毒樹の果実の理論

毒樹の果実の理論とは、違法に収集された証拠（第1次証拠、「毒樹」）から派生した証拠（第2次証拠、「毒樹の果実」）についても原則として証拠能力を否定するという法理をいう[13]。アメリカの判例法上発達した理論である。「毒樹」が違法収集証拠として排除される以上、「果実」についても排除しなければ、違法収集証拠排除の目的を達成することができず、これを排除するのが排除法則の論理的帰結といえる。

しかし、この理論によって証拠排除の連鎖が限りなく広がるのは妥当でなく、①捜査機関が違法捜査とは無関係の独立の情報源から既に「果実」の存在を把握していた場合（独立入手源法理）、②違法捜査による第1次証拠の発見とこれに基づき発見された第2次証拠（派生証拠）との因果関係が希薄化していた場合（希釈法理）、③違法捜査がなかったとしても、捜査機関が

独立の捜査により当該証拠を入手したであろうと仮定できる場合（不可避的発見の法理）には、毒樹の果実の理論の例外として「果実」の証拠能力が肯定される。

　わが国でも、当初、不任意自白に基づいた証拠物の証拠能力について証拠排除の波及効を否定した高裁裁判例（大阪高判昭和52・6・28刑月9-5・6-334〔百選75番事件〕）があったが、最高裁は、違法な逮捕に基づく採尿の鑑定書を疎明資料として発付された捜索差押許可状により発見された覚せい剤について、いわゆる「毒樹の果実」に当たるという前提に立ち、「（ア）本件覚せい剤の差押えは、司法審査を経て発付された捜索差押許可状によってされたものであること、（イ）逮捕前に適法に発付されていた被告人に対する窃盗事件についての捜索差押許可状の執行と併せて行われたものであることなど、本件の諸事情にかんがみると、本件覚せい剤の差押えと上記（2）の鑑定書（注：採尿の鑑定書）との関連性は密接なものではないというべきである。したがって、本件覚せい剤及びこれに関する鑑定書については、その収集手続に重大な違法があるとまではいえず、その他、これらの証拠の重要性等諸般の事情を総合すると、その証拠能力を否定することはできない」と判示し（前掲最判平成15・2・14、（ア）（イ）および注は筆者が挿入）、前述のアメリカにおける②希釈の法理（（ア）部分）および③不可避的発見の法理（（イ）部分）のような言い回しで、その証拠能力を肯定した。

注）

1) 池田修＝前田雅英『刑事訴訟法講義〔第6版〕』（東京大学出版会、2018）391
2) 井上正仁＝酒巻匡『刑事訴訟法の争点』（ジュリスト増刊、2013）148〔堀江慎司〕
3) 平野龍一『刑事訴訟法』（有斐閣、1958）184、田宮裕『刑事訴訟法〔新版〕』（有斐閣、1996）306
4) 裁判所職員総合研修所監修『刑事訴訟法講義案〔四訂補訂版〕』（司法協会、2015）349
5) これに対して、319条の解釈として違法排除の観点も考慮する本文の立場は、一元説と呼ばれる。
6) ここにいう「共犯者」には、対向犯等の必要的共犯も含む（三井誠ほか編『別冊法学セミナー 新基本法コンメンタール刑事訴訟法〔第3版〕』（日本評論社、2018）514〔島戸純〕）。
7) 河上和雄ほか編『大コンメンタール刑事訴訟法〔第2版〕第7巻』（青林書院、2012）〔中山善房〕569
8) 松尾浩也『刑事訴訟法（下）〔新版補正第2版〕』（弘文堂、1999）335、田宮・前掲注3）364

9) 中山・前掲注7) 571
10) 種々の分類がなされているが、裁判所職員総合研修所・前掲注4) 290以下に従った。
11) 法教364 (2011) 33〔小島淳〕。この理解によると320条1項の「供述」には、心理状態供述は含まれないと解することになる。
12) 供述証拠の場合につき、自白の証拠能力の項目（本章**第2節 B**）参照
13) 『最高裁判所判例解説刑事篇〔平成15年度〕』(法曹会、2006) 45〔朝山芳史〕、法教275 (2003) 43〔佐藤文哉〕

知識を確認しよう

問題

(1) 自白法則と補強法則について述べよ。
(2) 伝聞法則とは何か。また、非伝聞（伝聞法則の不適用）と伝聞例外の違いについて説明せよ。
(3) 違法な手続で収集された証拠の証拠能力をどのように考えるか述べよ。

解答への手がかり

(1) まず、条文を指摘するとともに、自白法則、補強法則はそれぞれ何を規制するための法則なのか、確認しておく必要がある。
(2) 伝聞法則とはどのような制度なのか、その具体的内容を理解しているか条文に則して確認し、似て非なる概念を正確に理解しているか確認しておく必要がある。
(3) 違法収集証拠の証拠能力がなぜ問題となるか、排除の根拠、基準および判例の見解はどのような立場をとるか理解しておく必要がある。

第6章 裁判

本章のポイント

1. 裁判とは、裁判機関が下す公権的判断または意思表示的な訴訟行為をいう。裁判は、種々の観点から分類することができるが、特に事件の実体について判断を下す実体裁判と手続上の要件の存否について判断を下す形式裁判が重要である。
2. 外部的に成立した裁判が、上訴またはこれに準ずる不服申立てによって争うことができなくなった状態を裁判の確定（形式的確定）という。裁判が形式的に確定すると、その意思表示内容も確定し（内容的確定）、有罪、無罪、および免訴の判決が形式的に確定すると、内容的確定力のほか一事不再理の効力（既判力）も生じる。
3. 実体裁判が形式的に確定すると、これと同一の事件について、再度訴追されない効力を一事不再理の効力といい、この根拠に関しては、学説に変遷があった。

1　裁判の意義と種類

A　裁判の意義

「裁判」という語は多義的で、訴訟全般の意味で用いられる（憲法32条・37条1項など）こともあるが、訴訟法上は、裁判所または裁判官の意思表示的な訴訟行為のみを意味する。したがって、有罪・無罪の判決だけでなく、令状発付や裁判長の訴訟指揮上の処分なども含まれる。しかし、あくまでも裁判機関の訴訟行為であるため、裁判所書記官や検察官等の行為とは区別され、また証拠調や黙秘権の告知のような事実行為は意思表示とはいえないため、裁判ではない。

B　裁判の種類

裁判は、種々の観点から、これを分類することができるが、主な区別は以下のとおりである。

[1] 判決・決定・命令

裁判の形式によって、判決、決定、命令に分類することができる（表6-1）。

判決は裁判所による裁判であり、特別の定めのある場合を除いて、原則として口頭弁論に基づいてこれを行わなければならない（43条1項）。また、判決には、必ず理由を付さなければならず（44条1項）、判決に対する不服申立ての方法は、控訴（372条）、上告（405条）である（ただし、415条1項・417条2項参照）。決定は裁判所による裁判、命令は裁判官による裁判である。いずれも口頭弁論に基づくことを要しない（43条2項）が、必要がある場合には、事実の取調べをすることができる（43条3項）。この取調べは、受命裁判官または受託裁判官にさせることが可能である（43条4項）。上訴を許さない決定・命令には、理由を付する必要はない（44条2項）。決定に対する不服申立ての方法は抗告（419条・433条）であり、命令に対する不服申立ての方法は準抗告（429条）である。なお、決定と命令の裁判に限っては、判事補は1人で行うことができる（45条）。ちなみに、略式命令（461条以下）は、命令という語が用いられているものの、決定の特殊な場合である。

表 6-1　裁判の区別

	主体	口頭弁論	理由	不服申立て
判　決	裁判所	必　要	必　要	控訴・上告
決　定	裁判所	不　要	不要（上訴不許の場合）	抗　告
命　令	裁判官	不　要	不要（上訴不許の場合）	準抗告

[2] 終局前の裁判・終局裁判・終局後の裁判

　終局裁判とは、事件を当該審級から離脱させる効果をもつ裁判である。管轄違いの判決（329条）、有罪・無罪（333条・334条・336条）の判決、免訴の判決（337条）、公訴棄却の判決・決定（338条・339条）などがその例である。

　終局前の裁判とは、終局裁判の準備のため、当該審級の審理を行う上で生じる手続的問題についてなされる各種の決定や命令などをいう。終局裁判に対しては上訴が許されるが、終局前の裁判は、一般的に独立の意味を有するものではないため、原則として上訴は許されない（420条参照）。

　終局後の裁判は、終局裁判後の派生的問題についてなされる裁判をいう。上告裁判所の訂正判決（415条）、訴訟費用執行免除の申立てに対する決定（500条）、裁判の解釈の申立てに対する決定（501条）などがある。

[3] 実体裁判・形式裁判

　実体裁判とは、公訴提起の理由の有無を判断する裁判（有罪判決・無罪判決）をいい、形式裁判とは、公訴提起が無効であるとして手続を打ち切る裁判（管轄違いの判決、公訴棄却の判決・決定、免訴判決）をいう。実体裁判が確定すれば一事不再理の効力が発生する（337条1号）点が、形式裁判との大きな違いである。しかし、適正手続の保障に反するとして形式裁判が下される場合には、形式裁判が検察官の訴追行為に対する批判的な意味をもつ点に注意しなければならない。

　なお、免訴判決については、形式裁判であると解するのが、通説・判例である（最大判昭和23・5・26刑集2-6-529）。

2 裁判の成立と内容

A 裁判の成立
[1] 内部的成立

　裁判機関の内部において、裁判の意思表示内容が決定することを裁判の内部的成立という。裁判が内部的に成立した場合には、後に裁判官の交替があったとしても手続を更新する必要はなく、後の裁判官は既に成立している裁判内容を外部に告知するだけでよい（315条ただし書）。

　内部的成立の時期であるが、原則として単独体の裁判機関の場合には裁判書作成時、合議体の裁判機関の場合には評議・評決時であるとするのが通説である。評議とは各裁判官が意見を交換することをいい、その内容については、原則として秘密である（裁75条・76条）。ただし、最高裁では各裁判官の意見を表示することが要求される（裁11条）。評決とは、合議体の意見を決定することをいう。裁判は、原則として過半数の意見によって決定されるが、例外として最高裁の違憲判決には8人以上の意見の一致を必要とする（裁77条1項、最事規12条）。また、裁判員裁判における合議体の評決についても過半数によるが、裁判官および裁判員の双方の意見を含む合議体の員数の過半数の意見によらなければならない（裁判員67条1項）。

　なお、評決の対象については、評決を結論に対して行うか（結論説）、理由について行うか（理由説）について対立がある。通説は結論説であるが、裁判には理由を付すことが必要である（44条・335条）にもかかわらず、結論説では理由を付すことができなくなるため、近時は理由説が有力に主張されている。

[2] 外部的成立

　裁判の意思表示内容が、裁判所の外部に発表されることを裁判の外部的成立という。その方法は、告知である。判決の告知は、公判廷において宣告によって行い（342条）、決定・命令の告知は、公判廷では宣告、公判廷外では裁判書謄本の送達による（規34条）。

　裁判が外部的に成立すると、裁判機関はこれに拘束され、撤回や変更が

できなくなる（裁判の羈束力）。もっとも、その例外として、上告審における訂正判決（415条）、公訴棄却決定の更正（423条2項）、309条の異議申立てに理由がある場合（規205条の6）などがある。

外部的成立の時期については、宣告時か宣告のための公判期日終了時かにつき争いがある。この点につき、判例は公判期日終了時と解しているため、仮にいったん宣告した判決であっても、同一公判期日内であれば、これを変更しても違法ではないことになる（最判昭和47・6・15刑集26-5-341、最判昭和51・11・4刑集30-10-1887）。第一審の裁判官が、判決宣告期日として指定告知した日時に検察官の出席がない法廷において判決を宣告した上、被告人の退廷を許可し、勾留場所に戻った被告人を呼び戻して検察官出席のもと、再度行った判決の宣告は、法的な効果を有しない（最決平成19・6・19刑集61-4-369）。

[3] 裁判書

裁判をするときは、原則として、裁判書を作らなければならない。裁判書には、判決書、決定書、命令書があるが、決定または命令を宣告する場合には、裁判書を作らないで調書に記載させることができる（規53条）。また、上訴の申立てがなく、宣告から14日以内に判決謄本の請求がないときは、書記官に主文・罪となるべき事実・適用法条を公判調書の末尾に記載させて、判決書に代えることができる（規219条）。これを調書判決という。判例では裁判書の事前作成を不要としているが（最判昭和25・11・17刑集4-11-2328）、争いのある事案については、事前作成が望ましいであろう。

なお、宣告された刑と裁判書の記載が異なる場合には、前者が執行されるべきことになる。

B 第一審の終局裁判

[1] 有罪判決

起訴された事件について「犯罪の証明があったとき」は、有罪を言い渡さなければならない。有罪判決には、刑の言渡しの判決（333条1項）と刑の免除（334条）があるが、現実には圧倒的多数が前者である。

裁判は、①「主文」と②「理由」からなる（44条、規35条2項）。

まず、①「主文」とは、裁判における意思表示の部分をいう。刑の言渡しの場合、刑の執行猶予、保護観察も判決で言い渡す (333条2項)。その他、未決勾留日数の算入 (刑21条)、労役場留置 (刑18条4項)、仮納付の裁判 (348条2項)、没収・追徴 (刑19条・19条の2・197条の5)、押収した贓物の被害者還付 (347条)、訴訟費用の負担 (181条)、公民権の不停止または停止期間の短縮 (公選252条4項) なども主文で言い渡す。

次に②「理由」であるが、有罪判決の理由の記載は定型化されており、(a)「罪となるべき事実」、(b)「証拠の標目」、(c)「法令の適用」を示し (335条1項)、法律上犯罪の成立を妨げる理由または刑の加重減免の理由となる事実が主張されていた場合には、これに対する判断を示さなければならない (335条2項)。

(a)「罪となるべき事実」とは、客観的構成要件に該当する具体的事実、主観的構成要件の存在、未遂および共犯に該当するケースであればその事実、処罰条件が問題となる場合にはその存在などである。罪となるべき事実は、可能な限り具体的に特定されなければならず、概括的な事実認定は理由不備 (378条4号) の違法を問われる。

では、有罪判決の前提となる犯罪事実の認定において、いかなる程度の具体性が要求されるか。犯罪の日時・場所につき判例は、日時・場所は罪となるべき事実には属さないため、犯罪事実を特定しうる限り、必ずしも具体的に表示する必要はないとする (最判昭和23・12・16刑集2-13-1816、最判昭和24・4・14刑集3-4-547)。しかし、犯罪の日時・場所は、犯罪の具体性を表示するにつき不可欠であるため、これを罪となるべき事実に含めるべきであるとの主張が有力である。ただし、日時・場所に関する不特定認定を認めても、具体的表示の要求に反することにはならないと考えられる。

また、判例は共謀共同正犯における共謀も罪となるべき事実に属するとしながら、共謀の日時・場所は示す必要がないとしている (最大判昭和33・5・28刑集12-8-1718)。しかし、学説上は、謀議のみに参加した者については、謀議参加行為が罪となるべき事実となるため、日時・場所による特定を要すべきであるとの見解が強い。なお、故意犯については、外形的行為の判示によって、通常は故意の存在も明らかになるため、特段これを記載することを要しないが、過失犯については、注意義務発生の前提となる具体的

状況、注意義務の内容、注意義務違反の具体的行為などを明確にしなければならない（最決昭和63・10・24刑集42-8-1079）。

その他、一部認定の場合の主文についてであるが、例えば殺人の訴因につき、傷害致死を認定する場合のように、訴因の一部を認定することは認められる（縮小認定）。ただし、認定事実についても検察官が訴追意思を有する場合に限られる。認定しなかった部分については、主文で無罪を言い渡す必要はなく、理由中で判示すればよい。これは、科刑上一罪の一部認定の場合も同様である。予備的訴因・択一的訴因のいずれかを認定する場合、排斥された訴因については、主文で無罪を言い渡す必要も排斥理由を明示することも要しない（最判昭和25・10・3刑集4-10-1861、最決昭和29・3・23刑集8-3-305）。しかし、併合罪の一部を認定する場合には、認定しなかった訴因に対し、主文で無罪・免訴・公訴棄却等の言渡しをしなければならない。

(b)「証拠の標目」とは、罪となるべき事実を認定するのに基礎となる証拠の標題・種目の表示をいう。証拠の挙示が要求されるのは、裁判官の事実認定の合理性を保障するためである。累犯前科（最判昭和39・5・23刑集18-4-166）や刑の量定に関する事項（最判昭和25・10・5刑集4-10-1875）を示す必要はなく、また証拠を取捨した理由も示す必要はない（最決昭和34・11・24刑集13-12-3089）。したがって、表示された証拠の標目から客観的に事実を認定することが不合理である場合には、違法となる。

(c)「法令の適用」とは、罪となるべき事実に対し、実体法を適用して、主刑が導き出される過程を明らかにし、併せて未決勾留日数の算入等付随処分が言い渡されるときは、その法令上の根拠を明らかにすることをいう。これによって、罪刑法定主義の保障が担保される。「法令の適用」と「適用した法令」とは区別されるが、判例はいかなる法令を適用して主文の判断に至ったかがわかれば、法令の羅列も違法ではないとしている（最判昭和28・12・15刑集7-12-2444）。

なお、法律上犯罪の成立を妨げる理由となる事実（例えば、正当防衛等の違法性阻却事由たる事実や心神喪失等の責任阻却事由たる事実）または刑の加重減免の理由となる事実（中止未遂等の必要的加重減免事由となる事実）が主張されたときは、これに対する判断を示さなければならない（335条2項）。自首等の

任意的減免事由の主張が含まれるかについては、通説・判例は消極的に解しているが（最判昭和26・4・10刑集5-5-890）、積極説も有力である。

[2] 択一的認定

　前述のとおり、犯罪の証明があったとの事実認定がなされれば、有罪判決が言い渡されるが、「犯罪の証明があった」とは、訴因について「合理的な疑いを容れない程度の証明（合理的な疑いを超える証明）」がなされ、それに基づいて事実が認定され、刑罰法令の当てはめにより犯罪の成立が認められたときをいう。問題は、いわゆる択一的認定が許されるかである。広義における択一的認定は、予備的認定と不特定認定（概括的認定）を含む。予備的認定とは、個別の構成要件に該当する2つの事実に包括関係がある（例えば、既遂か未遂か不明の場合に未遂を認定する）場合に、大なる事実に疑いがあるとして小なる事実を認定することをいう。また、不特定認定とは、同一構成要件内において数個の事実のいずれであるか不特定（例えば、何日頃、あるいは何丁目付近）な場合に、これを厳密に特定しないで認定することをいう。前者は、少なくとも小なる事実の限度で確信が得られており、また後者も全体として一定の構成要件事実が認定されている限り許容されると解することに争いはない。これに対し、狭義の択一的認定は、異なる構成要件にわたる2個の事実のうち、いずれかであることは確実だが、そのいずれかが不明である場合に、そのいずれかを認定することをいう。この点につき、判例は被害者を遺棄した行為とその死亡の先後関係が不明であり、死体遺棄罪か保護責任者遺棄罪のいずれかが成立するが、そのいずれかが明らかでない事案に対し、いずれも証明が十分でないとして無罪を言い渡したもの（大阪地判昭和46・9・9判時662-101）と被害者の死亡時期により重過失致死罪（もしくは保護責任者遺棄罪）または死体遺棄罪が成立するとの事案に対し、択一的認定を肯定するもの（札幌高判昭和61・3・24刑集39-1-8）に分かれるが、通説は「疑わしきは被告人の利益に」の原則に反する、合成的構成要件を設定したことになり罪刑法定主義に反する、嫌疑刑を科すことになる等の理由により、これを否定している。

[3] 刑の量定の基礎

　刑の量定（量刑）とは、広義では法定刑から処断刑を導いた後、宣告刑を決定し、さらに執行猶予の許否、保護観察の要否などを決める全手続を指すが、狭義では処断刑から宣告刑を導く際の刑の数量的決定をいう。

　法は量刑の基準をほとんど示しておらず、また量刑を左右する事実は複雑であることから、刑の量定の理由説明は要求されていない。ただし、実務においては、刑の量定理由を説明する例も少なくない。

[4] 無罪判決

　被告事件が罪とならない場合、あるいは被告事件について犯罪の証明がない場合には、判決主文において無罪を言い渡す（336条）。前者は、法律上犯罪の成立が否定される場合（訴因事実が構成要件に該当しないことが明らかになった場合、または違法性、有責性が欠けるため犯罪とならない場合）であり、後者は犯罪を立証すべき証拠がないか、または不十分な場合（訴因事実について合理的な疑いを超える証明がない場合）である。もっとも、無罪に「真白無罪」と「灰色無罪」の2種類が存在するわけではない。訴訟の課題は、「有罪か無罪か」ではなく、「有罪か有罪でないか」と解することが妥当であろう。

　無罪判決の理由につき、法は何も規定していないが、裁判には理由を付さなければならず（44条1項）、また無罪判決に対する検察官上訴も許されることからすれば、上訴審における審査のためにも、理由を付すことが要求されよう。実務では、無罪判決に対しては、比較的詳細な理由が付される傾向にある。

　無罪の告知がなされると、裁判の付随的効果として判決の確定を待たずに勾留状は失効し（345条）、被告人は直ちに釈放される。問題は、無罪判決に対する控訴があった場合に、控訴裁判所が被告人を勾留できるか否かである。判例は、「記録等の調査により、右無罪判決の理由の検討を経た上でもなお罪を犯したことを疑うに足りる相当な理由があると認めるときは、勾留の理由があり、かつ、控訴審における適正、迅速な審理のためにも勾留の必要性があると認める限り、その審理の段階を問わず、被告人を勾留することができ」るとしている（最決平成12・6・27刑集54-5-461。なお、最決平成23・10・5刑集65-7-977参照）。ただし、その後の類似の事案に対し、前掲判

例を維持するものの、「『被告人が罪を犯したことを疑うに足りる相当な理由』の有無の判断は、無罪判決の存在を十分に踏まえて慎重になされなければならず、嫌疑の程度としては、第1審段階におけるものよりも強いものが要求されると解するのが相当である」との判断を示している点は注意しておく必要があろう（最決平成19・12・13刑集61-9-843〔百選96番事件〕）。

無罪判決を受けた者は、身柄を拘束されたことについて刑事補償（刑事補償1条1項・25条1項）を国に対し請求することができるほか、費用補償（188条の2～188条の7）を請求することができる。なお、被疑者として抑留・拘禁を受けた者が、公訴提起されず、その者が罪を犯さなかったと認めるに足りる十分な理由があるときは、検察官は、抑留・拘禁に対し、補償をする（被疑者補償規程2条）。これを、被疑者補償という。

3 裁判の確定と効力

A 意義
[1] 裁判の確定とその効力

裁判の付随効果は、告知とともに確定を待たないで発生することがある（343条～345条）が、本来的効果は、原則として、その確定とともに発生する。このような裁判の効力を確定力という。

裁判の確定とは、裁判が通常の不服申立て方法によって、取消し・変更をすることができなくなることをいう（裁判の形式的確定）。裁判は、原則として確定後にこれを執行する（471条）が、裁判確定の時期は、裁判の種類によって異なる。不服申立ての許されない裁判は、告知と同時に確定するのが原則であり、不服申立ての許される裁判は、上訴期間の徒過、上訴の放棄・取下げ、上訴を棄却する裁判の確定などによって形式的に確定する。なお、決定のうち、即時抗告の許されるものは、公判の裁判と同様であるが、それ以外の決定の場合には、抗告の利益がなくなったときに確定する。

[2] 形式的確定力と実体的確定力（既判力）

　確定力の理論的根拠あるいはその限界については、学説において多様な理論展開がなされてきた。用語が一定しないこともあり、その様相は複雑であるが、代表的な見解としては以下のように整理できよう（図6-1も参照のこと）。

　旧法下以来の通説（團藤説）[1]によれば、形式的確定力とは、裁判の確定によって、もはや通常の上訴またはこれに準じる不服申立てによって手続的に争うことができない効果をいい、終局裁判はこれによって訴訟係属は消滅する。形式的確定力は、実体裁判についても形式裁判についても発生する。裁判が形式的確定力をもつに至ったときは、裁判の意思表示内容が確定し効果を生じる。これを内容的確定といい、その効果を内容的確定力という。裁判の内容的確定によって、後に事実の変更が生じない限り、同一事項について先の判断と矛盾する判断をなすことはできないという拘束力が生じる。内容的確定力は、形式裁判にも生じるが、実体裁判および免訴の判決については、これを特に実体的確定力と呼ぶ。実体的確定力の本質は、裁判によって具体的規範が形成されたことにあると解され、実体的確定力には、その内部的効力としての執行力が、他方でその外部的効力として一事不再理効が認められる。この意味で、一事不再理効を既判力と呼ぶ。

　しかし、このような見解は、公訴事実が審判対象とされてきた旧法下の確定力論を現行法下においてもそのまま維持するものであり、現行法が訴因制度を採用した結果、裁判の意思表示内容は訴因以外には及びえなくなったことから、一事不再理効を実体的確定力の効力として捉えることは不可能である。また、判例も憲法39条は、英米の二重の危険禁止の原則を採用したといわれるため（最大判昭和25・9・27刑集4-9-1805）、一事不再理効も二重の危険禁止の原則によって基礎付けるべきである等の理由から、具体的規範説は維持しながらも、実体的確定力の効力の中から一事不再理効を切り離して構成すべきであることが主張された（平野説）[2]。この見解は、確定力を確定裁判の存在に基づく存在的効果と内容に基づく内容的効果に大別し、さらに前者を対内的効力（当該手続内における効力）としての形式的確定力と対外的効力（別訴との関係における効力）としての一事不再理効に分け、後者は対内的効力としての執行力と対外的効力としての拘束力に分け

られるとする。ただし、平野説も実体的確定力の理論をそのまま踏襲したものであり、基本的には團藤説とその本質を同じくしている。ただし、平野説は拘束力については、團藤説とは異なった考え方を示している。すなわち、一事不再理効を内容的確定力から切り離したため、残った内容的確定力、特に拘束力は、その性質を意思表示的なものとして一層強化することにより、執行力と並んで内容的確定力の不可欠の構成部分として実体裁判でも広く機能すべきであるとしているからである。

その後、具体的規範説に対しては、確定判決に既判力があることの実質的な根拠が示されていない、拘束力が被告人の利益・不利益に関係なく広められることになる、後訴における実体的真実の発見を不当に制約する等の批判がなされた。そこで、一事不再理の効力を二重の危険禁止の原則から基礎付けながらも、拘束力は国家の裁判の統一という要求からくる訴訟法上の制度的効力として再構成しようとする制度的効力説が台頭してくる[3]。田宮説によると、確定力は判決の後訴に対する効力（不可変更的効力）を意味することになり、これが実質的な拘束力であって、既判力であると解することになる。確定判決は、規範的効力ゆえに訴訟上不可変更的となるのではなく、既判力という制度が存在することではじめて規範となるのである。

さらに、拘束力の本質を国家の裁判の統一の要求ではなく、当事者サイドから捉え直すべきであるとの指摘がなされた[4]。つまり、田口説は、裁判の意思表示的内容の効力を「確認効」と名付け、従来の通説における内容的確定力を当該訴訟における「確認効」（事実の存否および刑罰権の存否を確認する効力）と後訴に対する「拘束力」とに分けて再構成した上、拘束力は確認効とは区別すべき手続的効力であるとされる。すなわち、確認効の本来的効果は、具体的には有罪判決の執行力あるいは確定判決の構成要件的効果などにみられるとし、次いでかかる確認効が後訴にまで及ぶか否かの問題が拘束力の問題であり、本来的な実質的確定力（既判力）の問題であるとする。その上で、一事不再理効を二重の危険禁止の原則で基礎付けるとしても、その本来的効果は裁判の形式的確定によって発生するものである以上、一事不再理効もなお裁判の後訴に対する効力として捉えることも可能であると解する。そのため、既判力という歴史的な言葉は、前訴裁判の

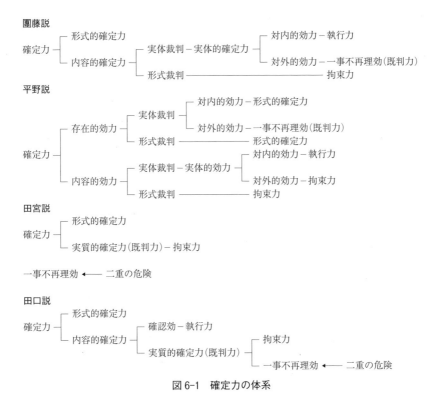

図 6-1　確定力の体系

後訴に対する効果として、拘束力のみならず一事不再理効をも意味するものとして使用しても構わないと主張されるのである。

その他、拘束力を裁判の効力と理解した上で、これを一事不再理の効力における付随的効力と捉える見解も近時、主張されている[5]。

B　既判力の本質

既判力の本質・根拠については、裁判により形成された規範の反射的効力とみる規範的効力説（実体法的既判力説）と裁判制度上の１つの効力とみる制度的効力説（訴訟法的効力説）とが対立する。

[1] 規範的効力説（実体法的既判力説）

　規範的効力説は、裁判の意思表示内容の効力が確定によって妥当性をもつこと自体を既判力とするものであり、その意思表示の本質をいかにみるかによって、確定裁判により新たな実体法が創設されるとする実体的規範説、確定判決によって具体的な規範が創設されるとする具体的規範説、確定判決は実体的法律関係に一切関係しないとする訴訟法的規範説に分かれる。具体的規範説がこれまで通説とされてきたが、この説に対しては、①確定裁判の意思表示的効力である規範設定効力は、実は内容的確定力の存在の結果たるにすぎないのに、具体的規範説は、実質的根拠なしに内容的確定力を前提としており、確定裁判にはなぜ内容的確定力があるかを説明していない、②具体的規範説によると、拘束力は被告人の利益・不利益と無関係に広く認められることになるため、後訴の真実主義を不当に制約し過ぎる、③一事不再理効を実体的確定力の外部的効力と解するならば、訴因に対する判断の基準性が、なぜ判断されなかった公訴事実の同一性の範囲にまで及ぶのか説明できなくなり、公訴事実の同一性の範囲で実体的効力が生じたとすると職権証拠調と訴因変更命令の形成力とを広範に認めなければならなくなることから極めて職権主義的な訴訟構造を前提にせざるを得なくなる等の批判から、現在は訴訟法説が有力になっている。

[2] 制度的効力説（訴訟法的効力説）

　これに対し、制度的効力説は、裁判の確定によって、その意思表示の内容が有効になるのは、既判力の結果であると考えるのである。そして、既判力とは確定裁判の後訴への影響にほかならず、具体的には後訴に対する不可変更的効力を意味することになる。このような内容的確定力が存在することによって、はじめて確定裁判は規範としての妥当性を有することになると考えるのである。

　そうであるなら、具体的規範説では執行力が内容的確定力の中心となる効力であったのに対し、この説では執行力は内容的確定力とは区別して理解することになる。このような意味での既判力の本質は、争いのある事項ないし不明の法律関係を公権的な裁判所の判断に委ねて終局的に解決しようという裁判制度それ自体の要請するものと解される。

C　既判力の効果

　拘束力が及ぶ事項は、一般に裁判の理由中の判断事項であって、主文と直接関係するか、主文に必要な理由部分ということになる。以下では、実体裁判と形式裁判とに分けて、検討していく。

[1] 実体裁判の拘束力

　これまで、実体裁判の拘束力は理論上の意味しかないとされてきた。なぜならば、実体裁判が確定した場合には、いずれの立場でも公訴事実の同一性の範囲で一事不再理効が生じるとされるため、同一事件に関する後訴は初めから遮断され、拘束力が問題とされる余地はないからである。

　しかし、別事件との関係では、拘束力を認める余地も残されていないとはいえない。例えば、わいせつ文書頒布罪につき無罪判決を受けてそれが確定した後、同一文書を頒布して起訴された場合、あるいは放火罪で無罪の確定した後、火災保険金を請求し、詐欺罪として起訴された場合等にいかに考えるべきか。この点につき、別事件における真実主義は尊重されなければならないとの考えから通説は、かかる拘束力を否定している。これに対し、具体的規範説の立場から拘束力と内容的確定力を同視し、実体裁判においても被告人の利益・不利益を問わず拘束力を肯定する見解や、逆に拘束力を内容的効力と区別した上で、これを被告人の法的安定性を保証するための訴追側の矛盾行為の禁止という禁反言効力と解し、被告人に利益な場合に限定し、拘束力を認めていこうとする見解も存在する。

[2] 形式裁判の拘束力

　形式裁判には一事不再理効は発生しないと解するのが通説であるため、形式裁判においてこそ、拘束力が論じられる実益があるといえよう。すなわち、15条2号は管轄違いの裁判に確定力があることを認めていると解されるし、また親告罪の事案につき、告訴が無効であるとして公訴棄却判決（338条4号）が確定した場合、当該親告罪の訴因に有効な告訴がないことに対し拘束力が発生するため、後に実は告訴は有効であるとして再訴したとしても、いったん告訴が無効であると判断された以上、その主張は排斥されることになる。もっとも、新たに有効な告訴を得て起訴をすれば、事情

変更が認められるため、起訴は適法となる。なお、拘束力の効果として、同一判断の繰り返しであるか再訴遮断かが問題となるが、拘束力があるにもかかわらず、これに違反した訴訟行為がある場合には、手続違反として338条4号により公訴棄却と解すべきが妥当であろう。

　判例においても、形式裁判の拘束力の問題につき、論じられている。例えば、確定裁判の基礎となった資料が虚偽であった事案に対し、保釈取消決定が確定すれば内容的確定力を生じ、その後に生じた事情を理由とする場合のほかは、これに反する判断をすることはできないとして肯定した判例がある（大阪高決昭和47・11・30高刑25-6-914）。これに対し、死亡診断書を偽造するなど自己の死亡を偽装して公訴棄却の決定を得た被告人に対し、同一事実について再起訴がなされたという事案に対し、形式裁判では確定しても、原則として既判力は生じないとした上で、被告人が生きていることの証明は明白であるから、死亡判断に拘束されることなく、再起訴は許されるとして、これを否定した判例も存在する（大阪地判昭和49・5・2刑月6-5-583）。学説においても、再起訴を肯定することは、解釈により不利益再審を創造するに等しいため許されるべきではないとの見解[6]も存在するが、拘束力は検察官の禁反言たる性質のものであり、被告人に拘束力の要求資格が欠けるため、検察官は拘束力を受けることなく再起訴が可能であるとする見解[7]や被告人死亡による公訴棄却決定は、心神喪失を理由に公判手続を停止するのと同質のものであるとして再起訴を認める見解[8]も存在し、対立している。

　なお、拘束力は裁判の理由中のいかなる判断事項に拘束力が及ぶかについても問題となる。最高裁は、公訴事実が不特定の結果、当然訴因も不特定であるとして公訴棄却した判決につき、訴因不特定という直接の理由のみが拘束力をもつとしたが（最決昭和56・7・14刑集35-5-497）、公訴事実不特定判断も必要不可欠な理由であって、拘束力はそこまで及ぶとする反対意見も示されている。被告人の法的安定性保障の見地から後者の立場を支持する見解も有力である。また、勾留の裁判に対する異議申立てが棄却され、これに対する特別抗告も棄却されて確定した場合においては、当該異議申立てと同一の論拠に基づいて勾留を違法として取り消すことはできないとする判例も存在し（最決平成12・9・27刑集54-7-710）、拘束力を広く解してい

るとみる余地もあろう。

その他、形式裁判の理由中に実体判断が含まれている場合、そのような実体判断にも拘束力が及ぶかについても問題となる。例えば、強姦致傷の訴因で起訴されたが、単純強姦であることが判明し、告訴がないため公訴棄却判決がなされた場合、強姦致傷でないとの判断に拘束力が発生するか。積極説も存在するが[9][10]、形式裁判はあくまで手続事項を判断するものであるため、消極的に解するべきであるとの見解が有力である[11]。

D 一事不再理の効力と二重の危険
[1] 一事不再理の効力の根拠

実体裁判が形式的に確定すると、一事不再理の効力が発生する（憲39条、337条1号）。この一事不再理効の根拠については、学説に変遷があった。従来の通説は、審判対象は公訴事実であり、判断内容の効果は公訴事実の同一性・単一性の範囲に及び、当該範囲において実体的確定力の対外的効力として一事不再理効が発生するとされてきたが、現行法は訴因制度を採用した結果、審判対象は訴因となり、判断内容の効果は訴因にしか及ばず、実体的確定力は判断を下した訴因にしか及ばなくなった。そのため、一事不再理効が裁判所の判断内容であると考える限り、一事不再理効が当該訴因を超えて公訴事実の同一性・単一性の範囲にまで及ぶことを説明することが不可能になる。そこで、実体的確定力から一事不再理効を分離し、それを二重の危険禁止の原則から基礎付ける見解が登場し、現在の通説であると位置付けられている。最高裁も、「元来一事不再理の原則は、何人も同じ犯行について、二度以上罪の有無に関する裁判を受ける危険に曝さるべきものではないという、根本思想に基く」として、憲法39条の一事不再理は二重の危険によるものと判示している（最大判昭和25・9・27刑集4-9-1805）。

[2] 一事不再理の効力の発生時期

刑事訴訟法337条1号により、「確定判決を経たとき」を免訴事由として定めているため、一事不再理の発生時期は、実体裁判の形式的確定時であることに疑いはない。これに対し、形式裁判には一事不再理が発生しないと考えられる（最大判昭和28・12・9刑集7-12-2415）。なぜなら、形式裁判にお

いては、そもそも実体的法律関係についての判断がなされていないからであり、また被告人が有罪の危険に曝されていないからである。ただし、上述のように一事不再理効が二重の危険禁止の原則を基礎とし、純粋に被告人が手続上危険に曝された事実の効果であるとするならば、必ずしも実体裁判が前提とされる必要はなく、ある程度の実体審理がなされたならば、たとえ形式裁判であっても一事不再理効が発生しうることになるし、また危険発生の時期も裁判確定の時期より遡ることもありうることになる。そのため、少なくとも事実問題については検察官上訴を認めるべきではないとの見解が有力である[12]。この点につき判例は、いわゆる継続的危険の考え方を採用し、第1審から上訴審まで「継続せる一つの危険」があるにすぎないとして、検察官上訴を合憲としている（前掲最大判昭和25・9・27）。思うに、被告人が有罪とされる危険・手続的な負担を受けたことを考慮するならば、裁判確定前ではあるものの、無罪判決に対する検察官上訴は二重の危険と解するべきが妥当なのではなかろうか。

[3] 一事不再理の効力の範囲

一事不再理効の及ぶ範囲については、主観的（人的）範囲、客観的（物的）範囲、および時間的範囲に分けられる。

(1) 主観的（人的）範囲

一事不再理効は、その事件について確定実体裁判を受けた被告人についてのみ及ぶとされる。同一犯罪に加わった共犯であったとしても、他の共犯者の判決の効力は及ばないとするのが通説である。

(2) 客観的（物的）範囲

一事不再理効は、起訴状に記載された訴因に限定されず、公訴事実の同一性・単一性の範囲に及ぶとするのが通説・判例（最判昭和33・5・6刑集12-7-1297、最判昭和35・7・15刑集14-9-1152）である。なぜならば、公訴事実の同一性・単一性の範囲で被告人が危険に置かれたからである。ただし、上述のように裁判所の審判対象が訴因であるならば、一事不再理効が当該訴因を超えて及ぶのかを説明する必要があろう。この点につき、検察官の同時訴追義務[13]や一刑罰権一手続の原則[14]あるいは訴因変更が可能な範囲で被告人は有罪判決を受ける手続に曝された[15]などの説明が試みられた。

これに対し、法律上あるいは事実上まったく同時審判が不可能であれば公訴事実の同一性・単一性の範囲内であっても一事不再理効は及ばないとの学説が登場し[16]、これに従う下級審判例も存在した（東京地判昭和49・4・2判時739-131）。しかし、この見解によると一事不再理効の客観的範囲がその時々の訴訟に依存することになり画一性を害し、被告人の地位を不安定にすることになるため、妥当とはいえない（高松高判昭和59・1・24判時1136-158）。

　ところで、一事不再理効が認められるのは、後訴裁判所が後訴訴因と前訴訴因に公訴事実の同一性・単一性を認めた場合である。したがって、常習累犯窃盗の確定判決がある場合、当該訴訟より前に犯された窃盗の事実をさらに起訴することは、それが常習累犯窃盗としてであればもちろんのこと、単純窃盗であったとしても、再訴禁止に反することになろう。しかし、仮に実体的には常習累犯窃盗を構成するとみられる数個の窃盗行為が、前訴において単純窃盗の確定判決を受け、後訴も単純窃盗で起訴された場合、後訴の裁判所はいかなる事実を基準としてこれを判断すべきか。この点につき、最高裁は「前訴の訴因と後訴の訴因との間の公訴事実の単一性についての判断は、基本的には、前訴及び後訴の各訴因のみを基準としてこれらを比較対照することにより行うのが相当である」ことを前提とし、「本件においては、前訴及び後訴の訴因が共に単純窃盗罪であって、両訴因を通じて常習性の発露という面は全く訴因として訴訟手続に上程されておらず、両訴因の相互関係を検討するに当たり、常習性の発露という要素を考慮すべき契機は存在しないのであるから、ここに常習特殊窃盗罪による一罪という観点を持ち込むことは、相当でない」との判断を示した（最判平成15・10・7刑集57-9-1002〔百選97番事件〕）。最高裁は、公訴事実の同一性・単一性の判断基準として、訴因基準説を徹底したのであろう。この点については、検察官の訴因構成次第で一罪を分割起訴して、一事不再理効をかいくぐることを許すことになるのではないかとの疑問が指摘されている[17][18]。

(3) 時間的範囲

　一事不再理効は、原則として一罪全体に及ぶが、常習一罪・包括一罪など時間的に継続する犯罪の中間にその一部に対する確定判決があった場合には、常習一罪・包括一罪などは確定判決によって2罪に分割され、確定

判決後の行為は、別途追訴できるとするのが通説・判例（最大判昭和24・5・18刑集3-6-796、最判昭和43・3・29刑集22-3-153）である。確定判決後の行為については、法律上同時審判の可能性がないため、確定判決によって2罪に分割されるが、同時審判の可能性の基準時が問題となる。この点につき、①起訴時説、②弁論終結時説、③第1審判決時説、④原則的に第1審判決時、例外的に控訴審破棄自判時説に大別できるが、判例（東京高判昭和46・11・29判時659-96）は、④原則的に第1審判決時、例外的に控訴審破棄自判時説に立つものが多い。

E 免訴判決の効力

免訴判決に一事不再理効が発生するかについては争いがある。旧法下では、犯罪事実の認定を前提とした実体裁判説が有力であったが、現在、ほとんどこの説の主張はみられない。その後、実体的訴訟条件を欠くときに免訴が言い渡されるが、この存否の確認のためにはある程度実体に立ち入って判断することを要するため形式裁判でありながら一事不再理効が発生すると解する実体関係的形式裁判説が示された。しかし、刑罰権の確認を前提とするならば、以前に無罪判決があったときになお免訴で手続を打ち切ることの説明ができない。そこで登場したのが形式裁判説であり、現在の通説である。判例もいわゆるプラカード事件（最大判昭和23・5・26刑集2-6-529）において、大赦があったとき裁判所は単に免訴の判決をすべく、公訴事実の存否または犯罪の成否などについて実体上の審判をなすことはできず、また大赦を理由とする免訴の判決に対して当事者は無罪を主張して上訴することはできないとし、形式裁判説を採用した。ただし、この説によっても一事不再理効の根拠については、依然問題を払拭できてはいない。

そこで、免訴を純然たる形式裁判と捉え、公訴棄却とその本質を同様のものと解し、一事不再理効が直ちに発生することはないものの、既判力は発生することから同一訴因についての再訴は遮断され、あるいは形式裁判であったとしても相当程度の実体審理がなされた場合には一事不再理効は発生しうるとする純形式裁判説や免訴を純粋に形式裁判と解しながらも、公訴の理由性を判断していることに照らし、一事不再理効が発生するとする形式的本案裁判説、さらには同様の基盤に立ちながら、本案裁判という

概念ではなく形式的実体裁判であるとする形式的実体裁判説等が有力に主張される。このように免訴判決の本質をいかに捉えるかについては論者により結論の差異があるものの、理論的にはともかく、一事不再理効を認めるのが現行法の政策であると捉える見解も存在するが[19]、いずれの説も批判がないわけではない。

4 裁判の執行

A 総説
[1] 意義
　裁判の執行とは、国家による裁判の意思表示内容の強制的実現をいう。裁判の執行は、有罪判決で言い渡された刑の執行のほか、追徴・訴訟費用・仮納付などの刑の付随処分の執行や、過料・没収・費用賠償など刑以外の制裁処分の執行、さらには勾引・勾留・捜索・押収・鑑定留置などの強制処分ないし令状の執行なども含まれる。

[2] 執行の時期
　裁判は、原則として確定した後に執行する（471条）が、決定・命令は、即時抗告またはこれに代わる異議申立てが許される場合を除き、執行停止がなされない限り、告知と同時に執行が可能である（424条1項・432条・434条参照）。また、罰金・科料・追徴の仮納付の判決は直ちに執行ができる（348条3項）。これに対し、訴訟費用の裁判（483条）、保釈許可決定（94条1項）、労役場留置（刑18条5項）、死刑（475条）などは、執行するために一定の条件ないし期間があり、確定後直ちに執行することはできない。

[3] 執行の指揮
　裁判の執行は、原則として当該裁判をした裁判所に対応する検察庁の検察官がこれを指揮する（472条1項本文）が、例外的に裁判所または裁判官（472条1項ただし書）、あるいは上訴裁判所に対応する検察庁の検察官（472条2項）

が執行の指揮をする。裁判の執行指揮は書面でなし、これに裁判書または裁判を記載した調書の謄本または抄本を添えなければならない（473条本文）。ただし、刑の執行を指揮する場合を除いては、裁判書の原本、謄本もしくは抄本または裁判を記録した調書の謄本もしくは抄本に認印して、執行することが可能である（473条ただし書）。

[4] 執行の順序
　2つ以上の主刑を執行するときは、罰金および科料を除いては、その重いものを先に執行する。ただし、検察官は重い刑の執行を停止して、他の刑を執行させることができる（474条）。

B　刑の執行
[1] 死刑の執行
　死刑の執行は、法務大臣の命令による（475条1項）。この命令は、判決確定の日から6か月以内にこれをしなければならないが、上訴権回復もしくは再審の請求、非常上告または恩赦の出願もしくは申出がされ、その手続が終了するまでの期間および共同被告人であった者に対する判決が確定するまでの期間は、これをその期間に算入しない（475条2項）。死刑の執行は、命令後5日以内に行われなければならない（476条）。死刑は、検察官、検察事務官および刑事施設の長またはその代理者の立会いの上（477条1項）、刑事施設内において絞首して、これを執行しなければならない（刑11条1項）。

　なお、死刑の言渡しを受けた者が心神喪失の状態にあるとき、または懐胎しているときは、法務大臣の命令によって執行を停止し、心神喪失の状態が回復した後または出産の後に法務大臣の命令がなければ、執行することはできない（479条）。

[2] 自由刑の執行
　自由刑（懲役・禁錮・拘留）の執行は、検察官が指揮する（472条）。懲役は刑事施設に拘置して、所定の作業（刑務作業）を行わせる（刑12条2項）。禁錮・拘留は、刑事施設に拘置するのみである（刑13条2項・16条）。ただし、禁錮受刑者・拘留受刑者には、請願作業が許される（刑事収容93条）。

自由刑の言渡しを受けた者が心神喪失の状態にあるときは、検察官の指揮によって、当該状態が回復するまで必要的に執行を停止する (480条)。この場合、検察官は、刑の言渡しを受けた者を監護義務者・地方公共団体の長に引き渡し、病院その他の適当な場所に入れさせなければならない (481条)。また著しく健康を害するとき、生命を保つことのできないおそれがあるとき等の一定の事由があるときは、検察官の指揮によって裁量的に執行を停止する (482条)。裁判的刑の執行停止は、自由刑の執行により、自由を剥奪することを超える受刑者本人または家族に対する過大な不利益を与えることを避ける趣旨であると解される (自由刑の純化)。

[3] 財産刑の執行

罰金、科料、没収、追徴、過料、没取、訴訟費用、費用賠償、または仮納付の裁判は、検察官の命令によって執行する。この命令は「執行力のある債務名義」と同一の効力を有する (490条1項)。そのため、検察官の命令書があれば、民事執行法その他強制執行の手続に関する法令の規定に従って強制執行が可能となる。ただし、執行前に裁判の送達をする必要はない。なお、執行費用は、執行を受ける者の負担となる (506条)。

罰金または科料の特殊な執行方法として、労役場留置 (刑18条) が存在する。これは実質的には自由刑に類似するため、刑の執行に関する規定が準用される (505条)。

[4] その他

検察官・裁判所・裁判官は、裁判を的確に執行するため、必要があると認めるときは、公務所または公私の団体に照会して、必要な事項の報告を求めることができる (507条)。その他、没収物の処分は、検察官が行わなければならず (496条・497条)、偽造・変造物を返還する場合には、その偽造・変造部分をその物に表示しなければならない (498条)。また、不正に作られた電磁的記録・没収された電磁的記録に係る記録媒体を返還・公布する場合には、当該電磁的記録を消去・不正利用されないよう処分しなければならない (498条の2)。なお、還付不能な押収物については、検察官が政令に定める方法によって公告しなければならない (499条)。

[5] 未決勾留日数の通算

　未決勾留は、刑罰そのものではないが、人の自由を剥奪する点で自由刑の執行に共通するため、刑法は衡平の観点から未決勾留の全部または一部を本刑に算入することができるとしている（刑21条）。これを、いわゆる裁定通算という。さらに、上訴の提起期間中の未決勾留の日数は上訴申立て後の未決勾留日数を除き、全部これを本刑に通算し（495条1項）、上訴申立て後の未決勾留の日数は、検察官が上訴を申し立てたとき、または検察官以外の者が上訴を申し立てた場合においてその上訴審において原判決が破棄されたときは、全部これを本刑に通算するとしている（495条2項）。これをいわゆる法定通算という。

C　救済手続
[1] 訴訟費用執行免除の申立て

　刑の言渡しをする場合、被告人に訴訟費用の全部または一部を負担させることが原則であるが、明らかに被告人が貧困のため訴訟費用を納付することのできないときは、負担をさせない（181条1項ただし書）。また、訴訟費用の負担を命ぜられた者が貧困のためこれを完納することができないときは、裁判所の規則の定めるところにより、訴訟費用の全部または一部について、その裁判の執行の免除の申立てをすることができる。この申立てについては、訴訟費用の負担を命ずる裁判が確定した後、20日以内にしなければならない（500条）。この申立てに対する決定については、即時抗告が認められている（504条）。

[2] 裁判の解釈を求める申立て

　刑の言渡しを受けた者は、裁判の解釈について疑いがあるときは、言渡しをした裁判所に裁判の解釈を求める申立てをすることができる（501条）。この規定は、裁判の趣旨が不明瞭なため、不当な執行を受けることを避ける目的で定められたものとされ、確定裁判の既判力そのものを覆すことはできない。

[3] 執行に対する異議申立て

　裁判の執行を受ける者またはその法定代理人もしくは保佐人は、執行に関し検察官のした処分を不当とするときは、言渡しをした裁判所に異議の申立てをすることができる（502条）。異議申立ての時期であるが、通説は裁判の確定前でも可能であると解するが、判例は検察官が処分する以前の異議申立ては不適法であるとしている（最決昭和36・8・28刑集15-7-1301）。

注）
1) 團藤重光『新刑事訴訟法綱要〔7訂版〕』（創文社、1967）310以下
2) 平野龍一『刑事訴訟法』（有斐閣、1958）281以下
3) 田宮裕『一事不再理の原則』（有斐閣、1978）
4) 田口守一『刑事裁判の拘束力』（成文堂、1980）
5) 高倉新喜「刑事裁判の拘束力の意義」刑法43巻3号（2004）392
6) 田宮・前掲注3) 442
7) 田口・前掲注4) 483
8) 川出敏裕「裁判の確定と一事不再理の効力」法教245号（2001）44
9) 鈴木茂嗣『刑事訴訟法〔改訂版〕』（青林書院、1990）129
10) 田宮・前掲注3) 451
11) 田口・前掲注4) 428
12) 渥美東洋『全訂刑事訴訟法〔第2版〕』（有斐閣、2009）525-526
13) 平野・前掲注2) 282
14) 高田卓爾『刑事訴訟法〔2訂版〕』（青林書院新社、1984）299
15) 田宮・前掲注3) 452
16) 青柳文雄『刑事訴訟法通論 下〔5訂版〕』（立花書房、1976）489
17) 田口・前掲注4) 436
18) 白取祐司『刑事訴訟法〔第9版〕』（日本評論社、2017）480
19) 松尾浩也『刑事訴訟法 下〔新版補正第2版〕』（弘文堂、1999）176

コラム　裁判員裁判と死刑制度

　最高裁は、「死刑といえども、他の刑罰の場合におけると同様に、その執行の方法等がその時代と環境とにおいて人道上の見地から一般に残虐性を有するものと認められる場合には、勿論これを残虐な刑罰といわねばならぬ」とした上で、絞首による死刑の合憲性を肯定し（最大判昭和23・3・12刑集 2-3-191）、その後も同一の立場を一貫して維持しています。

　そのような中、平成21（2009）年5月より裁判員制度が実施されたことにより、職業裁判官だけが担ってきた死刑適否の判断に一般市民が否応なく関与しなければならないことになりました。

　これまで「対岸の火事」であった死刑制度に市民が向き合わなければならなくなりましたが、むしろこのような時期であるからこそ、死刑制度の根本に遡って実質的に、存廃についての議論を深めるべきではないでしょうか。ちなみに、「パチンコ店放火事件」に対する裁判員裁判において、大阪地裁は平成23（2011）年10月31日判夕1397号104頁は、合憲の判断を示しています（最判平成28〔2016〕年2月23日裁判集刑319-1も、「原判決が維持した第1審判決の死刑の科刑は、当裁判所もこれを是認せざるを得ない」としています）。なお、裁判員裁判による第1審の死刑判決を控訴審が破棄し、無期懲役を言い渡したことの当否につき、最高裁は、死刑を選択することが真にやむを得ないと認められるか否かについては、「具体的・説得的な根拠」を示す必要があり、第1審判決は、これを示したものとはいえず、これを破棄した控訴審判決は妥当であるとしています（最決平成27・2・3刑集69-1-1、最決平成27・2・3刑集69-1-99）。

もっと知りたい方へ
- 小早川義則『裁判員裁判と死刑判決〔増補版〕』（成文堂、2012）
- 福井厚編著『死刑と向きあう裁判員のために』（現代人文社、2011）

知識を確認しよう

問題

(1) 裁判の種類と各種分類について説明しなさい。
(2) 免訴判決にも一事不再理効が発生するか説明しなさい。

解答への手がかり

(1) 裁判の形式から分類すると、判決、決定、命令の3種類がある。裁判の機能から分類すると、終局裁判と非終局裁判に二分され、さらに非終局裁判は終局前の裁判と終局後の裁判に分けることができる。裁判の内容から分類すると実体裁判と形式裁判に分類される。それぞれの区別の基準を理解しよう。

(2) 一事不再理効は、一般に実体裁判について発生するものと解されるため、仮に免訴判決を形式裁判と解した場合には、一事不再理効は生じないのではないかが問われる。免訴判決の本質をいかに捉えるかという基本に遡り、考えてみよう。

第 7 章 上訴

本章のポイント

1. 上訴は、刑事裁判における誤判救済のために、未確定の裁判に対するものとして設けられた不服申立て方法である。控訴、上告、抗告がある。
2. 控訴は、第 1 審判決に対する高等裁判所への上訴である。控訴審は、原判決を見直すための事後審である。
3. 最高裁判所の機能は、違憲審査の終審裁判所と法令解釈の統一であるが、判決に影響を及ぼす重大な事実誤認があって破棄しなければ正義に反するときは職権で破棄することが認められている。

1 総説

A 上訴の意義および種類

　刑事裁判において、誤判は避けなければならない。上訴は、誤判救済のために、未確定の裁判に対するものとして設けられた不服申立ての方式である。確定裁判に対するものとしては、再審制度が用意されている。種類としては、①第1審（地裁・簡裁・家裁）判決に対する控訴、②控訴判決に対する上告、③決定・命令に対する抗告がある。控訴は高等裁判所、上告は最高裁判所が管轄する。刑事裁判の上告をすべて最高裁判所に属させたのは、その結果が基本的人権の尊重に関わるからにほかならない。

[1] 覆審、続審、事後審

　上訴のうち、控訴審の構造（性格）をどう捉えるかについては、覆審、続審、事後審の3つの考え方がある。覆審は、原審とは関係なく新たに審判をやり直す方式、続審は、原審の手続・資料を引き継ぎ、これに新たな証拠を加えて事件について審判をやり直す方式、事後審は、原判決の当否を審査する方式である。

　わが国の現行控訴審は事後審である。その理由は、①当事者主義の採用により第1審が充実したので、単純に審判を繰り返すことは不適当である（覆審はありえない）、②控訴には、原判決の誤りを内容とする控訴理由が要求され、これについて調査・取調べを行い、その結果、原判決の認容か破棄かが選択されることから、原審と同じ資料に基づき、原判決時を基準にその判断の当否を判断するもの、すなわち、見直し型の事後審ということになる。

[2] 事実審、法律審

　事実審・法律審の区別は、裁判所として、原審の事実認定の当否を判断するのか、法令違反の有無を判断するのかに関わる。第1審が事実審であることは当然である。

　わが国の現行控訴審は2つの側面を有する。第1に、事実誤認（382条）

を扱う点で、事実審である。第2に訴訟手続の法令違反（377条〜379条）、法令適用の誤り（380条）を扱う点で、法律審である。

　最高裁判所は、法律審であるばかりか、憲法問題の最終審として特別な位置に立つ。なお、近時、最高裁判所は、最高裁が法律審であるとしても、原判決の認定が「論理則、終験則等に照らして不合理と言える」ときは、原判決の事実認定に介入しなければならないとして、強姦（旧法）事件に対する原判決を破棄し、無罪とした例がある（最判平成23・7・25判時2132-134）。

　わが国は、慎重な裁判制度として三審制度を採用したといわれるが、単に審級を異にする裁判所が審理をするのではなく、性格の異なる3審はそれぞれ独自の機能を有することに注目する必要がある。

B　上訴権
[1]　上訴権者・上訴の利益
　上訴権者は、原則として裁判を受けた者であり、検察官と被告人は上訴をすることができる（351条1項）。そのほか、被告人のために上訴ができる者として、①被告人の法定代理人・保佐人（民13条）、②勾留理由開示の請求をした者、③原審における代理人・弁護人がいる（353条〜355条）。これらの者は、被告人の明示した意思に反して上訴することはできない（356条）。

　上訴の利益は、上訴が適法なための要件である。被告人の上訴は、自己に不利益な原判決を是正し、利益な裁判を求めるためにするのである。有罪判決に対し、無罪またはより軽い罪ないし刑を求めて上訴することはできる。これに対し、無罪判決について、有罪を求め、またはその理由を争って上訴する利益は認められない。

　ここで、上訴の利益とは何か、について考察をしよう。（イ）無罪判決の理由に関する上訴とは、心神喪失により無罪とされたことを不服として、正当防衛により無罪を主張する場合である。この点について、当事者主義の刑事訴訟は、「究極の真実を追求しようという手続ではなく、両当事者の適正な対立を軸として事件の解決に努める手続であるから、無罪判決を得た被告人にとっては、訴訟はそこで終ったものと見なければならない」とされる[1]。すなわち、その主張は認められない。（ロ）形式裁判（例えば、免訴判決）に対して無罪を求めて上訴することはできない。裁判例として、い

わゆるプラカード事件[2]がある。被告人は、不敬罪（刑74条、昭22年削除）で起訴され、第1審判決の翌日、昭和21（1946）年11月3日、日本国憲法公布とともに、不敬罪につき大赦令が公布・施行された。被告人側は、不敬罪の規定は被告人の行為当時、既に無効となっていたことを理由に、無罪判決を求めて上訴した。これに対し、最高裁は、大赦令が施行されると、裁判所は、その事件につき、実体上の審理を進めることはできなくなるとした。すなわち、「裁判所が公訴につき、実体的審理をして、刑罰権の存否及び範囲を確定する機能をもつのは、検事の当該事件に対する具体的公訴権が発生し、かつ、存続することを要件とする」とし、原審が「免訴の判決を言渡したのは結局において正しい」として、上告を棄却したのである（最大判昭和23・5・26刑集2-6-529〔百選A47事件〕）。

[2] 上訴権の発生・消滅・回復

上訴権の発生は、裁判の告知による（358条）。

上訴権の消滅は、上訴提起期間の徒過、上訴の放棄・取下げである。上訴の提起期間は、控訴（373条）・上告（414条）は14日、即時抗告は3日（422条）、特別抗告は5日（433条2項）である。期間は、告知された日から進行するが、初日は算入しない（55条）。初日不算入は、初日は1日分として使えないためである。上訴の放棄は、事前に上訴はしない旨表明することである。死刑または無期の懲役もしくは禁錮に処する判決に対する上訴の放棄はできないとされている（360条の2）。上訴の取下げは、上訴申立て後に撤回することである。

上訴を取り下げた以上、取下げの撤回は認められない。ただし、取下げの効力が争われることがある。最高裁は死刑事件について、「被告人が、その判決に不服があるのに、死刑判決宣告の衝撃及び公判審理の重圧に伴う精神的苦痛によって拘禁反応等の精神障害を生じ、その影響下において、その苦痛から逃れることを目的として上訴を取り下げた場合には、その上訴取下げは無効と解するのが相当」と判断し、特別抗告を認容している（最決平成7・6・28刑集49-6-785）。

上訴権の回復は、自己または代人の責に帰することができない事由によって期間内に上訴をすることができなかったときに、原裁判所に対して回

復請求ができる制度である（362条）。「代人」とは、上訴に必要な諸般の行為を法律上または事実上本人に代わって行う者をいい、弁護人、本人の家族などである。上訴権回復請求が認められた事例として、上訴申立書の延着の原因が郵便局側にある場合がある（最決昭和39・7・17刑集18-6-399）。

C 上訴の申立て
[1] 申立ての方式
　上訴の申立ての方式は、申立書を裁判所に差し出すこととされている（374条・414条・423条・434条）。第1審裁判所において、裁判長が、判決を言い渡した後、被告人に対し、「控訴をしたいときは当裁判所に控訴を申し立てなさい。」と述べるのは、この趣旨による。なお、刑事施設にいる被告人については、上訴の申立書を刑事施設の長またはその代理者に差し出すことが認められている。

　上訴率（2014年）は、第1審判決（58,355）に対する控訴率が10.9%（6,332）、第2審判決（4,698）に対する上告率が40.7%（1,913）である（百選268・269頁）。

[2] 申立て期間
　上訴の申立て期間は、既述のとおり、控訴・上告は14日（373条・414条）、即時抗告は3日（422条）、特別抗告は5日（433条2項）である。通常抗告には期間の定めはなく、実益のある限りで上訴ができる。

[3] 申立ての効力
　上訴の申立ての効力としては、①停止の効力、②移審の効力がある。
　①停止の効力とは、裁判の確定および執行が停止されることである。この効力は、上訴申立てによって直ちに生ずる。②移審の効力とは、訴訟事件が、原裁判所（前の裁判所）から離れて上訴審の裁判所へ移ることであり、上訴申立て書および訴訟記録が上訴裁判所に送付されて、はじめて生じる。

[4] 申立ての範囲
　上訴の効力の及ぶ範囲は、上訴が原裁判の当否を問題にする以上、原則として原裁判の全部である。法は、一部上訴を認めている（357条）。

この一部上訴に関して、それが許されるのはどのような場合かが問題となる。次のような例である。原判決が、A事実とB事実について併合罪関係にあるとして、A事実について有罪、B事実について無罪を言い渡したのに対し、被告人がA事実についてのみ上訴したとき、上訴審が審理した結果、A事実・B事実を科刑上一罪と認めたとき、上訴審はどう処理すべきかである。

学説に争いがある。

①説：A事実・B事実は不可分の一罪であるので、両方とも上訴審に係属する。

②説：一罪の一部たるB事実は確定しているので、訴訟法上は二分され、A事実のみ上訴審に係属する。

③説：B事実は確定しているので、A事実・B事実が不可分の一体なら、A事実についても免訴となる。

①説は、一部上訴を認める法の趣旨に反する。③説は、当事者の主張を無視するものである。例えば、A事実に酒酔運転、B事実に無免許運転を当てはめてみればよい。両者の関係について、判例は観念的競合としている（最判昭和 49・5・29 刑集 28-4-151）。当事者主義と 357 条の趣旨を合わせて考えると、②説が妥当である。

第1審判決において有罪とされた部分と無罪とされた部分とが牽連犯ないし包括一罪を構成する場合について、被告人が有罪部分についてのみ控訴したところ、控訴審が、公訴事実の全部について職権調査の上、すべてを有罪にし、刑は第1審と同じにした事案について、最高裁は、違法と判断している（最大決昭和 46・3・24 刑集 25-2-293 新島ミサイル事件[3]）。最高裁は、まず、現行刑事訴訟の基本構造に関わるものとして、「控訴審は、第1審と同じ立場で事件そのものを審理するのではなく、……当事者の訴訟活動を基礎として形成された第1審判決を対象とし、これに事後的な審査を加えるべきものなのである。そして、その事後審査も当事者の申し立てた控訴趣意を中心にしてこれをなすのが建前であって、職権調査はあくまで補充的なものとして理解されなければならない」とした。その上で、本件について、「第1審判決において有罪とされた部分と無罪とされた部分とは牽連犯ないし包括一罪を構成するものであるにしても、……無罪とされた部

分については、被告人から不服を申し立てる利益がなく、検察官からの控訴申立もないのであるから、当事者間においては攻防の対象からはずされたものとみることができる。このような部分について、それが理論上は控訴審に移審係属しているからといって、事後審たる控訴審が職権により調査を加え有罪の自判をすることは、……被告人に対し不意打を与えることであるから、……職権の発動として許される限度をこえたものであって、違法なもの」とした。ただし、原判決が被告人らの控訴を理由がないものとしている点には何ら違法がなく、原判決の違法は、これを破棄しなければ著しく正義に反するものとは認められない、としたのである。

D 上訴の効果
[1] 不利益変更禁止の原則

被告人が控訴をし、または被告人のために控訴をした（353条・355条）事件については、原判決の刑より重い刑を言い渡すことはできない（402条）。この不利益変更禁止の原則の根拠としては、①被告人が安心して上訴できるようにとの政策的配慮、②不服申立ての限度で裁判するという当事者主義の原理、③被告人の救済という理念、が挙げられる。今日的意義としては、②が中心となろう。

不利益変更禁止の原則が働くのは、被告人が351条1項により、または、被告人のために353条ないし355条に規定された者が控訴の申立てをした場合である。上告の場合も同様である。検察官も控訴の申立てをしているときは、適用されない。

「原判決の刑より重い刑」とは何かについては、判例が、「第1審、2審において言い渡された主文の刑を、刑名等の形式のみならず、具体的に全体として綜合的に観察し、第2審の判決の刑が第1審の判決の刑よりも実質上被告人に不利益であるか否かによって判断」すべきとの基準を打ち出している（最決昭和39・5・7刑集18-4-136）。

重い刑への変更に当たるとされた事例としては、（イ）懲役6月、3年間執行猶予を禁錮3月の刑に変更した場合がある（最大判昭和26・8・1刑集5-9-1715）。主刑が軽くなっても執行猶予がなくなったためである。（ロ）第1の罪につき罰金1万2000円、第2の罪につき罰金1万5000円の刑に処し、

右罰金を完納することができないときは金500円を1日に換算した期間被告人を労役場に留置すべき旨の判決を、第1および第2の罪につき各罰金1万円の刑に処し、右罰金を完納することができないときは金250円を1日に換算した期間被告人を労役場に留置すべき旨の判決に変更した場合がある（最決昭和33・9・30刑集12-13-3190）。罰金の合計では軽くなっていても、労役場留置（懲役と同じ内容の制裁）の可能性が54日から80日になった点で、実質的に重い刑への変更と判断したものである。これに対し、重い刑への変更に当たらないとされた事例としては、(ハ)懲役1年の刑を、懲役1年6月、3年間執行猶予、保護観察付きの刑に変更した場合がある（最決昭和55・12・4刑集34-7-499）。(ニ)懲役1年6月および罰金7000円の刑（労役場留置は1日に換算）を、懲役1年2月および罰金1万円の刑（労役場留置は2日に換算）に変更した場合がある（最決平成18・2・27刑集60-2-240）。懲役が4か月短縮されたためである。

[2] 破棄判決の拘束力

　上訴審が、原判決を破棄して事件を差し戻し、移送した場合（398条〜400条・412条・413条）、上級審の判断は、その事件について下級審を拘束する。この点について、裁判所法は、「上級審の裁判所の裁判における判断は、その事件について下級審の裁判所を拘束する」（裁4条）と規定している。これが、破棄判決の拘束力であり、上級審と下級審の間を事件が往復するのを避けるためである。

　破棄判決の拘束力は、いかなる裁判所を拘束するのか。差戻し、移送を受けた下級審が拘束されるのは当然である。問題は、控訴審の破棄判決がその後の上告審を拘束するかである。判例は、拘束力を否定している（最大判昭和32・10・9刑集11-10-2520）。学説には、被告人に有利な方向でのみ拘束力を認めるとの見解もある。この点については、上記判例において垂水克己裁判官が少数意見として、「最高裁判所は差戻判決に示された法律判断に顕著かつ重大な誤がある場合のほかは、一般に、その事件についてその差戻判決の法律判断に拘束されてした差戻後の裁判所の裁判をその点で違法として破棄（取消）することはできない」と述べていることに賛同したい。つまり、拘束力を認めないと、上訴制度が被告人救済のための制度で

あることと矛盾するといわねばならない。

　破棄判決の拘束力は、いかなる判断につき生じるのか。拘束力は、法律上の判断のみならず、事実上の判断にも及ぶ（最判昭和43・10・25刑集22-11-961〔百選A51事件〕、八海事件）。この判例は、拘束力の範囲についても言及している。破棄判決の拘束力は、破棄の直接の理由、すなわち原判決に対する消極的、否定的判断についてのみ生ずるものであり、右判断を裏付ける積極的、肯定的事由についての判断は、何ら拘束力を有するものではない、とするのである。

2　控訴

A　意義・性格

　控訴は、第1審の判決に対する高等裁判所への上訴である。刑事訴訟法は、地方裁判所と簡易裁判所に対するものとしている（372条）が、裁判所法は、そのほかに家庭裁判所を掲げている（裁16条1号）。なお、高等裁判所が第1審として下す判決（裁16条4号、内乱罪）には、上告だけが許されることになる。刑事裁判では、控訴は常に高等裁判所が審級管轄となる。

　ちなみに、民事裁判では、簡易裁判所の判決に対する控訴審が地方裁判所になる（裁24条3号）ので、高等裁判所が上告審になる（裁16条3号）。

　控訴審の性格については、第1審が「事件（犯罪）を裁く」のに対し、「裁判を裁く」と表現されている[4]。

B　控訴審の構造

　控訴審の構造については、前述（1節A）のとおり、事後審として捉えるべきであるが、ここでは、事後審化したことの意味を明らかにしよう。

　第1に、控訴審の職権調査は当事者主義によって抑えられることになる。問題となった事案の訴因は、ナイフを示した脅迫であった（暴力1条、刑法の脅迫罪に対する特別法）が、第1審は、この点について無罪とし、一方、起訴されていないナイフの不法所持（銃刀所持22条）について有罪を言い渡した。

被告人のみが控訴を申し立てたのに対し、控訴審は、ナイフを示した脅迫に関して職権調査の対象とし、第1審に差し戻す判決を下した。弁護人からの上告に関し、最高裁は、控訴審の職権調査は限界を超えるものであって許されないとして、訴因について無罪、ナイフ不法所持については公訴棄却を言い渡した（最判平成16・2・16刑集58-2-133）。

第2に、当事者主義を前提とする以上、控訴審が当事者からの主張もないのに「審理不尽」とする判断は許されない。訴因は、ペルー国籍の不法在留の被告人による7歳の女子に対する強制わいせつ致死、殺人、死体遺棄である。第1審の証拠調手続では、裁判所が検察官に対し、任意性について立証を行う機会すら与えることなく、検察官調書を含む被告人供述調書全部の証拠調請求を却下していたが、無期懲役の判決を言い渡した。この点に関し、控訴審は、犯行場所はいわゆる訴因を構成する重要な要素であり、「本件検察官調書を取り調べれば、本件犯行場所について真相が解明される可能性が多分にあり、そうすれば、被告人が否認しているとはいえ、本件犯行の態様等が相当程度明らかになると思料される」として、検察官調書を取り調べなかったのは審理不尽の違法があるとして、原判決を破棄差し戻したのである。それに対する被告人側の上告受理申立てに関して、最高裁は、控訴審判決は、「第1次的に第1審裁判所の合理的裁量にゆだねられた証拠の採否について、当事者からの主張もないのに、前記審理不尽の違法を認めた点において」誤った違法があるとして、原判決（控訴審）を破棄差し戻したのである（最判平成21・10・16刑集63-8-937）。

第3に、裁判員裁判の導入に伴い、必ず公判前整理手続を行って争点および証拠を整理し、直接主義・口頭主義の公判がなされれば、控訴審は自ずからその判決を尊重することになる。すなわち、控訴審の事後審性は強まることになる。控訴審が事実誤認で破棄する場合は、裁判員制度導入の趣旨から考えて、破棄自判ではなく、破棄差戻しが原則という運用をすべきといわれている。

第4に、控訴趣意書に援用できる事実が「訴訟記録及び原裁判所において取り調べた証拠」に限定されている（378条以下）のは、事後審化の現れである。そのため、第1審の弁論終結後に生じた事実は、控訴趣意書には記載できないことになる。これは、当事者が第1審を軽視し、控訴審になっ

てはじめて証拠を提出する傾向を防止することにはなる。ただし、それではあまりにも窮屈であるから、控訴申立人の責に帰すことのできない事由により第1審で取り調べられなかった事実は、事案の適正な解決のため援用を許すことにしたのである（382条の2）。例えば、第1審判決後に成立した示談は援用できる（382条の2第2項）。これに対し、速度違反で道交法違反として起訴された事案について、被告人側では、第1審において罰金刑を期待して事実を争わなかったところ、見込み違いで懲役3か月の実刑を言い渡されたため、控訴審で事実誤認を主張した場合について、そのような事情は本条にいう「やむを得ない事由」に当たらないとして、上告棄却とされた（最決昭和62・10・30刑集41-7-309〔百選A48事件〕）。

C 控訴理由

控訴は、第1審判決の誤りを正すものである。そこで、当事者主義の趣旨から、原判決のどこに誤りがあるかを当事者に主張させることにしたのである。控訴の申立てには、必ず控訴理由を指摘する必要がある（384条）。

控訴理由は、図7-1のように、原判決の誤りに対応して規定されている。

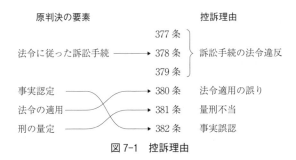

図 7-1　控訴理由

[1] 法令違反

(1) 絶対的控訴理由（377条・378条）

(a) 法律に従って判決裁判所を構成しなかったこと。
(b) 法令により判決に関与することができない裁判官が判決に関与したこと。
(c) 審判の公開に関する規定に違反したこと。

(d) 不法に管轄または管轄違いを認めたこと。
(e) 不法に、公訴を受理し、またはこれを棄却したこと。
(f) 審判の請求を受けた事件について判決をせず、または審判の請求を受けない事件について判決をしたこと。
(g) 判決に理由を付せず、または理由にくいちがいがあること。

　ここで、若干の説明をしておく。
(a) 裁判員裁判において、裁判員に選任に資格がなかったり、欠格事由があるなど、裁判員の構成に違法があるときは、法律に従って判決裁判所を構成しなかった場合に当たる。
(b) 関与できない裁判官とは、除斥原因がある裁判官（20条）などである。
(c) 審判の公開に関する規定とは、憲法37条1項・82条、裁判所法70条である。
(d) 管轄は、事物管轄、土地管轄のことである。
(f) 「審判の請求を受けない事件について判決をした」とは、訴えなければ裁判なしという不告不理の原則に反する場合である。判例では、強制わいせつの訴因に対し、訴因の変更または追加の手続をなすことなく、公然わいせつの事実を認定した有罪判決は、審判の請求を受けない事件について判決をした違法があるとしたものがある（最判昭和29・8・20刑集8-8-1249）。

(2) 相対的控訴理由（379条）

　本条は、違法が判決に影響を及ぼすことが明らかな場合に限り、控訴理由となる。訴訟手続の法令違反の例としては、起訴状記載の殺人の訴因については無罪とするほかないが、これを重過失致死の訴因に変更すれば有罪であることが明らかな場合には、訴因変更を促し、またはこれを命ずる義務があり、これをしないで殺人の訴因につき直ちに無罪の判決をするのは、審理不尽の違法があるとしたものがある（最決昭和43・11・26刑集22-12-1352）。なお、被告人の出頭なしに判決を言い渡すのは、本条に当たる（東京高判昭和28・6・2判特38-117）。

(3) 法令適用の誤り（380条）

　認定事実に対する実体法の適用を誤った場合である。控訴審は、第1審判決の誤りを、第1審判決時を基準として判断するものであるから、法令

の適用の誤りの有無は第 1 審判決時を基準として判断すべきである。

[2] 法令違反外の理由
(1) 事実誤認 (382 条)
事実とは、犯罪事実のことである。罪となるべき事実、違法性・有責性阻却事由である事実、法律上の刑の加重減免事由である事実などである。

誤認とは、原審認定の事実が、判決書に挙示された適法な証拠のみならず、記録中の適法な証拠を考慮に入れて認定されるべき事実と合致しないことである。事実誤認が判決の内容に影響を及ぼす場合に関して、共犯形式相互の誤認もある。幇助を共同正犯と誤認した場合、右事実の誤認は判決に影響を及ぼすことが明らかであると認められる（名古屋高判昭和 34・2・9 高刑 12-1-5）。

(2) 量刑不当 (381 条)
処断刑の範囲内での刑の量定が不当である場合のことである。

量刑問題に含まれるものとして、裁量的加重減免、酌量減軽、刑の執行猶予、未決勾留日数の本刑通算、罰金の換刑処分、選挙権・被選挙権の停止・不停止（最決昭和 29・6・2 刑集 8-6-794）などがある。

D 控訴審の手続
[1] 控訴の申立て
控訴を申し立てるには、判決を受けてから 14 日以内に (373 条)、控訴申立書を第 1 審裁判所に差し出す必要がある (374 条)。

申立書には、対象となる判決を表示し、控訴をする旨を記載する。通常、「頭書被告事件について、平成〇〇年〇月〇日△△地方裁判所が言い渡した懲役□年の判決は、不服なので控訴を申し立てる」といった文言である。

第 1 審裁判所は、明らかに控訴権消滅後になされたときは、決定で控訴を棄却する (375 条)。そうでないときは、第 1 審裁判所は、申立書と共に、速やかに訴訟記録および証拠物を控訴裁判所に送付しなければならない (規 235 条)。控訴裁判所は、控訴趣意書を差し出すべき最終日を指定して、控訴申立人に通知する。この最終日は、通知の書面送達日の翌日から起算して 21 日目以降とされている (規 236 条 3 項)。

[2] 控訴趣意書の提出

　控訴趣意書は、以降の審判の基礎をなすものである。そこで、控訴の理由を簡潔に明示することが必要とされる（規240条）。控訴趣意書には、必要な疎明資料等を添付することが必要とされる（376条2項）。ちなみに、疎明とは、「裁判官に一応確からしい程度の心証を得させるための立証」のことであり、裁判官に確信を得させるための立証ほどでなくてよい。

　裁判所が控訴趣意書を受け取ったときは、速やかにその謄本を相手方に送達しなければならない（規242条）。控訴の相手方は、控訴趣意書の謄本の送達を受けた日から7日以内に答弁書を控訴裁判所に差し出すことができる（規243条1項）。

[3] 控訴裁判所の調査と事実取調べ

　控訴審における審判の対象は、控訴理由の有無である。控訴理由は控訴趣意書に書かれているので、控訴裁判所はそこに包含された事項を調査しなければならない（392条1項）。これは、法廷外で自由に行われるものである。包含されていない事項であっても、控訴申立理由として規定されている事由に関しては、職権で調査することができる（392条2項）。これは、控訴裁判所に広範な裁量的職権調査権限を認めていることになるが、控訴審でも当事者主義を尊重すべきであり、被告人に不利益な方向での調査は原則として謙抑的であるべきである。

　以上の調査は、既に控訴裁判所の手もとにある原審訴訟記録、控訴趣意書、疎明資料、答弁書、原審から送付された証拠を判断材料とする証拠調べである。それで足りないときに、それ以外の資料も調べるのが事実の取調べである（393条1項本文）。

　事実の取調べは、どのような範囲かについて、学説が別れる。事後審性を徹底することも大切であるが、上訴審が誤判救済という役割を有していることも忘れてはならない。最高裁は、自由に新証拠の取調べをなしうるとの立場を支持している。すなわち、「第1審判決以前に存在した事実に関する限り、第1審で取調ないし取調請求されていない新たな証拠につき」、393条1項ただし書の要件を欠く場合であっても、「控訴裁判所が第1審判決の当否を判断するにつき必要と認めるときは裁量によってその取調をす

ることができる」と判示している（最決昭和 59・9・20 刑集 38-9-2810〔百選 A49 事件〕）。

　職権調査の範囲に関する問題である。被告人の暴力団組長は、第 1 審において、本位的訴因（賭博開帳図利の共同正犯）ではなく、予備的訴因（賭博開帳図利の幇助犯）で有罪となった。組長は不服として控訴したが、検察官が控訴しなかった場合、何が攻防の対象となるか争われた。控訴審裁判所は、職権調査によって、組長は配下の組員と共謀し、組ぐるみで賭博開帳図利を敢行した共同正犯と認定するのが相当として、本位的訴因で有罪とした。これに対し、最高裁は、本位的訴因は、控訴審において、「既に当事者間においては攻防の対象から外されていた」と判断した。したがって、控訴審が「職権により本位的訴因について調査を加えて有罪の自判をしたことは、職権の発動として許される限度を超えたものであり、違法というほかない」と判示した（最決平成 25・3・5 刑集 67-3-267〔百選 99 番事件〕）。

[4] 控訴審の審理

　控訴審は、第 1 審公判の規定が準用されるが、特別の定めのある場合を除いて、とされている（404 条）。特別の定めのある場合としては、(イ) 被告人は、公判期日に出頭することを要しない（390 条本文）、(ロ) 弁護人は、弁護士に限られ（387 条）、特別弁護人は認められない（31 条 2 項）、などである。

[5] 控訴審の裁判

　控訴は、原判決の当否を点検・審査するものであり、終局裁判には、図 7-2 のような種類がある。
　控訴審の性質が原判決の審査であることからすると、破棄の場合は差戻

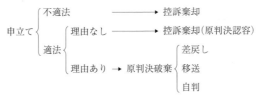

図 7-2　控訴審裁判の種類

しが原則となるはずであるが、自判が97%を占めている（百選269頁）。

新たに有罪を認定して自判する場合には、直接主義・口頭主義の要請から、必ず事実の取調べが必要とされるのが判例である。

[6] 裁判員裁判と控訴審

裁判員裁判に対する上訴については、法律に特別の規定はおかれていないので、控訴審は、裁判官のみによって、裁判員裁判の結果に関して事後審として審査する。国民が刑事裁判に参加することにより、裁判の内容や手続に国民の良識が反映されると共に、司法に対する国民の理解が深まり、その信頼が高まることを期待して作られた（裁判員1条）という、裁判員裁判設立の趣旨からすれば、当然、原判決は尊重されるべきである。

最高裁は、覚せい剤密輸事件に関して、「控訴審では、1審判決に論理則、経験則などに照らして不合理な点があることを具体的に示さなければ、事実誤認があるということはできない。このことは、裁判員制度の導入後、1審での直接主義・口頭主義が徹底された状況では、より強く妥当する」として、2審の有罪判決を破棄し、無罪とした（最判平成24・2・13刑集66-4-482〔百選100番事件〕）。

裁判員裁判がはじまって8年有余を経過する中で、裁判員裁判の結論が控訴審で覆される事例も出ている。また、公判前整理手続（裁判員49条）において証拠の選択がなされた結果、本来とり上げるべき証拠が公判に出されなかったという指摘もある。今後の課題として検討が必要である。

3　上告

A　上告の意義と機能

上告は、控訴審判決に対する最高裁判所への上訴である。これが本体であって、そのほか、高等裁判所が第1審裁判所として下した判決に対するもの（405条）と、地方裁判所・簡易裁判所の第1審裁判所において違憲判断が下された場合に許される跳躍上告が含まれる（規254条）。

最高裁判所の機能を検討しよう。第1に、最高裁判所は、違憲審査権を有する終審裁判所である（憲81条）から、憲法違反を上告審としてとり上げる（405条1号）。第2に、法令解釈の統一という使命をもって、判例違反問題をとり上げることにしている（405条2号3号）。なお、法令の解釈に関する重要な事項を含むと認められる事件を、最高裁の裁量で受理して判断を下すという上告受理の制度が設けられている（406条）。第3に、具体的救済のために、例えば、判決に影響を及ぼすべき重大事実誤認があって、これを「破棄しなければ著しく正義に反すると認めるときは」（「著反正義」と呼ばれる）、職権で破棄することが認められている（411条）。

上述の第3の機能に関するものとして、近時の判例を紹介しておく。これは、被告人に強姦罪（現在は、強制性交罪）の成立を認めた第1審判決およびこれを維持した原判決には、判決に影響を及ぼすべき重大な事実誤認があり、これを破棄しなければ著しく正義に反するものとして、無罪を言い渡したものである（最判平成23・7・25判時2132-134）。この判決は、被害者の供述に不自然な点があり、姦淫行為があったとすることには疑義があるとするものである。須藤正彦裁判官の補足意見は、次のように、最高裁の役割から論じたものである。「根源的にいえば、刑事司法は、被疑者、被告人の人権保障の役割を果たす性格を有する。特に、最高裁判所は最終審であり、犯罪を犯していない被告人を救済する最後の砦である。……犯罪を犯していない者を犯罪者とすることは、国家による人権侵害を惹起し、許され得ない不正義に当たる。強姦罪を犯したことにつき合理的な疑いを超えた証明がなされたとはいえない本件被告人については、『疑わしきは被告人の利益に』という刑事裁判の鉄則に戻るべきである」。

B 上告理由

[1] 憲法違反 （405条1号）

「憲法の違反」と「憲法解釈の誤り」が区別されている。「憲法解釈の誤り」とは、原判決において憲法上の解釈が示され、それが誤っていることを指す。「憲法の違反」は、それ以外の場合である。憲法違反は、原判決に示されている判断について申し立てるのであるから、「原審で主張判断を経なかった事項に関し、当審において新たに違憲をいう主張は、適法な上

告理由に当たらない」とされる（最大決昭和39・11・18刑集18-9-597）。

[2] 判例違反（405条2号）

判例違反とは、最高裁判所の判例と相反する判断をしたことである。最高裁判所の判例がない場合には、大審院、上告裁判所たる高等裁判所の判例またはこの法律施行後の控訴裁判所たる高等裁判所の判例と相反する判断をしたことを意味する（405条3号）。「判例」については、他の事案に適用すべき法律的見解を含まないものは405条にいう判例とはいえないとする判示（最決昭和28・2・12刑集7-2-211）があるから、「具体的事件において裁判所が示した結論的判断で、その判断が当該事件をこえて同種類型の事案に妥当するもの」[5]と解される。判例違反の有無は、原判決時が基準となる。

[3] 上告受理（406条）

最高裁判所は、405条の上告理由が認められない場合でも、法令解釈に関する重要な事項を含むものと認められる事件については、その判決確定前に限り、自ら上告をして、その事件を受理することができる（406条）。

[4] 職権破棄事由（411条）

当事者の権利としての上告理由（405条）がない場合であっても、411条各号にいう原判決の誤りがあって、これを破棄しなければ著しく正義に反すると認めるときは、上告裁判所は職権発動によって、原判決を破棄することができる。上告審において、運用上はこれが多く用いられている。実例を示すと、「○○の上告趣旨は、事実誤認の主張であって、刑事訴訟法405条の上告理由に当たらない。しかしながら、所論に鑑み、職権をもって調査すると、原判決および第1審判決は、刑事訴訟法411条3号により破棄を免れない。」という文言は、それを示している。最高裁が具体的救済機能を果たしている場面である。

訴訟手続の法令違反（411条1号関係）として、法律に従って判決裁判所を構成しなかった場合がある（最判平成19・7・10刑集61-5-436）。控訴審が、事実の取調べをすることなしに第1審の無罪判決を破棄して、有罪とした場合がある（最判昭和34・6・16刑集13-6-969）。法令適用の誤り（411条1号関係）

として、刑法197条の5の必要的没収・追徴を遺脱した場合がある（最判昭和30・2・18刑集9-2-332）。量刑不当（411条2号関係）として上告審が破棄する事例は極めて少ない。山口母子殺人事件については、被告人を無期懲役に処した第1審判決の量刑を是認した原判決の刑の量定は甚だしく不当であり、破棄しなければ著しく正義に反するとされた（最判平成18・6・20判時1941-38）。再審事由（411条4号関係）として、原判決後、被告人が身代わり犯人であることが判明した場合がある（最判昭和45・6・19刑集24-6-299）。

C 上告審の裁判

上告審の終局裁判としては、①上告棄却の決定・判決、②原判決破棄の判決、③公訴棄却の決定、④上告審の判決の訂正、がある。

[1] 上告棄却の決定・判決

上告棄却の決定は、上告の申立てが法令上の方式に違反すること、上告権消滅後にされたことが明らかなとき、期間内に上告趣意書が提出されなかったとき、上告趣意書が不適法なとき、上告趣意書に記載された上告理由が明らかに405条の上告理由に該当しないときに下される（414条・385条・386条）。

上告棄却の判決は、上告趣意書その他の書類によって上告の申立ての理由がないことが明らかであると認めるとき、弁論を経ないでなされる（408条）。これは、上告審の負担軽減を図るためである。これに対し、上告申立ての理由のないことが明らかでないときは、口頭弁論を開き、理由のないことが明らかになったときは、判決で上告を棄却する（414条・396条）。

[2] 原判決破棄の判決

原判決破棄の判決は、① 405条所定の上告理由のあるとき（410条）、② 405条の上告理由はないが、職権破棄事由があって、原判決を破棄しなければ著しく正義に反すると認めるとき（著反正義）になされる。なお、①については、上告理由があるときでも、判決に影響を及ぼさないことが明らかな場合は、原判決を破棄せず、上告を棄却する（410条1項ただし書）。

| コラム | 情況証拠からの事実認定

「情況証拠」をテーマとしながら、原判決破棄の判決を紹介します。判決（最判平成 22・4・27 刑集 64-3-233〔百選 61 番事件〕、1 本の吸い殻事件）の構成に沿って、事実認定がどのようにされてきたか、見ていきましょう。

1. 本件公訴事実および争点

公訴事実は、被告人が、息子（養子）の嫁と孫を殺害して、マンションに放火したというものです。検察官は、多くの間接事実を総合すれば被告人の犯人性は優に認定できると主張し、被告人は、事件現場のマンションの場所を知らず、敷地内にも立ち入ったことはなく、無罪である旨主張しています。争点は、被告人の犯人性です。

2. 第1審判決

第1審判決は、①本件マンションの1階から2階に至る踊り場の灰皿中の1本の吸い殻に付着していた唾液のDNA型が、被告人の血液のDNA型と一致していることなどから、被告人が、同日に現場マンションに赴いたと認定できる、②動機面、③犯人が現場に放火して徹底的な罪証隠滅工作をしたことから、被害者と近しい関係にある者が敢行した可能性が認められるなどから、被告人が本件犯行をしたことについて合理的な疑いをいれない程度に証明がなされているとし、被告人に無期懲役を言い渡しています（検察官の求刑は死刑）。

3. 原判決

原判決は、司法警察員に対する被告人の供述調書（乙号証14番）には任意性がないが、同供述調書を排除しても、被告人が犯人であると認めた第1審判決が異なったものになった蓋然性はないとしました。第1審判決を破棄し、被告人に死刑を言い渡しています。

4. 当裁判所の判断

最高裁判所は、情況証拠によって事実認定をすべき場合であっても、直接証拠によって事実認定をする場合と比べて立証の程度に差があるわけではないとしています。

そして、①本件吸い殻が携帯灰皿を経由して捨てられたものであるとの可能性を否定した原審の判断は不合理であり、②本件吸い殻が当日に捨て

られたものかどうかは、被告人の犯人性が推認できるかどうかについて最も重要な事実なのに、第1審および原審において、審理が尽くされていないとしたのです。

5. 結論
第1審判決および原判決を破棄しなければ著しく正義に反すると認められる、とされました。

[3] 上告審の判決の訂正
上告審は最終審であり、その誤りを正す上訴はありえないので、法は、期間を設けて、判決訂正の制度を用意した（415条）。検察官、被告人、弁護人が、判決の内容に誤りのあることを発見したときは、判決の宣告があった日から10日以内に訂正の申立てをすることができる（415条1項2項）。判決訂正の申立ては、書面でしなければならない（規267条1項）。

[4] 上告審判決の確定
上告審判決は、訂正の申立て期間の経過により確定する（418条）。

4 抗告

A 抗告の意義および種類
抗告とは、決定・命令に対する上訴である。

抗告も、必要な救済のための方法である。例えば、次のような事例がある。被告人は、覚せい剤取締法違反により勾留のまま起訴されたが、第1審裁判所で無罪判決を言い渡されて釈放された。検察官が控訴を申し立て、訴訟記録が控訴裁判所に到達した日の翌日、同裁判所は、職権で被告人を再度勾留した。これに対し、弁護人は異議を申し立てたが、棄却決定がなされた。このような決定に対して弁護人が対抗できるのは特別抗告である。

弁護人は、最高裁に特別抗告をし、控訴裁判所が、刑事訴訟法60条1項

の「罪を犯したことを疑うに足りる相当な理由」があるとして被告人を勾留することができるのは、第1審判決を破棄して有罪とすることが予想される場合に限られると解すべきである、と主張した。したがって、被告人の再勾留を是認した原決定は、人身の事由を保障した憲法31条・34条に違反するとする。これに対し、最高裁は、次のような理由を述べて、抗告を棄却した。「被告人が無罪判決を受けた場合においては、同法60条1項にいう『被告人が罪を犯したことを疑うに足りる相当な理由』の有無の判断は、無罪判決の存在を十分に踏まえて慎重になされなければならず、嫌疑の程度としては、第1審段階におけるものよりも強いものが要求されると解するのが相当である。……これを本件について見るに、原決定は、記録により、本件無罪判決の存在を十分に踏まえて慎重に検討しても、被告人が、上記起訴に係る覚せい剤取締法違反等の罪を犯したことを疑うに足りる相当な理由があるとして本件再勾留を是認したものと理解でき、その結論は、相当として是認することができる」(最決平成19・12・13刑集61-9-843〔百選96番事件〕)。結論としては特別抗告を認めなかったものであるが、抗告審を通して、重要な法解釈を示したものと言える。

抗告には以下のような種類（BからF）がある。

B 通常抗告

裁判所のしたすべての決定に対して、通常抗告ができる（419条本文）が、例外が多い。次のものが除かれる。①即時抗告ができる場合（419条）、②裁判所の管轄・訴訟手続に関し判決前にした決定（420条1項）、③抗告裁判所の決定（427条）、④高等裁判所の決定（428条1項）、⑤最高裁判所の決定。

除外事由の例外として、勾留・保釈・押収・押収物還付および鑑定留置に関する決定は、通常抗告の対象となる（420条2項）。これらは、人権に直接関わるので、速やかな救済の機会を与える必要があるためである。

抗告をするには、申立書を原裁判所に差し出す必要がある（423条1項）。通常抗告には期間の定めがないので、いつでもできる。申立書を受け取った原裁判所は、理由の有無を判断し、理由があると認めた場合は、決定を更正しなければならない。しかし、抗告の全部または一部を理由がないと認めるときは、原裁判所は、申立書を受け取った日から3日以内に意見書を添えて、

これを抗告裁判所に送付しなければならない（423条2項）。ここでいう抗告裁判所は、裁判所法により高等裁判所ということになる（裁16条2号）。

C 即時抗告

即時抗告は、特に法律の規定がある場合に許される。

「特に即時抗告をすることができる旨の規定がある場合」とは、例えば、召喚を受けた証人が正当な理由がなく出頭しないときは、「決定」で10万円以下の過料に処すとされていて（150条1項）、その「決定」に対しては「即時抗告をすることができる」と規定されているのである（150条2項）。そのほか、忌避申立ての却下決定（25条）、証人の宣誓または証言拒絶（160条1項）などについて規定されている。ちなみに、公訴棄却決定に対しては、検察官は即時抗告ができる（339条2項）が、被告人・弁護人は不服申立てができない（最決昭和53・10・31刑集32-7-1793）。

即時抗告の提起期間は3日である（422条）。初日は算入されない（55条）。即時抗告の申立てがあったときは、裁判の執行は停止される（425条）。

即時抗告の例として、刑の執行猶予の取消しに対する場合がある（349条の2第5項）。事例は、Aが住居侵入・窃盗で検挙された際、知人Bの名前を騙って懲役10月執行猶予3年の刑の言渡しを受け、その後、再び、住居侵入・窃盗で検挙された際、今度は知人Cの名前を騙ったところ、発覚した。検察官は、AがB名義で執行猶予判決を受けた事実を確認し、刑の執行猶予の取消しを請求した。裁判所がそれを認めたのに対し、Aは即時抗告をしたのである。大阪高裁は抗告を棄却している。これに対しては、Aが特別抗告をしたが、最高裁はこれを棄却している（最決昭和60・11・29刑集39-7-532〔百選50番事件〕）。

D 抗告に代わる異議の申立て

最高裁判所の負担軽減を考慮して、高等裁判所の決定に対して最高裁へ抗告することを認めていない。その代わり、高等裁判所への異議申立ての制度を置いたのである（428条2項）。最高裁判所の決定については、異議申立てを認めている（最大判昭和30・2・23刑集9-2-372）。

E 準抗告

　裁判所のした命令、捜査機関のした一定の処分に対する同一審級内での不服申立ての方法として、準抗告がある。すなわち、①裁判官のした一定の裁判の取消しまたは変更を求めるもの（429条）と、②検察官・検察事務官・司法警察職員のした処分に対し取消しまたは変更を求めるもの（430条）とがある。

　①の例としては、429条1項2号の関係で、保釈保証金納付後に、保証金の額に不服があるとして準抗告を申し立てることができると解される。判例では、保証金納付後の申立てにつき、保証金の額を減額した例がある（東京地決平成6・3・29判時1520-154）。

　②の例としては、司法警察職員が押収していったものについて、その処分の取消しを求めるために準抗告（430条2項）が活用可能である。実例として、TBSがテレビ番組として放映したビデオテープ（マザーテープ）29巻を司法警察員によって差し押えられ、このうち25巻は間もなく還付されたが、TBSは、29巻全部の押収処分の取消しを求めて準抗告を申し立てた場合がある。東京地裁は、還付済みの25巻につき不適法、4巻につき理由なしとして、これを棄却した。そこで、申立人は、今度は、憲法21条が保障する報道・取材の自由を司法警察員の押収処分によって侵害することは許されないとして、特別抗告をした。これに対し、最高裁は特別抗告を棄却したのである（最決平成2・7・9刑集44-5-421〔百選18番事件〕）。その理由としては、①取材の自由も、公正な裁判の実現という憲法上の要請がある場合には、ある程度の制約を受けること、②本件ビデオテープは、事案の全容を解明して犯罪の成否を判断する上で重要な証拠価値をもつものであったと認められること、③犯罪者の協力により犯行現場を撮影収録したものと言えるので、保護しなければならない必要性は疑わしい、などがある。

F 特別抗告

　刑事訴訟法により、不服を申し立てることができない決定・命令に対し、憲法違反・判例違反を理由として、最高裁判所に抗告を申し立てることができるのが、特別抗告である（433条1項）。提起期間は5日である（433条2項）。

注)

1) 松尾浩也「上訴・再審」百選〔第9版〕、212-213
2) 昭和21（1946）年5月19日、食糧メーデーに際し、被告人は、「詔書　ヒロヒト曰く　国体はゴジされたぞ　朕はタラフク食ってるぞ　ナンジ人民飢えて死ね　ギョメイギョジ」と書いたプラカードを持って行進したというものである。
3) 新島ミサイル事件とは、防衛庁が新島をミサイル試射場設置の候補地に挙げたのをきっかけとして、反対派と賛成派が島を二分する争いとなり、さらに中央からも多数の者が渡島して、衝突が生じたことに起因する。昭和36（1961）年3月18日午前0時頃、右翼の数名が反対派学生に傷害を与えたにもかかわらず、警察が逮捕しようとしないため、反対派数十名が右翼の宿泊するA方に侵入し、「殺してしまえ」「火をつけろ」等と怒号しながら棍棒丸太などを振りかざし、ガラス戸を乱打し、投石などを加え、中にいた者に全治3か月を要する傷害を与える事件が発生した。被告人ら8名は、共謀による住宅侵入、暴力行為等処罰に関する法律1条違反（多数の威力を示し、共同して脅迫、暴行、器物損壊）、傷害で起訴された。
4) 田宮裕『刑事訴訟法〔新版〕』（有斐閣、1996）473
5) 田宮・前掲注4) 492

知識を確認しよう

問題

(1) 最高裁判所の法廷（大法廷・小法廷）には、被告人の座る場所は用意されていない。最高裁判所の機能の点から検討し、答えなさい。

(2) 第1審裁判所が、被告人に心神喪失により無罪を言い渡した場合、被告人がそれを不服として、正当防衛による無罪を主張して、控訴することができるか。

(3) 司法警察職員が押収していったものについて、その処分の取消しを求めるためには、刑事訴訟法上、どのような方策が適切か。

解答への手がかり

(1) 最高裁判所が、違憲審査権の終審裁判所と法令解釈統一の役割を有し、かつ法律審である点から、被告人が最高裁法廷に登場して意見を述べるというポジションは与えられない。

(2) 刑事手続は、当事者主義、不告不理の原則など、限定された方策の中で真実の究明を目指すものであり、生の歴史的真実を追求しない。

(3) 決定・命令に対する不服申立てとして抗告がある。

第 8 章 非常救済手続

本章のポイント

1. 裁判が確定すると、もはや上訴によって争うことはできない。しかし、裁判に重大な誤りがある場合にまでこれを放置することはできない。そこで設けられている制度が非常救済手続である。再審と非常上告の 2 種類がある。
2. 再審は、刑事裁判において有罪の確定判決を受けた者の救済のために、事実認定の誤りを理由として認められる。
3. 非常上告は、法令の解釈・適用の統一を図るために、法令違反を理由として認められる。

1. 再審

A 再審の意義

裁判が確定すると（第7章「上訴」参照）、その事件についてそれ以上裁判で争うことはできない。しかし、誤った確定判決により被告人が不利益を被る場合にまで、その確定裁判を維持することは不当である。そこで、確定判決の誤りを是正するための制度が設けられており、そのうち事実認定の誤りを対象とするものが再審である。

大正刑事訴訟法（旧刑事訴訟法486条・493条）では、無罪の確定判決に対する、いわゆる不利益再審も認められていた。これに対して現行法は、憲法に定められた二重の危険禁止（憲法39条）に反するとして不利益再審を廃止し、有罪の確定判決を受けた者の利益のための利益再審のみを認めている（435条）。したがって、現行法における再審は、実体的真実の発見よりも、無辜の救済という人権保障を目的とした制度として位置付けられる。

B 再審の理由

有罪の言渡しをした確定判決に対する再審（435条）は、主に以下の3つの場合に請求することができる。①原判決の証拠が偽造または変造、虚偽のものなどであったことが確定判決により証明されたとき（435条1号～5号）、②有罪の言渡しを受けた者に対して無罪若しくは免訴を言い渡し、刑の言渡しを受けた者に対して刑の免除を言い渡し、または原判決において認めた罪より軽い罪を認めるべき明らかな証拠をあらたに発見したとき（435条6号）、③原判決に関与した裁判官等が被告事件について職務に関する罪を犯したことが確定判決により証明されたとき（435条7号）、である。①と③をファルサ型、②をノヴァ型とも言う。他方、控訴または上告を棄却した確定判決に対する再審理由は、436条に規定されている。

C 証拠の新規性と明白性

再審請求の理由として最も多いのは②のノヴァ型再審であり、その際に、435条6号の「明らかな証拠をあらたに発見したとき」という文言が、証拠

の新規性と明白性の要件として論じられてきた。

[1] 証拠の新規性

　証拠は「あらた」に発見されたものでなければならないが、まず、誰にとって「あらた」であるかが問題となる。身代わり犯人の場合を考えてみよう。有罪判決の言渡しを受けた者が犯人でないことは、裁判所にとっては「あらた」であるが、再審請求をした者にとっては「あらた」ではない。このような場合に証拠の新規性を否定したと思われる判例（最決昭和29・10・19刑集8-10-1610）がある一方、学説では裁判所にとって「あらた」であれば足りるとする見解も有力で、この立場をとったと思われる判例（最判昭和45・6・19刑集24-6-299）もある。

　次に、証拠の新規性は、証拠方法だけでなく、証拠資料についても認められる。したがって、既に存在していた証拠であっても、別の鑑定人が新たな鑑定を行うなどして証拠資料の意義内容が異なる場合には、新規性が認められることになる。近年、DNA型の再鑑定を新証拠として再審開始が決定し、無罪判決が確定したものとして、足利事件（宇都宮地判平成22・3・26判時2084-157）がある。

[2] 証拠の明白性

　証拠は「明らか」でなければならず、明白性の程度と判断方法の解釈が重要となる。かつて、裁判所の姿勢は大正刑事訴訟法下と変わらず、判決の確定力を重視するものであった。そのため明白性は厳格に解され、新証拠のみで無罪となるような高度の証明力が求められていた。さらに、明白性をこのように新証拠のみによって判断する、いわゆる孤立評価説によると、再審が認められるのは真犯人や明らかなアリバイが発見された場合に限られてしまい、請求人は再審請求審で事実上無罪を証明しなければならないことになる。そのため、再審開始が認められることは非常に稀であり、再審は「開かずの門」と呼ばれていた。

　しかし、1970年代後半から裁判所の姿勢は変化する。白鳥決定において最高裁は、「無罪を言い渡すべき明らかな証拠」とは「確定判決における事実認定につき合理的疑いをいだかせ、その認定を覆すに足りる蓋然性のあ

る証拠」でよいとして、明白性の程度を緩やかに解した。また、その判断方法としては、「もし当の証拠が確定判決を下した裁判所の審理中に提出されていたとするならば、はたしてその確定判決においてなされたような事実認定に到達したであろうかどうかという観点から、当の証拠と他の全証拠と総合的に評価」することを求めた。すなわち、孤立評価説ではなく、新旧全証拠を総合的に評価して確定判決の事実認定に合理的な疑いが生じるかを判断するという、いわゆる総合評価説をとったのである。その上で、再審開始の要件の解釈においても「疑わしいときは被告人の利益に」という刑事裁判における鉄則が適用されると判示した（最決昭和50・5・20刑集29-5-177〔百選A55事件〕）。

　この白鳥決定をさらに敷衍したのが、翌年の財田川決定で、最高裁は、「確定判決が認定した犯罪事実の不存在が確実であるとの心証を得ることを必要とするものではなく、確定判決における事実認定の正当性についての疑いが合理的な理由に基づくもの」であれば足りるとした（最決昭和51・10・12刑集30-9-1673〔百選A56事件〕）。この決定以降、死刑判決が覆されて無罪となる事件が続いた（死刑再審4事件と呼ばれる。熊本地八代支判昭和58・7・15判時1090-21免田事件、高松地裁昭和59・3・12判時1107-13財田川事件、仙台地判昭和59・7・11判時1127-34松山事件、静岡地判平成1・1・31判時1316-21島田事件）。

　ただし、新旧証拠の総合評価においては、旧証拠の評価を引き継ぐか否かという問題がある。この問題について、旧証拠についての原裁判所の評価を前提として、新証拠が有罪判決に合理的な疑いを生じさせるか否かを検討するのが心証引継説であるが、これでは実質的に孤立評価説と変わらない。そこで、旧証拠の評価のやり直しを認め、それに新証拠を加味して判断する再評価説が主張された。白鳥決定は、再評価説をとったものと解されている。これに対して、旧証拠の再評価は、新証拠の立証命題に関連する部分に限定すべきという限定的再評価説が、実務上は有力である。他方、学説では、確定判決がどのように旧証拠に依拠したかを確認して分析した上で、新証拠を合わせて新旧証拠の総合評価を行い、確定判決の事実認定に合理的疑いが生じるか否かを判断すべきとする、証拠構造論が近時有力となっている。

D　再審の手続き

　再審の手続は2段階に分かれている。まず、再審請求を受けて再審理由（「B 再審の理由」参照）の存否が判断される。そして、理由があるとして再審開始決定がなされ、この決定が確定した場合に、再審公判が開始される。

[1] 再審請求審

　再審を請求することができるのは、有罪の言渡しを受けた者（439条1項2号）、その法定代理人や保佐人（同3号）、そして検察官（同1号）である。有罪の言渡しを受けた者が死亡した場合や心神喪失に陥った場合には、その配偶者、直系の親族および兄弟姉妹が請求することができる（同4号）。なお、検察官以外の者による請求の場合には、弁護人を選任することができる（440条1項）。再審請求の時期に制限はない（441条）。

　再審の請求は、原判決をした裁判所が管轄する（438条）。この手続きは憲法82条1項にいう「裁判の対審」にあたらず、公開で行う必要はない（最大判昭和42・7・5刑集21-6-764）。必要があれば事実の取調べができる（445条）。なお、再審の請求について決定する場合には、請求人およびその相手方の意見を聴かなければならない（規286条）。

　再審請求に理由があるときは、再審開始の決定をしなければならず、その場合には、決定で刑の執行を停止することができる（448条）。死刑事件であれば、決定によって死刑の執行が停止される。その場合に、執行のための拘置にも執行停止の効力が及ぶかが問題となるが、平成26（2014）年に再審開始決定がなされた袴田事件（第2次）再審請求審では、決定により死刑のみならず、拘置が「これ以上継続することは、耐え難いほど正義に反する」として停止され、袴田氏は約48年ぶりに保釈された（静岡地決平成26・3・27判時2235-113）。

　再審請求棄却決定および再審開始決定に対しては、即時抗告をすることができる（450条）。前述の袴田事件の再審開始決定に対しては検察官が即時抗告をし、抗告審は地裁の再審開始決定を取消して、再審請求を棄却した（東京高決平成30・6・11判例集未登載〈LEX/DB25560605〉、ただし死刑と拘置の執行停止は維持された）。

[2] 再審公判

再審開始決定が確定した場合、原判決をした裁判所が公判をやり直すことになる（451条）。利益再審のみが認められている以上、再審で原判決より重い刑を科することはできない（452条）。無罪判決が確定した場合には、その判決を公示しなければならない（453条）。

E 近年の再審事件の動向

再審の門はいまだ大きく開いたとは言えない状況である。近年、再審請求が斥けられたり、再審開始決定が覆されたりしたものとして、マルヨ無線事件（最決平成10・10・27刑集52-7-363）、日産サニー事件（最決平成11・3・9裁判集刑275-371）、狭山事件（最決平成17・3・16判タ1174-228、第2次請求審）、名張ぶどう酒事件（最決平成25・10・16裁判集刑312-1、第7次再審請求審）、飯塚事件（福岡地決平成26・3・31）、福井女子中学生事件（最決平成26・12・10裁判集刑315-261）、恵庭殺人事件（札幌地決平成30・3・20判時2380-116、第2次再審請求審）、袴田事件などがある。

他方、再審開始が決定されたものとしては、布川事件、氷見事件、足利事件、東住吉事件、松橋事件（熊本地決平成28・6・30判時2368-97）、大崎事件（鹿児島地決平成29・6・28判時2343-23、第3次再審請求審）、湖東記念病院事件（大阪高決平成29・12・20判時2385-101）、日野町事件（大津地決平成30・7・11〈LEX/DB25560764〉、第2次再審請求審）がある。このうち、氷見事件（富山地判平成19・10・10〈LEX/DB28135488〉）、布川事件（水戸地判平成23・5・24）と東住吉事件（大阪地判平成28・8・10）では、再審公判での無罪判決が確定している。

再審事件では、DNA鑑定の重要性が高まっている。前述の足利事件と袴田事件の他にも、東電女子社員殺害事件（東京高判平成24・11・7判タ1400-372）があり、DNA鑑定を新証拠として再審開始決定がなされ、再審公判での無罪判決が確定した。

こうした鑑定を含む新証拠の発見においては、証拠開示の重要性がますます高まっている。しかし、再審請求手続での証拠開示については、明文の規定がない。再審規定は2016（平成28）年の刑訴法改正の対象とはならなかったが、無辜の救済という観点からは、再審請求段階においても証拠開示にとどまらず、国選弁護制度の拡充や、弁護人との秘密交通権の保障

が求められよう。

2 非常上告

A 非常上告の意義

　非常上告は、確定判決について、法令違反を理由とする非常救済手続である（454条）。法令の解釈・適用の統一を図ることが目的であり、個別具体的な事件の救済を図るものではない点で、事実誤認を理由とする再審とは異なる。ただし、法令の解釈・適用の誤りによって被告人が不利益を被っている場合には、不利益な判決は破棄され、最高裁が自判する（458条1号ただし書）。

　対象となる確定判決には、再審のような限定はなく、有罪、無罪の実体判決のみならず、免訴、公訴棄却、管轄違いなどの形式裁判も含まれる。略式命令、即決裁判も対象となる。

B 非常上告の理由

　「その事件の審判が法令に違反したこと」の法令違反には、実体法の違反だけでなく手続法の違反も含まれる。

　ここでは前提事実の誤認を理由とした非常上告が認められるかが問題となるが、判例は、累犯加重の前提となる前科の誤認（最大判昭和25・11・8刑集4-11-2221）、少年法適用の前提となる年齢の誤認（最判昭和26・7・6刑集5-8-1408）など、法令適用の前提となる事実の誤認の場合には、非常上告の理由である法令違反に当たらないとする。ただし、同一事件について誤って二重判決をした場合（最判昭和28・12・18刑集7-12-2578）には非常上告が認められている。

C 非常上告の手続および判決

　非常上告を申し立てることができるのは、検事総長のみであり、管轄裁判所は最高裁判所である（454条）。

非常上告の申立てをするには、その理由を記載した申立書を最高裁に提出しなければならない（455条）。提出期間に制限はなく、被告人が日本から出国して再入国していない場合（最判平成22・7・22刑集64-5-819）、被告人が死亡した場合（最判平成22・7・22刑集64-5-824）であっても、非常上告をすることができる。非常上告の申立てがあれば必ず公判期日が開かれ、検察官は申立書に基づいて陳述をしなければならない（456条）。裁判所は、申立書に包含された事項に限って、調査をしなければならない（460条）。

非常上告に理由のないときは、判決でこれを棄却しなければならない（457条）。

非常上告に理由のあるときの判決には、区別がある。①原判決が法令に違反したときには、その違反した部分を破棄し、さらに原判決が被告人に不利益な場合には破棄自判する（458条1号）が、②訴訟手続が法令に違反したときには、その違反した手続を破棄するにとどまる（458条2号）。そこで、①と②の区別が問題となる。①には判決内容と判決手続が含まれ、②は判決前の手続をいう、とするのが通説である。

被告人の不利益を理由とする破棄自判の場合を除いては、非常上告の判決はその効力を被告人に及ぼさない（459条）。

コラム　冤罪と再審

再審手続には、多くの問題があります。まずは、救済を得られるまでの時間の長さについて見てみましょう。死刑再審4事件では、いずれも逮捕から無罪判決を得るまでに約30年の時間を要しました。最近の再審事件である足利事件、布川事件も同様です。1つの原因として、たとえ再審開始決定が出ても、再審公判が開かれるまでが長いことが挙げられます。これをもたらしているのが再審開始決定に対する検察官の即時抗告です。再審が無辜の救済のためにある手続ならば、こうしたあり方には疑問が生じます。

また、再審開始の理由である証拠の新規性と明白性の解釈について、実務と学説の対立があります。これに加えて、近年新たに問題となっているのは、再審請求審や再審公判で訴因の変更が許されるかという問題です。

請求人に十分な防御権が認められていない再審手続において訴因の変更を認めることは、たとえ公訴事実の同一性の範囲内であっても否定されるべきでしょう。

　さらに、再審請求中の死刑執行という問題があります。再審開始の決定がなされた場合には、死刑の執行を停止しうることは本文で述べた通りです。他方、再審の請求後、いまだ再審開始の決定がなされていない、あるいは再審請求審が開かれていない段階において、執行停止の規定はないものの、これまで死刑の執行は実務上控えられてきました。ところが、平成29（2017）年に1人、平成30（2018）年には実に10人もの死刑囚が、再審請求中であったにもかかわらず、死刑を執行されたのです。

　冤罪には、日本の刑事司法システムの問題が凝縮されています。自白偏重主義を支える代用監獄、そこで行われる密室での取調べ、長期に及ぶ身体拘束は、多くの冤罪事件で虚偽自白を招いてきました。物的証拠の隠蔽や偽造が明らかになった事件さえあります。また、有罪推定に基づく事実認定を調書裁判の中で進めてきた裁判所にも大きな責任があります。こうした問題を背景に冤罪が生まれてきた以上は、無辜の救済を図るべく、再審の門はより広く開かれる必要があると言えるでしょう。誤った有罪判決によって失われた月日や人間関係は、無罪判決を得ても取り戻すことはできません。ましてや、命を取り戻すことはできないのです。

知識を確認しよう

問題
(1) 再審において、実体的真実はどこまで追求しうるか。大正刑事訴訟法との違いも含めて説明しなさい。
(2) 435条6号の再審理由の1つに証拠の明白性があるが、明白性の程度はどのように解されてきたか説明しなさい。
(3) 原判決時にすでに存在していた証拠であっても、証拠の新規性が認められる場合として、どのような場合が考えられるか。

解答への手がかり
(1) 不利益再審が廃止され、利益再審のみが認められるのはなぜなのかを、憲法39条との関係で考えてみよう。
(2) 「開かずの門」と呼ばれた再審の状況がいかにして変化したかを、証拠の明白性の要件についての最高裁の決定をもとにまとめてみよう。DNA鑑定が大きな役割を果たした再審開始決定について調べてみよう。

参考文献

【概説書・体系書等】
渥美東洋『全訂刑事訴訟法〔第2版〕』（有斐閣、2009）
池田修＝前田雅英『刑事訴訟法講義〔第6版〕』（東京大学出版会、2018）
池田修『解説裁判員法』（弘文堂、2005）
石川才顯『通説刑事訴訟法』（三省堂、1992）
兼子一＝竹下守夫『裁判法〔第4版〕』（有斐閣、1999）
上口裕『刑事訴訟法〔第4版〕』（成文堂、2015）
葛野尋之『刑事司法改革と刑事弁護』（現代人文社、2016）
裁判所職員総合研修所監修『刑事訴訟法講義案〔四訂補訂版〕』（司法協会、2015）
椎橋隆幸編『プライマリー刑事訴訟法〔第3版〕』（不磨書房、2011）
白取祐司『刑事訴訟法〔第9版〕』（日本評論社、2017）
鈴木茂嗣『刑事訴訟法〔改訂版〕』（青林書院、1990）
田口守一『刑事訴訟法〔第7版〕』（弘文堂、2017）
田中開ほか『刑事訴訟法〔第5版〕』（有斐閣アルマ、2017）
田宮裕『刑事訴訟法〔新版〕』（有斐閣、1996）
平野龍一『刑事訴訟法概説』（東京大学出版会、1968）
平野龍一『刑事訴訟法』（有斐閣、1958）
平良木登規男『刑事訴訟法Ⅰ』（成文堂、2009）
福井厚『刑事訴訟法講義〔第4版〕』（法律文化社、2009）
松尾浩也『刑事訴訟法（上）〔新版〕』（弘文堂、1999）
松尾浩也『刑事訴訟法（下）〔新版補正第2版〕』（弘文堂、1999）
松尾浩也監＝松本時夫ほか編『条解刑事訴訟法〔第4版〕』（弘文堂、2009）
三井誠＝酒巻匡『入門刑事手続法〔第7版〕』（有斐閣、2017）
光藤景皎『刑事訴訟法Ⅰ』（成文堂、2007）
光藤景皎『刑事訴訟法Ⅱ』（成文堂、2013）
光藤景皎『口述刑事訴訟法（下）』（成文堂、2005）

第1章
池田修『解説裁判員法』（弘文堂、2005）
兼子一＝竹下守夫『裁判法〔第4版〕』（有斐閣、1999）
酒巻匡編『Q&A 平成19年犯罪被害者のための刑事手続関連法改正』（有斐閣、2008）
田口守一『刑事訴訟法〔第5版〕』（弘文堂、2009）
田宮裕『刑事訴訟法〔新版〕』（有斐閣、1996）
福井厚『刑事訴訟法講義〔第4版〕』（法律文化社、2009）
松尾浩也編『逐条解説犯罪被害者保護二法』（有斐閣、2001）

光藤景皎『刑事訴訟法Ⅰ』（成文堂、2007）
吉田雅之『一問一答　平成28年刑事訴訟法等改正』（商事法務、2018）

第2章
池田公博『報道の自由と刑事手続』（有斐閣、2008）
井上正仁『捜査手段としての通信・会話の傍受』（有斐閣、1997）
井上正仁『強制捜査と任意捜査〔新版〕』（有斐閣、2014）
岡田悦典『被疑者弁護権の研究』（日本評論社、2001）
川出敏裕『別件逮捕・勾留の研究』（東京大学出版会、1998）
葛野尋之『刑事司法改革と刑事弁護』（現代人文社、2016）
後藤昭『捜査法の論理』（岩波書店、2001）
椎橋隆幸『刑事訴訟法の理論的展開』（信山社、2010）
白取祐司『刑事訴訟法の理論と実務』（日本評論社、2012）
田宮裕『捜査の構造』（有斐閣、1971）
平野龍一『捜査と人権』（有斐閣、1981）
渕野貴生『適正な刑事手続の保障とマスメディア』（現代人文社、2007）
松尾浩也『刑事訴訟の原理』（東京大学出版会、1974）
松尾浩也・岩瀬徹編『実例刑事訴訟法Ⅰ　捜査』（青林書院、2012）

第3章
池田修＝前田雅英『刑事訴訟法講義〔第6版〕』（東京大学出版会、2018）
大澤裕「訴因の機能と訴因変更の要否」（法学教室256号、2002）
香城敏麿『刑事訴訟法の構造』（信山社、2005）
河上和雄ほか編『大コンメンタール刑事訴訟法〔第2版〕(5)』（青林書院、2013）
裁判所職員総合研修所監修『刑事訴訟法講義案（四訂補訂版）』（司法協会、2016）
鈴木茂嗣『刑事訴訟の基本構造』（成文堂、1979）
鈴木茂嗣『続・刑事訴訟の基本構造　上巻』（成文堂、1996）
田口守一『刑事訴訟の目的』（成文堂、2007）
田口守一『刑事訴訟法〔第7版〕』（弘文堂、2017）
辻本典央『刑事手続における審判対象』（成文堂、2015）
平野龍一『刑事訴訟法概説』（東京大学出版会、1968）
平野龍一『訴因と証拠』（有斐閣、1981）
堀江慎司「訴因の明示・特定について」研修737号3頁（2009）
松尾浩也『刑事訴訟法（上）〔新版〕』（弘文堂、1999）
松尾浩也監＝松本時夫ほか編『条解刑事訴訟法〔第4版増補版〕』（弘文堂、2016）
三井誠ほか編『刑事法辞典』（信山社、2003）

第 4 章

渥美東洋『全訂刑事訴訟法〔第 2 版〕』（有斐閣、2009）
石井一正『刑事実務証拠法〔第 5 版〕』（判例タイムズ社、2011）
椎橋隆幸編『プライマリー刑事訴訟法〔第 6 版〕』（不磨書房、2017）
司法研修所監修『刑事第一審公判手続の概要―参考記録に基づいて〔平成 21 年版〕』（法曹会、2009）
司法研修所検察教官室編『検察講義案〔平成 27 年版〕』（法曹会、2016）
三井誠＝酒巻匡『入門刑事手続法〔第 7 版〕』（有斐閣、2017）
吉田雅之『一問一答　平成 28 年刑事訴訟法等改正』（商事法務、2018）

第 5 章

池田修＝前田雅英『刑事訴訟法講義〔第 6 版〕』（東京大学出版会、2018）
宇藤崇ほか『刑事訴訟法〔第 2 版〕』（有斐閣、2018）
川出敏裕『判例講座　刑事訴訟法〔捜査・証拠編〕』（立花書房、2016）
裁判所職員総合研修所監修『刑事訴訟法講義案〔四訂補訂版〕』（司法協会、2015）
田口守一『刑事訴訟法〔第 7 版〕』（弘文堂、2017）
田中開ほか『刑事訴訟法〔第 5 版〕』（有斐閣アルマ、2017）
田宮裕『刑事訴訟法〔新版〕』（有斐閣、1996）
平野龍一『刑事訴訟法』（有斐閣、1958）
光藤景皎『刑事訴訟法Ⅱ』（成文堂、2013）
安冨潔『刑事訴訟法〔第 2 版〕』（三省堂、2013）

第 6 章

池田修＝前田雅英『刑事訴訟法講義〔第 6 版〕』（東京大学出版会、2018）
宇藤崇ほか『刑事訴訟法〔第 2 版〕』（有斐閣、2018）
大澤裕「刑事訴訟における『択一認定』(1) ～ (4・完)」法協 109 巻 6 号 (1992) 919 以下、111 巻 6 号 (1994) 822 以下、112 巻 7 号 (1995) 921 以下、113 巻 5 号 (1996) 711 以下
上口裕『刑事訴訟法〔第 4 版〕』（成文堂、2015）
白取祐司『一事不再理の研究』（日本評論社、1986）
白取祐司『刑事訴訟法〔第 9 版〕』（日本評論社、2017）
田口守一『刑事裁判の拘束力』（成文堂、1980）
田口守一『刑事訴訟法〔第 7 版〕』（弘文堂、2017）
田宮裕『一事不再理の原則』（有斐閣、1978）
田宮裕『刑事訴訟法〔新版〕』（有斐閣、1996）

第 7 章

石井一正『刑事控訴審の理論と実務』（判例タイムズ社、2010）
後藤昭『刑事控訴立法史の研究』（成文堂、1987）

谷口正孝『裁判について考える』（勁草書房、1989）
平良木登規男『刑事控訴審』（成文堂、1990）
中川孝博『合理的疑いを超えた証明—刑事裁判における証明基準の機能』（現代人文社、2003）

第8章
河上和雄ほか編『大コンメンタール刑事訴訟法〔第2版〕(7)』（青林書院、2012）
後藤昭＝白取祐司編『新コンメンタール刑事訴訟法〔第3版〕』（日本評論社、2018）
田口守一『刑事訴訟法〔第7版〕』（弘文堂、2017）
田宮裕『注釈刑事訴訟法』（有斐閣、2001）
「白鳥決定40周年」記念出版編集委員会編『再審に新しい風を！—冤罪救済への道』（日本評論社、2016）
松尾浩也監＝松本時夫ほか編『条解刑事訴訟法〔第4版〕』（弘文堂、2009）

事項索引

あ行

悪性格立証……………… 213
飯塚事件………………… 302
移監命令………………… 70
異議申立て……………… 293
違憲審査権……………… 287
移送命令………………… 70
一罪の一部起訴………… 134
一事不再理…… 149, 245, 253
一部上訴………………… 275
一般面会………………… 106
一般令状………………… 73
違法収集証拠の排除法則
………………… 109, 238
違法捜査と刑の量定…… 110
入口支援………………… 111
エックス線検査………… 92
恵庭殺人事件…………… 302
押収……………………… 73
押収品目録……………… 79
押収物還付請求………… 109
大崎事件………………… 302
おとり捜査………… 54, 89

か行

改定律例………………… 2
回避……………………… 20
科学的証拠……………… 212
確信……………………… 205
確定力…………………… 252
確認効…………………… 254
各別の令状……………… 76
過失犯と訴因…………… 146
家庭裁判所……………… 16
カロリーナ刑事法典…… 3
簡易公判手続…… 166, 194

簡易裁判所……………… 16
簡易裁判所判事………… 18
管轄権…………………… 20
管轄違い………………… 126
間接事実………………… 203
間接証拠………………… 203
鑑定………………… 87, 232
鑑定受託者…………… 60, 87
鑑定処分許可状……… 80, 88
鑑定人…………………… 87
鑑定の嘱託照会………… 60
鑑定留置………………… 88
還付……………………… 79
関連性……………… 206, 212
記載内容の真正………… 231
期日間整理手続………… 176
希釈法理………………… 240
擬制同意………………… 235
起訴議決………………… 118
起訴強制………………… 115
起訴裁量主義…………… 115
起訴状……………… 120, 132
起訴状一本主義
………………… 19, 121, 123, 181
起訴状謄本の送達……… 170
起訴状の受理…………… 170
起訴独占主義…………… 115
起訴・不起訴などの処分通知
…………………………… 114
起訴便宜主義……… 115, 134
起訴猶予……………… 111, 166
規範的効力説（実体法的既判
力説）………………… 256
既判力……………… 123, 253
忌避……………………… 19
基本的事実同一説……… 151
基本的人権の尊重……… 272
逆送……………………… 116

客観義務（デュー・プロセス
遵守義務）…………… 31
客観的不可分…………… 59
旧々刑事訴訟法（明治刑事訴
訟法）………………… 3
旧刑事訴訟法（大正刑事訴訟
法）…………………… 3
求釈明…………………… 139
糾問主義………… 3, 10, 121
糾問の捜査観…………… 97
協議合意制度…………… 102
狭義の情状……… 208, 214
狭義の同一性…… 149, 151
供述書…………………… 227
供述証拠………………… 204
供述録取書……………… 227
行政警察活動…………… 55
行政検視………………… 58
強制採血………………… 81
強制採尿………………… 80
強制採尿令状………… 56, 81
強制処分………………… 61
強制処分法定主義… 11, 59, 61
強制捜査………………… 61
共同被告人……………… 236
共犯者の自白…………… 220
挙証責任…………… 204, 209
挙証責任の転換…… 209, 210
記録命令付差押え……… 83
緊急逮捕………………… 66
緊急配備検問…………… 57
具体的救済機能………… 288
具体的防御説…………… 143
警戒検問………………… 57
警察官職務執行法……… 55
警察法…………………… 57
刑事確定訴訟記録法…… 165
形式裁判………… 119, 245, 273

形式的確定力……………253
刑事裁判権………………16
刑事施設…………………70
刑事訴訟…………………2
刑事弁護人………………38
刑事免責制度……………188
刑の執行…………………10
刑の量定（量刑）……214, 251
刑法………………………6
決定………………………244
厳格な証明………206, 207, 214
現行犯逮捕………………65
現行犯人…………………63
検察官……………………27
検察官起訴独占主義……11
検察官請求証拠…………177
検察官同一体の原則……29
検察審査会………………114
検察庁……………………28
検視………………………57
検証………………60, 74, 93, 230
検証令状………………74, 94
原訴因の拘束力…………152
限定的再評価説…………300
現場供述…………………231
現場指示…………………231
検面調書………………222, 229
合意書面…………………235
行為免責…………………188
勾引………………………172
公開裁判を受ける権利…163
公開主義………………12, 163
抗告………………………291
控訴………………………279
公訴棄却…………………119
公訴棄却判決……………109
公訴権……………………115
公訴権濫用………………119
公訴時効…………………129
公訴時効の停止………126, 130
公訴事実（犯罪事実）
　………………………121, 132
公訴事実対象説…………133
公訴事実の単一性
　………………126, 127, 149, 150

公訴事実の同一性
　………………126, 127, 140, 148
控訴審の構造……………279
公訴提起…………9, 111, 120
公訴不可分の原則……134, 150
控訴理由…………………281
拘置所……………………70
公知の事実………………208
交通検問…………………57
交通事件即決裁判手続…199
高等裁判所………………16
高等裁判所長官…………18
口頭主義…………………162
口頭弁論………………162, 289
公判………………………9
公判請求…………………120
公判前整理手続
　………13, 141, 176, 280, 286
公判調書…………………193
公判調書の証明力………194
公判手続の停止…………141
公判の更新………………191
公判の停止………………191
公判の分離………………191
公判の併合………………191
公平な裁判所……………6
勾留……………………62, 68, 173
勾留執行停止……………70
勾留質問………………69, 173
勾留取消…………………70
勾留の必要性……………68
勾留の理由………………68
勾留理由開示……………69
呼気検査…………………104
国選弁護権………………170
国選弁護人………39, 122, 170
告訴………………………58, 128
告訴の追完………………130
告知………………………246
告知機能…………………135
告発………………………59, 128
国家訴追主義……………115
国家賠償請求訴訟………110
湖東記念病院事件………302
誤判救済…………………272

孤立評価説………………299
コントロールド・デリバリー
　…………………………90

さ行

罪刑法定主義……………6
最高裁判所………………16
最高裁判所長官…………18
最高裁判所判事…………18
最終1行為説……………138
最終陳述…………………192
最終弁論………………10, 192
罪状認否…………………184
再審………………………298
再審制度…………………272
罪体………………………219
再逮捕・再勾留禁止原則…71
財田川事件………………300
最低1行為説……………138
裁定合議事件……………17
裁定通算…………………266
裁判………………………244
裁判員……………………25
裁判員裁判………22, 280, 286
裁判員制度………………12
裁判所……………………16
裁判書……………………247
裁判所事務官……………21
裁判所書記官……………21
裁判所調査官……………21
裁判所に顕著な事実……208
裁判の外部的成立………246
裁判の確定………………252
裁判の羈束力……………247
裁判の形式的確定………252
裁判の公開……………163, 188
裁判の執行………………263
裁判例……………………212
再評価説…………………300
作成名義の真正…………231
差押え……………………74
差押え代替処分…………83
差押えの範囲……………76
差押えの必要性………74, 77

事項索引 313

差押令状··············74	終局裁判··············245	証拠の優越··············206
狭山事件··············302	終局処分··············114	証拠物··············190
三審制度··············273	終局前の裁判··············245	証拠物たる書面··············204
参審制度··············24	自由心証主義	証拠方法··············202, 204
識別機能··············135	··············206, 208, 211, 218	証拠保全請求··············99
識別説··············137	自由な証明··············206, 207	情状··············207
事件事務規程··············119	主観的不可分··············59	上訴··············272
事件単位原則··············71	縮小認定········131, 142, 249	上訴の利益··············273
事件単位説··············174	宿泊を伴う取調べ··········100	証人喚問権··············6
事件の管轄··············20	受訴裁判所··············17	証人尋問··············186
事後審··············272	受託裁判官··············17	証人審問権··············187, 188
自己負罪拒否特権	主張吟味型訴訟構造·······133	証人尋問権··············34
··············103, 188, 190	主文··············248	証人等特定事項··············187
事実記載説··············135	受命裁判官··············17	証明··············205
事実上の推定··············208	主要事実··············202	証明予定事実··············177
事実審··············272	主要要証事実··············202	証明力··············206
自首··············58	準起訴手続·······45, 114, 118	使用免責··············189
事前準備手続··············174	準現行犯逮捕··············66	職務管轄··············20
自然的関連性·······212, 213	準抗告······70, 79, 109, 294	職務質問··············55
私選弁護権··············170	準司法官··············31	所持品検査··············56
私選弁護人··············170	召喚··············172	書証··············204
示談··············281	上級検察庁に対する不服申立	除斥··············19
実況見分·········60, 74, 231	て··············119	職権主義··············11
執行猶予··············277	情況証拠··············203, 290	職権発動··············288
実質証拠··············203	証言義務··············189	初日不算入··············274
実体裁判········119, 127, 245	証拠··············202	審級管轄··············21, 279
実体審理··············127	証拠開示··············178, 182	親告罪··············128
実体の確定力··············253	証拠開示命令··············179	真実義務··············44
実体の真実主義···············4	上告··············286	真実発見型訴訟構造·······133
実体法的既判力説（規範的効	上告受理の制度··············287	人証··············204
力説）··············256	証拠決定··············186	心証引継説··············300
指定弁護士··············118	証拠構造論··············300	迅速な裁判·······6, 37, 165
自動車検問··············57	証拠裁判主義··············206	身体検査··············74, 80
自白··············215	証拠書類··············190	身体検査令状·······74, 76, 80
自白法則·······6, 109, 213, 216	証拠調請求··············185	人定質問··············183
GPS 捜査··············92	証拠調請求権··············34	人的証拠··············204
事物管轄··············20, 120	証拠調手続·············9, 184	審判対象··············132
司法警察活動··············54	証拠資料··············202	審判の対象··············284
司法警察職員··············32	証拠提示命令··············179	新律綱領···············2
司法検視··············58	証拠提出責任··············210	審理不尽··············280
司法制度改革··············12	証拠の一覧表··············177	推測··············206
島田事件··············300	証拠能力·······206, 212	推定··············208
写真撮影··············79, 91	証拠の新規性··············299	請求··············59, 128
遮へい··············187	証拠の標目··············249	制度的効力説（訴訟法的効力
終局後の裁判··············245	証拠の明白性··············299	説）··············256

積極行使・請求法理………171
接見交通権………………105
接見指定…………………106
絶対的要変更事項………144
全件送致主義……………111
宣告………………………246
訴因………………121,132
訴因対象説………………133
訴因の拘束性……………141
訴因の拘束力……………143
訴因の追加的変更………127
訴因の特定性……………136
訴因の本質………………134
訴因の明示性……………136
訴因変更…………………139
訴因変更の可能性……140,148
訴因変更の許否…………153
訴因変更の必要性……140,141
訴因変更命令……………155
訴因変更命令の義務性…155
訴因変更命令の形成力…156
総合評価説………………300
捜査……………………7,54
捜査協力型の司法取引…102
捜索………………………73
捜索差押令状……………74
捜索の範囲………………76
捜査構造論………………97
捜査・公判協力型協議・合意
　制度…………………189
捜査の端緒……………54,129
相対的要変更事項………144
送達……………………122,246
争点………………………290
争点関連証拠……………178
争点の変更………………147
即時抗告…………………293
訴訟記録…………………165
訴訟指揮権………………168
訴訟条件…………………126
訴訟的構造論……………98
訴訟手続…………………119
訴訟能力…………………191
訴訟法的効力説(制度的効力
　説)……………………256

訴追裁量…………………116
即決裁判手続……13,166,195
疎明………………………206
疎明資料…………………74

た行

第1回公判期日前の証人尋問
　…………………………88
代行検視…………………58
大正刑事訴訟法(旧刑事訴訟
　法)………………………3
逮捕………………………62
逮捕状……………………63
逮捕状の緊急執行………63
逮捕前置主義…………62,68
逮捕の必要性……………63
逮捕の理由………………63
高田事件………6,37,128,167
択一的訴因………………139
択一的認定………………250
弾劾主義
　…………10,121,162,180,185,190
弾劾証拠……………203,235
弾劾的捜査観……………97
治罪法……………………3
チッソ川本傷害事件……128
地方裁判所………………16
中間処分…………………114
抽象的防御説……………143
調書判決…………………247
跳躍上告…………………286
直接主義……………162,223
直接証拠……………202,215
追起訴……………………127
通常抗告…………………292
通常逮捕…………………63
通信傍受…………………94
通信傍受の合理化・効率化
　…………………………96
通信傍受法………………95
付添い……………………187
罪となるべき事実
　…………………122,136,248
DNA型鑑定………………212

提出命令…………………74
ディバージョン…………158
適正手続主義(デュー・プロ
　セス主義)………………4
デュー・プロセス遵守義務(客
　観義務)…………………31
電磁的記録の捜索・押収…83
伝聞証拠……………221,224
伝聞法則……162,187,213,221
当事者主義………11,19,133,
　162,163,166,168,171,174,
　180,182,185,187,272,273
当事者能力………………36
東電女子社員殺害事件…302
毒樹の果実の理論………240
特別抗告…………………294
独立入手源法理…………240
土地管轄………………21,120
取調べ受忍義務…………101
取調べの録音・録画……101

な行

内部の成立………………246
内容の確定力……………253,256
名張ぶどう酒事件………302
なりすまし捜査…………90
二重起訴……………126,149
二重逮捕・勾留…………71
二重の危険………………6
二重の危険禁止…………298
日航よど号ハイジャック事件
　…………………………147
日産サニー事件…………302
任意処分…………………59
任意捜査…………………59
任意捜査の原則…………59
任意同行………………61,68

は行

排除法則…………………238
陪審員……………………24
陪審制度…………………24
袴田事件…………………302

破棄判決の拘束力……278	不起訴処分……………111	法令の適用…………249
罰条………………123	不起訴処分の告知……114	補強証拠……………218
判決………………10, 244	不起訴処分の理由の告知	補強法則………6, 212, 218
判決訂正……………291	……………………114	保釈………………69, 173
判決の宣告……………192	福井女子中学生事件……302	補充裁判官………………17
犯罪事実（公訴事実）	不告不理の原則……121, 282	補助事実……………203
……………………121, 132	付審判請求（準起訴手続）	補助証拠……………203
犯罪被害者等基本計画……46	………………45, 114, 118	補足意見……………287
犯罪被害者等基本法………46	物証………………204	北海タイムス事件………164
犯罪被害者保護関連二法	物的証拠……………204	本位的訴因…………285
……………………46, 47	不特定認定…………250	本証………………204
判事…………………18	プラカード事件………274	
判事補…………………18	フランス治罪法…………3	**ま行**
反証………………204, 205	不利益再審…………298	
犯情………………208, 214	不利益事実の承認……215	松橋事件……………302
判例………………288	不利益変更禁止の原則…277	松山事件……………300
PS…………………222	別件逮捕・勾留…………72	マルヨ無線事件………302
被害者………………44, 187	弁解録取書……………67	民事訴訟………………2
被害者通知制度………114	弁護士…………………38	無罪判決……………251
被害者特定事項………188	弁護人……………38, 170	明治刑事訴訟法（旧々刑事訴
被害者保護制度…………14	弁護人依頼権………34, 105	訟法）…………………3
被害届…………………58	弁護人選任権………99, 170	命令………………244
東住吉事件……………302	弁護人選任書…………122	免訴………………119
被疑者の取調べ………100	弁護人選任照会手続……172	免田事件……………300
非供述証拠…………204	弁論主義……………162	黙秘権……6, 37, 100, 103, 181
被告人…………………34	防御説……………137	黙秘権の告知…………100
被告人側請求証拠………178	傍受令状………………95	
被告人質問……………190	傍聴………………163	**や行**
被告人に対する取調べ……112	傍聴人のメモ…………164	
微罪処分……………110	法廷警察権……………169	八海事件……………279
必要な処分…………78, 94	法定合議事件……………17	山口母子殺人事件………289
ビデオカメラ撮影………91	法定証拠主義…………211	有効放棄法理…………172
ビデオリンク方式による証人	法定通算……………266	有罪判決……………247
尋問………………187	法廷等の秩序維持に関する法	要件事実……………136
非伝聞………………224	律……………………169	要証事実……202, 204, 225
日野町事件……………302	法廷の写真撮影………164	余罪………………214
氷見事件……………302	報道機関に対する捜索・差押	余事記載……………125
秘密交通権……………108	え………………………77	予断排除の原則
秘密録音………………95	冒頭陳述……………184	…………121, 123, 181
評議………………246	冒頭手続…………9, 183	予備的訴因………139, 285
評決………………246	法律構成説……………135	予備的認定…………250
比例原則………………55	法律上の推定…………208	
不一致供述……………186	法律審………………273	**ら行**
不可避的発見の法理……241	法律的関連性…………213	
布川事件……………302	法令解釈の統一………287	利益再審……………298

立証の必要………………210	理由……………………248	令状請求書………………74
立証の負担………………210	留置施設…………………70	令状によらない捜索・差押
リモートアクセス…………84	量刑（刑の量定）……214,251	え・検証………………85
略式手続…………………198	領置…………………60,74	レペタ法廷メモ訴訟……164
略式命令…………………244	類型証拠…………………177	労役場留置………………278
略式命令請求………120,166	令状主義……6,11,61,71,73	論告……………………192

判例索引

明治

大判明治 44・5・2 刑録 17-745‥‥‥‥ 153

昭和 23 年～30 年

最大判昭和 23・3・12 刑集 2-3-191 ‥‥ 268
最大判昭和 23・5・5 刑集 2-5-447 ‥‥ 19
最大判昭和 23・5・26 刑集 2-6-529
　〔百選 A47 事件〕‥‥‥‥‥‥‥ 245,262,274
最大判昭和 23・7・29 刑集 2-9-1012
　〔百選 A34 事件〕‥‥‥‥‥‥‥‥‥‥‥ 220
最判昭和 23・10・30 刑集 2-11-1427 ‥‥ 219
最判昭和 23・12・16 刑集 2-13-1816 ‥‥ 248
最判昭和 24・4・14 刑集 3-4-547 ‥‥‥ 248
最大判昭和 24・5・18 刑集 3-6-796 ‥‥ 262
最大判昭和 24・6・1 刑集 3-7-901 ‥‥ 129
最大判昭和 24・7・30 刑集 3-8-1418 ‥‥ 153
最大判昭和 24・11・2 刑集 3-11-1737
　‥‥‥‥‥‥‥‥‥‥‥‥‥‥‥‥‥‥‥ 171
最大判昭和 24・11・30 刑集 3-11-1857
　‥‥‥‥‥‥‥‥‥‥‥‥‥‥‥‥‥‥‥ 171
最判昭和 24・12・13 裁判集刑 15-349 ‥‥ 238
最大判昭和 25・9・27 刑集 4-9-1805
　‥‥‥‥‥‥‥‥‥‥‥‥‥‥ 253,259,260
最判昭和 25・10・3 刑集 4-10-1861 ‥‥ 249
最判昭和 25・10・5 刑集 4-10-1875 ‥‥ 249
最大判昭和 25・11・8 刑集 4-11-2221
　‥‥‥‥‥‥‥‥‥‥‥‥‥‥‥‥‥‥‥ 303
最判昭和 25・11・17 刑集 4-11-2328 ‥‥ 247
最判昭和 26・4・10 刑集 5-5-890 ‥‥‥ 250
最決昭和 26・5・31 刑集 5-6-1211 ‥‥‥ 219
最判昭和 26・6・15 刑集 5-7-1277 ‥‥‥ 142
最判昭和 26・7・6 刑集 5-8-1408 ‥‥‥ 303
最大判昭和 26・8・1 刑集 5-9-1715 ‥‥ 277
最大判昭和 27・3・5 刑集 6-3-351
　‥‥‥‥‥‥‥‥‥‥‥‥‥‥‥‥ 123,125
最判昭和 27・8・6 刑集 6-8-974 ‥‥‥ 189

最決昭和 28・2・12 刑集 7-2-211 ‥‥‥ 288
東京高判昭和 28・6・2 判特 38-117 ‥‥ 282
最判昭和 28・10・9 刑集 7-10-1904 ‥‥ 207
最判昭和 28・10・15 刑集 7-10-1934
　〔百選 A40 事件〕‥‥‥‥‥‥‥‥‥‥‥ 232
最大判昭和 28・12・9 刑集 7-12-2415
　‥‥‥‥‥‥‥‥‥‥‥‥‥‥‥‥‥‥‥ 259
最判昭和 28・12・15 刑集 7-12-2444 ‥‥ 249
最判昭和 28・12・18 刑集 7-12-2578 ‥‥ 303
最判昭和 29・1・21 刑集 8-1-71 ‥‥‥‥ 143
最判昭和 29・3・2 刑集 8-3-217 ‥‥‥ 148
最決昭和 29・3・23 刑集 8-3-305 ‥‥‥ 249
最判昭和 29・5・14 刑集 8-5-676 ‥‥‥ 151
最判昭和 29・6・2 刑集 8-6-794 ‥‥‥ 283
最判昭和 29・7・14 刑集 8-7-1100 ‥‥‥ 130
最判昭和 29・7・14 刑集 8-7-1078 ‥‥‥ 235
最判昭和 29・7・15 刑集 8-7-1137 ‥‥‥ 55
最判昭和 29・8・20 刑集 8-8-1249
　‥‥‥‥‥‥‥‥‥‥‥‥‥‥‥‥ 133,282
最決昭和 29・9・8 刑集 8-9-1471 ‥‥‥ 131
最決昭和 29・9・30 刑集 8-9-1565 ‥‥‥ 155
最決昭和 29・10・19 刑集 8-10-1610 ‥‥ 299
最判昭和 30・1・11 刑集 9-1-7 ‥‥‥‥ 193
最判昭和 30・1・11 刑集 9-1-14
　〔百選 A38 事件〕‥‥‥‥‥‥‥‥‥‥‥ 230
最判昭和 30・2・18 刑集 9-2-332 ‥‥‥ 289
最大判昭和 30・2・23 刑集 9-2-372 ‥‥ 293
最大判昭和 30・9・13 刑集 9-10-2059 ‥‥ 208
最大判昭和 30・12・14 刑集 9-13-2760
　〔百選 A3 事件〕‥‥‥‥‥‥‥‥‥‥‥‥ 66

昭和 31 年～40 年

最判昭和 31・4・12 刑集 10-4-540 ‥‥‥ 131
最判昭和 32・1・22 刑集 11-1-103
　〔百選 88 番事件〕‥‥‥‥‥‥‥‥‥‥‥ 237
最大判昭和 32・2・20 刑集 11-2-802 ‥‥ 104
最判昭和 32・7・25 刑集 11-7-2025 ‥‥‥ 232

最大判昭和 32・10・9 刑集 11-10-2520
.... 278
最決昭和 32・11・2 刑集 11-12-3047
〔百選 A35 事件〕................................ 219
最判昭和 33・2・13 刑集 12-2-218
〔百選 A26 事件〕................................ 185
最大決昭和 33・2・17 刑集 12-2-253.... 164
最大決昭和 33・2・26 刑集 12-2-316
〔百選 A32 事件〕................................ 207
最判昭和 33・5・6 刑集 12-7-1297 260
最大判昭和 33・5・28 刑集 12-8-1718
〔百選 A43 事件〕.............. 137, 218, 221, 248
最大決昭和 33・7・29 刑集 12-12-2776
〔百選 A5 事件〕.................................. 76
最決昭和 33・9・30 刑集 12-13-3190.... 278
最決昭和 33・10・31 刑集 12-4-3429 130
名古屋高判昭和 34・2・9 高刑 12-1-5
.... 283
最判昭和 34・6・16 刑集 13-6-969 288
最決昭和 34・11・24 刑集 13-12-3089 249
最判昭和 35・7・15 刑集 14-9-1152 260
最判昭和 35・9・8 刑集 14-11-1437
〔百選 A39 事件〕................................ 231
最大判昭和 36・6・7 刑集 15-6-915
〔百選 A7 事件〕.................................. 86
最判昭和 36・6・13 刑集 15-6-961...... 143
最判昭和 36・8・28 刑集 15-7-1301 267
最決昭和 36・11・21 刑集 15-10-1764
〔百選 A16 事件〕................................ 111
最大判昭和 37・5・2 刑集 16-5-495
〔百選 A10 事件〕................................ 104
最大判昭和 37・11・28 刑集 16-11-1633
〔百選 A17 事件〕................................ 137
最判昭和 38・9・13 刑集 17-8-1703
〔百選 A33 事件〕................................ 217
最判昭和 38・10・17 刑集 17-10-1795 225
最決昭和 39・5・7 刑集 18-4-136...... 277
最決昭和 39・5・23 刑集 18-4-166...... 249
最判昭和 39・7・17 刑集 18-6-399....... 275
最大決昭和 39・11・18 刑集 18-9-597... 288
最大判昭和 40・4・28 刑集 19-3-270
〔百選 A23 事件〕................................ 156
最決昭和 40・9・10 刑集 19-6-656...... 129
最決昭和 40・12・24 刑集 19-9-827........ 135

昭和 41 年～50 年

最決昭和 41・2・21 判時 450-60
〔百選 64 番事件〕................................ 212
最決昭和 41・7・1 刑集 20-6-537
〔百選 70 番事件〕................................ 216
最大判昭和 41・7・13 刑集 20-6-609.... 215
最決昭和 41・7・20 刑集 20-6-677...... 19
最決昭和 41・7・21 刑集 20-6-696
〔百選 A15 事件〕................................ 109
最決昭和 41・11・22 刑集 20-9-1035..... 214
最決昭和 42・5・25 刑集 21-4-705..... 155
最大判昭和 42・7・5 刑集 21-6-764.... 301
最決昭和 42・12・21 刑集 21-10-1476
〔百選 77 番事件〕................................ 219
最決昭和 43・2・8 刑集 22-2-55........ 212
最決昭和 43・3・29 刑集 22-3-153..... 262
最決昭和 43・10・25 刑集 22-11-961
〔百選 A51 事件〕................................ 279
最決昭和 43・11・26 刑集 22-12-1352
.... 156, 282
最決昭和 44・3・18 刑集 23-3-153
〔百選 A4 事件〕.................................. 74
最決昭和 44・4・25 刑集 23-4-248
〔百選 A27 事件〕................................ 169
金沢地七尾支判昭和 44・6・3 刑月 1-6-657
.... 73
東京高判昭和 44・6・20 判タ 243-262
〔百選 23 番事件〕................................ 86
最決昭和 44・7・14 刑集 23-8-1057
〔百選 A28 事件〕................................ 174
京都地決昭和 44・11・5 判時 629-103
〔百選 11 番事件〕................................ 65
最大決昭和 44・11・26 刑集 23-11-1490... 77
最大決昭和 44・12・24 刑集 23-12-1625... 91
最判昭和 45・6・19 刑集 24-6-299
.... 289, 299
最大判昭和 45・11・25 刑集 24-12-1670
〔百選 71 番事件〕................................ 216
最大判昭和 46・3・24 刑集 25-2-293.... 276
大阪地判昭和 46・9・9 判時 662-101
.... 250
東京高判昭和 46・11・29 判時 659-96.... 262
仙台高判昭和 47・1・25 刑月 4-1-14
〔百選 A8 事件〕.................................. 83

東京地決昭和 47・4・4 判タ 276-286
　〔百選 15 番事件〕 71
最判昭和 47・6・15 刑集 26-5-341 247
大阪高決昭和 47・11・30 高刑 25-6-914
　... 258
最大判昭和 47・12・20 刑集 26-10-631
　〔百選 A31 事件〕 6,37,128,167
最決昭和 48・10・8 刑集 27-9-1415
　〔百選 A25 事件〕 20
東京地判昭和 49・4・2 判タ 739-131
　... 261
大阪地判昭和 49・5・2 刑月 6-5-583
　... 258
仙台地決昭和 49・5・16 判タ 319-300
　〔百選 17 番事件〕 72
最大判昭和 49・5・29 刑集 28-4-151 ... 276
最決昭和 50・5・20 刑集 29-5-177
　〔百選 A55 事件〕 300

昭和 51 年～60 年

最決昭和 51・3・16 刑集 30-2-187
　〔百選 1 番事件〕 59,62
福岡高那覇支判昭和 51・4・5 判タ 345-321
　〔百選 A21 事件〕 154
最決昭和 51・10・12 刑集 30-9-1673
　〔百選 A56 事件〕 300
最判昭和 51・10・28 刑集 30-9-1859
　〔百選 78 番事件〕 221
最判昭和 51・11・4 刑集 30-10-1887 ... 247
最判昭和 51・11・18 判時 837-104
　〔百選 21 番事件〕 76
大阪高判昭和 52・6・28 刑月 9-5・6-334
　〔百選 75 番事件〕 241
最決昭和 53・3・6 刑集 32-2-218
　〔百選 46 ①番事件〕 151
最判昭和 53・6・20 刑集 32-4-670
　〔百選 4 番事件〕 56
最判昭和 53・6・28 刑集 32-4-724 235
東京地決昭和 53・6・29 判時 893-3
　〔百選 85 番事件〕 233
最判昭和 53・9・7 刑集 32-6-1672
　〔百選 90 番事件〕 57,238
最決昭和 53・9・22 刑集 32-6-1774 55
最決昭和 53・10・31 刑集 32-7-1793 293

最判昭和 54・7・24 刑集 33-5-416
　〔百選 A29 事件〕 42,172
富山地決昭和 54・7・26 判時 946-137
　〔百選 5 番事件〕 61
東京高判昭和 54・8・14 判タ 402-147
　〔百選 14 番事件〕 68
最決昭和 54・10・16 刑集 33-6-633
　〔百選 A41 事件〕 234
東京高判昭和 55・2・1 東高刑時報 31-2-5
　... 212
最決昭和 55・3・4 刑集 34-3-89
　〔百選 A19 事件〕 158
最決昭和 55・4・28 刑集 34-3-178
　〔百選 35 番事件〕 108
最決昭和 55・9・22 刑集 34-5-272
　〔百選 A1 事件〕 57
最決昭和 55・10・23 刑集 34-5-300
　〔百選 27 番事件〕 81
最決昭和 55・12・4 刑集 34-7-499 278
最決昭和 55・12・17 刑集 34-7-672
　〔百選 38 番事件〕 9,120,128
最決昭和 56・4・25 刑集 35-3-116
　〔百選 43 番事件〕 137
最判昭和 56・6・26 刑集 35-4-426 120
最判昭和 56・7・14 刑集 35-5-497 258
最判昭和 56・11・20 刑集 35-8-797 96
最決昭和 57・8・27 刑集 36-6-726 109
最決昭和 57・12・17 刑集 36-12-1022
　〔百選 A36 事件〕 227
東京高判昭和 58・1・27 判時 1097-146、判
　タ 496-163
　... 226
熊本地八代支判昭和 58・7・15 判時 1090-21
　... 300
最判昭和 58・9・6 刑集 37-7-930
　〔百選 47 番事件〕 156
東京地判昭和 58・9・30 判時 1091-159
　〔百選 48 番事件〕 130
最判昭和 58・12・13 刑集 37-10-1581
　.. 147,158
高松高判昭和 59・1・24 判時 1136-158
　... 261
最決昭和 59・1・27 刑集 38-1-136 134
最決昭和 59・2・29 刑集 38-3-479 頁
　〔百選 6 番事件〕 100

高松地裁昭和 59・3・12 判時 1107-13
.... 300
仙台地判昭和 59・7・11 判時 1127-34
.... 300
最決昭和 59・9・20 刑集 38-9-2810
〔百選 A49 事件〕 285
最決昭和 59・12・21 刑集 38-12-3071
〔百選 89 番事件〕 237
最決昭和 60・11・29 刑集 39-7-532
〔百選 50 番事件〕 35,293
大阪高判昭和 60・12・18 判時 1201-93
〔百選 A2 事件〕 65

昭和 61 年〜63 年

最判昭和 61・2・14 刑集 40-1-48 92
札幌高判昭和 61・3・24 刑集 39-1-8 ... 250
最判昭和 61・4・25 刑集 40-3-215
〔百選 91 番事件〕 240
最決昭和 62・3・3 刑集 41-2-60
〔百選 65 番事件〕 212
最決昭和 62・10・30 刑集 41-7-309
〔百選 A48 事件〕 281
東京高判昭和 63・4・1 判時 1278-152 ... 54
最決昭和 63・10・24 刑集 42-8-1079
.... 144,249

平成 1 年〜10 年

最決平成 1・1・23 判時 1301-155、判タ 689-276
〔百選 74 番事件〕 217
静岡地判平成 1・1・31 判時 1316-21
.... 300
最大判平成 1・3・8 民集 43-2-89
.... 163,164,169
最決平成 1・7・4 刑集 43-7-581
〔百選 7 番事件〕 101
浦和地判平成 1・12・21 判タ 723-257
.... 110
最決平成 2・2・16 刑集 254-113 165
最決平成 2・6・27 刑集 44-4-385
〔百選 32 番事件〕 79
最決平成 2・7・9 刑集 44-5-421
〔百選 18 番事件〕 77,294

最判平成 2・12・7 判時 1373-143 131
浦和地判平成 3・3・25 判タ 760-261
〔百選 72 番事件〕 217
千葉地判平成 3・3・29 判時 1384-141
〔百選 9 番事件〕 96
最判平成 3・5・10 民集 45-5-919 107
福岡高判平成 5・3・8 判タ 834-275
〔百選 24 番事件〕 87
東京地決平成 6・3・29 判時 1520-154
.... 294
最判平成 6・9・8 刑集 48-6-263
〔百選 19 番事件〕 76
最判平成 6・9・16 刑集 48-6-420
〔百選 2 番事件〕 55
最判平成 6・9・16 刑集 48-6-420
〔百選 28 番事件〕 81
最大判平成 7・2・22 刑集 49-2-1
〔百選 66 番事件〕 189
最判平成 7・3・27 刑集 49-3-525
〔百選 52 番事件〕 172
最判平成 7・4・12 刑集 49-4-609 70
最判平成 7・6・20 刑集 49-6-741
〔百選 81 番事件〕 229
最決平成 7・6・28 刑集 49-6-785 274
東京高判平成 7・8・11 判時 1567-146
.... 110
最決平成 8・1・29 刑集 50-1-1
〔百選 12 番事件〕 66
最判平成 8・1・29 刑集 50-1-1
〔百選 25 番事件〕 87
最判平成 9・1・30 刑集 51-1-335
〔百選 A9 事件〕 104
最決平成 10・3・12 刑集 52-2-17 36
最決平成 10・5・1 刑集 52-4-275
〔百選 22 番事件〕 84
最決平成 10・10・27 刑集 52-7-363 ... 302

平成 11 年〜20 年

最決平成 11・3・9 裁判集刑 275-371
.... 302
最大判平成 11・3・24 民集 53-3-514
〔百選 33 番事件〕 106,107
最決平成 11・12・16 刑集 53-9-1327
〔百選 31 番事件〕 94

最判平成 12・6・13 民集 54-5-1635
〔百選 34 番事件〕･･････････････････････ 108
最決平成 12・6・27 刑集 54-5-461 ･･････ 251
最決平成 12・7・12 刑集 54-6-513 ･･･････ 96
最決平成 12・7・17 刑集 54-6-550
〔百選 63 番事件〕･･････････････････････ 213
最決平成 12・9・27 刑集 54-7-710 ･･････ 258
東京地決平成 12・11・13 判タ 1067-283 ･･･ 73
最決平成 13・2・7 判時 1737-148 ･･･････ 108
最決平成 13・4・11 刑集 55-3-127
〔百選 45 番事件〕･･････････････････････ 144
札幌高判平成 14・3・19 判時 1803-147
･･ 105
最決平成 14・7・18 刑集 56-6-307 ･･････ 137
東京高判平成 14・9・4 判時 1808-144
〔百選 73 番事件〕･･･････････ 101, 216, 217
最決平成 14・10・4 刑集 56-8-507
〔百選 A6 事件〕･････････････････････････ 78
最判平成 15・2・14 刑集 57-2-121
〔百選 92 番事件〕･････････････････ 240, 241
最決平成 15・2・20 裁判集刑 283-335
･･ 147
最大判平成 15・4・23 刑集 57-4-467
〔百選 39 番事件〕･････････････････ 134, 149
最決平成 15・5・26 刑集 57-5-620
〔百選 3 番事件〕･････････････････････････ 57
最判平成 15・10・7 刑集 57-9-1002
〔百選 97 番事件〕･･････････ 149, 150, 151, 261
最決平成 16・2・16 刑集 58-2-133 ･･････ 280
最決平成 16・7・12 刑集 58-5-333
〔百選 10 番事件〕･････････････････････ 54, 90
東京高判平成 17・1・19 高刑 58-1-1 ･･･ 92
最判平成 17・3・16 判タ 1174-228 ･･････ 302
最判平成 17・4・14 刑集 59-3-259
〔百選 67 番事件〕･･････････････････････ 188
最決平成 17・9・27 刑集 59-7-753
〔百選 83 番事件〕･･･････････ 225, 232, 237
東京高判平成 17・11・16 東高刑時報 56-1=12-
85 ･･ 65
最決平成 17・11・29 刑集 59-9-1847
〔百選 53 番事件〕･･････････････････････ 192
最決平成 18・2・27 刑集 60-2-240 ･･････ 278
最決平成 18・6・20 判時 1941-38 ･･･････ 289
最判平成 18・11・7 刑集 60-9-561
〔百選 87 番事件〕･･････････････････････ 235

最決平成 19・2・8 刑集 61-1-1
〔百選 20 番事件〕･･･････････････････････ 76
最決平成 19・6・19 刑集 61-4-369 ･･････ 247
最決平成 19・7・10 刑集 61-5-436 ･･････ 288
富山地判平成 19・10・10
〈LEX/DB28135488〉･･･････････････････ 302
最決平成 19・10・16 刑集 61-7-677
〔百選 60 番事件〕･･････････････････････ 205
最決平成 19・12・13 刑集 61-9-843
〔百選 96 番事件〕･････････････････ 252, 292
最決平成 19・12・25 刑集 61-9-895 ･････ 179
最決平成 20・3・5 判タ 1266-149
〔百選 A30 事件〕･･････････････････････ 188
最決平成 20・4・15 刑集 62-5-1398
〔百選 8 番事件〕･･････････････････ 60, 92
最決平成 20・6・25 刑集 62-6-1886 ･････ 179
最決平成 20・8・27 刑集 62-7-2702
〔百選 84 番事件〕･･････････････････････ 232
最決平成 20・9・30 刑集 62-8-2753
〔百選 54 番事件〕･･････････････････････ 179
東京高判平成 20・11・18 高刑 61-4-6
〔百選 56 番事件〕･･････････････････････ 154

平成 21 年〜30 年

最判平成 21・7・14 刑集 63-6-623
〔百選 59 番事件〕････････････････ 196, 197
最決平成 21・9・28 刑集 63-7-868
〔百選 29 番事件〕･･･････････････････････ 92
最決平成 21・10・16 刑集 63-8-937 ･････ 280
最決平成 22・3・17 刑集 64-2-111 ･･････ 138
宇都宮地判平成 22・3・26 判時 2084-157
･･ 299
最判平成 22・4・27 刑集 64-3-233
〔百選 61 番事件〕･････････････････ 203, 290
最決平成 22・7・22 刑集 64-5-819 ･･････ 304
最決平成 22・7・22 刑集 64-5-824 ･･････ 304
東京高判平成 22・11・8 高刑 63-3-4 ････ 56
水戸地判平成 23・5・24
〈LEX/DB25471410〉･･･････････････････ 302
福岡高判平成 23・7・1 訟月 57-11-2467
〔百選 36 番事件〕･･････････････････････ 109
最判平成 23・7・25 判時 2132-134
･･････････････････････････････････ 273, 287
最決平成 23・10・5 刑集 65-7-977 ･･････ 251

最大判平成 23・11・16 判時 2136-3
　〔百選 49 番事件〕 ………………………… 22
最判平成 24・2・13 刑集 66-4-482
　〔百選 100 番事件〕 ………………… 162, 286
最決平成 24・2・29 刑集 66-4-589 ……… 146
最判平成 24・9・7 刑集 66-9-907
　〔百選 62 番事件〕 ………………………… 214
東京高判平成 24・11・7 判タ 1400-372
　…………………………………………………… 302
最決平成 25・3・5 刑集 67-3-267
　〔百選 99 番事件〕 ………………………… 285
最決平成 25・3・18 刑集 67-3-325
　〔百選 55 番事件〕 ………………………… 182
最決平成 25・10・16 裁判集刑 312-1 …… 302
静岡地決平成 26・3・27 判時 2235-113
　…………………………………………………… 301
福岡地決平成 26・3・31
　〈LEX/DB25503208〉 ……………………… 302
最決平成 26・11・17 判タ 1409-123
　〔百選 13 番事件〕 …………………………… 68
最決平成 26・12・10 裁判集刑 315-261
　…………………………………………………… 302
最決平成 27・2・3 刑集 69-1-1 …………… 268
最決平成 27・2・3 刑集 69-1-99 ………… 268
最決平成 27・5・25 刑集 69-4-636
　〔百選 57 番事件〕 ………………………… 179
東京地決平成 27・7・7 判時 2315-132
　…………………………………………………… 112
最決平成 27・8・25 刑集 69-5-667 ……… 193
最判平成 28〔2016〕年 2 月 23 日裁判集刑 319-

1 …………………………………………… 268
札幌地決平成 28・3・3 判時 2319-136 … 90
大阪高判平成 28・4・22 判時 2315-61
　…………………………………………………… 109
熊本地決平成 28・6・30 判時 2368-97
　…………………………………………………… 302
東京高判平成 28・8・10 判タ 1429-132
　…………………………………………………… 102
大阪地判平成 28・8・10 判タ 1437-226
　…………………………………………………… 302
最判平成 28・12・19 刑集 70-8-865
　………………………………………………… 153, 191
最大判平成 29・3・15 刑集 71-3-279
　〔百選 30 番事件〕 …………………………… 93
鹿児島地加治木支判平成 29・3・24 判時
　2343-107 ……………………………………… 91
鹿児島地決平成 29・6・28 判時 2343-23
　…………………………………………………… 302
大阪高決平成 29・12・20 判時 2385-101
　…………………………………………………… 302
最判平成 30・3・19 刑集 72-1-1 ………… 155
札幌地決平成 30・3・20 判時 2380-116
　…………………………………………………… 302
さいたま地判平成 30・5・10
　〈LEX/DB25560354〉 ……………………… 92
東京高決平成 30・6・11
　〈LEX/DB25560605〉 ……………………… 301
最判平成 30・7・3 刑集 72-3-299 ……… 188
大津地決平成 30・7・11
　〈LEX/DB25560764〉 ……………………… 302

編者・執筆分担

関正晴（せき　まさはる） ……………………………………はじめに、第1章
専修大学法学部　教授

執筆者（五十音順）・執筆分担

大野正博（おおの　まさひろ） ………………………………… 第6章
朝日大学法学部　教授

古川原明子（こがわら　あきこ） ……………………………… 第8章
龍谷大学法学部　教授

澤田康広（さわだ　やすひろ） ………………………… 第3章1-3節
日本大学法学部　教授

髙橋基（たかはし　はじめ） …………………………………… 第5章
さいたま地方検察庁公判部　副部長　検事

田中優企（たなか　ゆうき） …………………………………… 第4章
駒澤大学法学部　准教授

辻本典央（つじもと　のりお） ……………………………第3章4節
近畿大学法学部　教授

船山泰範（ふなやま　やすのり） ……………………………… 第7章
元 日本大学法学部　教授・弁護士

緑　大輔（みどり　だいすけ） ………………………………… 第2章
一橋大学大学院法学研究科　教授

Next教科書シリーズ 刑事訴訟法［第2版］

2012（平成24）年3月30日	初　版1刷発行
2019（平成31）年2月28日	第2版1刷発行
2023（令和5）年4月15日	同　　2刷発行

編　者　　関　　　正　晴
発行者　　鯉　渕　友　南
発行所　　株式会社 弘文堂　　101-0062　東京都千代田区神田駿河台1の7
　　　　　　　　　　　　　　TEL 03(3294)4801　　振替 00120-6-53909
　　　　　　　　　　　　　　　　　https://www.koubundou.co.jp

装　丁　　水木喜美男
印　刷　　三美印刷
製　本　　井上製本所

©2019　Masaharu Seki. Printed in Japan
[JCOPY]〈(社)出版者著作権管理機構　委託出版物〉
本書の無断複写は著作権法上での例外を除き禁じられています。複写される場合は、そのつど事前に、(社)出版者著作権管理機構（電話03-5244-5088、FAX 03-5244-5089、e-mail : info@jcopy.or.jp）の許諾を得てください。
また本書を代行業者等の第三者に依頼してスキャンやデジタル化することは、たとえ個人や家庭内の利用であっても一切認められておりません。

ISBN978-4-335-00236-6

Next 教科書シリーズ

■好評既刊

授業の予習や独習に適した初学者向けの大学テキスト

(刊行順)

書名	版	編者	定価	ISBN
『心理学』	[第4版]	和田万紀=編	定価(本体2100円+税)	ISBN978-4-335-00246-5
『政治学』	[第3版]	渡邉容一郎=編	定価(本体2300円+税)	ISBN978-4-335-00252-6
『行政学』	[第2版]	外山公美=編	定価(本体2600円+税)	ISBN978-4-335-00222-9
『国際法』	[第4版]	渡部茂己・河合利修=編	定価(本体2200円+税)	ISBN978-4-335-00247-2
『現代商取引法』		藤田勝利・工藤聡一=編	定価(本体2800円+税)	ISBN978-4-335-00193-2
『刑事訴訟法』	[第2版]	関 正晴=編	定価(本体2500円+税)	ISBN978-4-335-00236-6
『行政法』	[第4版]	池村正道=編	定価(本体2800円+税)	ISBN978-4-335-00248-9
『民事訴訟法』	[第2版]	小田 司=編	定価(本体2200円+税)	ISBN978-4-335-00223-6
『日本経済論』		稲葉陽二・乾友彦・伊ヶ崎大理=編	定価(本体2200円+税)	ISBN978-4-335-00200-7
『地方自治論』	[第2版]	福島康仁=編	定価(本体2000円+税)	ISBN978-4-335-00234-2
『教育政策・行政』		安藤忠・壽福隆人=編	定価(本体2200円+税)	ISBN978-4-335-00201-4
『国際関係論』	[第3版]	佐渡友哲・信夫隆司・柑本英雄=編	定価(本体2200円+税)	ISBN978-4-335-00233-5
『労働法』	[第2版]	新谷眞人=編	定価(本体2000円+税)	ISBN978-4-335-00237-3
『刑事法入門』		船山泰範=編	定価(本体2000円+税)	ISBN978-4-335-00210-6
『西洋政治史』		杉本 稔=編	定価(本体2000円+税)	ISBN978-4-335-00202-1
『社会保障』		神尾真知子・古橋エツ子=編	定価(本体2000円+税)	ISBN978-4-335-00208-3
『民事執行法・民事保全法』		小田 司=編	定価(本体2500円+税)	ISBN978-4-335-00207-6
『教育心理学』		和田万紀=編	定価(本体2000円+税)	ISBN978-4-335-00212-0
『教育相談』	[第2版]	津川律子・山口義枝・北村世都=編	定価(本体2200円+税)	ISBN978-4-335-00251-9
『法学』	[第3版]	髙橋雅夫=編	定価(本体2200円+税)	ISBN978-4-335-00243-4

Next 教科書シリーズ ■好評既刊

(刊行順)

『経済学入門』［第2版］　楠谷　清・川又　祐＝編
　　　　　　　　　　　　　　　定価(本体2000円＋税)　ISBN978-4-335-00238-0

『日本古典文学』　近藤健史＝編
　　　　　　　　　　　　　　　定価(本体2200円＋税)　ISBN978-4-335-00209-0

『ソーシャルワーク』　金子絵里乃・後藤広史＝編
　　　　　　　　　　　　　　　定価(本体2200円＋税)　ISBN978-4-335-00218-2

『現代教職論』　羽田積男・関川悦雄＝編
　　　　　　　　　　　　　　　定価(本体2100円＋税)　ISBN978-4-335-00220-5

『発達と学習』［第2版］　内藤佳津雄・北村世都・鏡　直子＝編
　　　　　　　　　　　　　　　定価(本体2000円＋税)　ISBN978-4-335-00244-1

『哲学』　石浜弘道＝編
　　　　　　　　　　　　　　　定価(本体1800円＋税)　ISBN978-4-335-00219-9

『道徳教育の理論と方法』　羽田積男・関川悦雄＝編
　　　　　　　　　　　　　　　定価(本体2000円＋税)　ISBN978-4-335-00228-1

『刑法各論』　沼野輝彦・設楽裕文＝編
　　　　　　　　　　　　　　　定価(本体2400円＋税)　ISBN978-4-335-00227-4

『刑法総論』　設楽裕文・南部　篤＝編
　　　　　　　　　　　　　　　定価(本体2400円＋税)　ISBN978-4-335-00235-9

『特別活動・総合的学習の理論と指導法』　関川悦雄・今泉朝雄＝編
　　　　　　　　　　　　　　　定価(本体2000円＋税)　ISBN978-4-335-00239-7

『教育の方法・技術論』　渡部　淳＝編
　　　　　　　　　　　　　　　定価(本体2000円＋税)　ISBN978-4-335-00240-3

『比較憲法』　東　裕・玉蟲由樹＝編
　　　　　　　　　　　　　　　定価(本体2200円＋税)　ISBN978-4-335-00241-0

『地方自治法』　池村好道・西原雄二＝編
　　　　　　　　　　　　　　　定価(本体2100円＋税)　ISBN978-4-335-00242-7

『民法入門』　長瀬二三男・永沼淳子＝著
　　　　　　　　　　　　　　　定価(本体2700円＋税)　ISBN978-4-335-00245-8

『日本国憲法』　東　裕・杉山幸一＝編
　　　　　　　　　　　　　　　定価(本体2100円＋税)　ISBN978-4-335-00249-6

『マーケティング論』　雨宮史卓＝編
　　　　　　　　　　　　　　　定価(本体2300円＋税)　ISBN978-4-335-00250-2